マー家が経営していた服地店。ロンドンはイーストエンドのラトクリフ街道にあり、1811年、一家惨殺の現場となった。トマス・ド・クインシーが語っているように、メイドのマーガレットは緑色の扉をノックしたが、反応はなかった。でも屋内で殺人者がうごめいている気配を確実に感じていた。

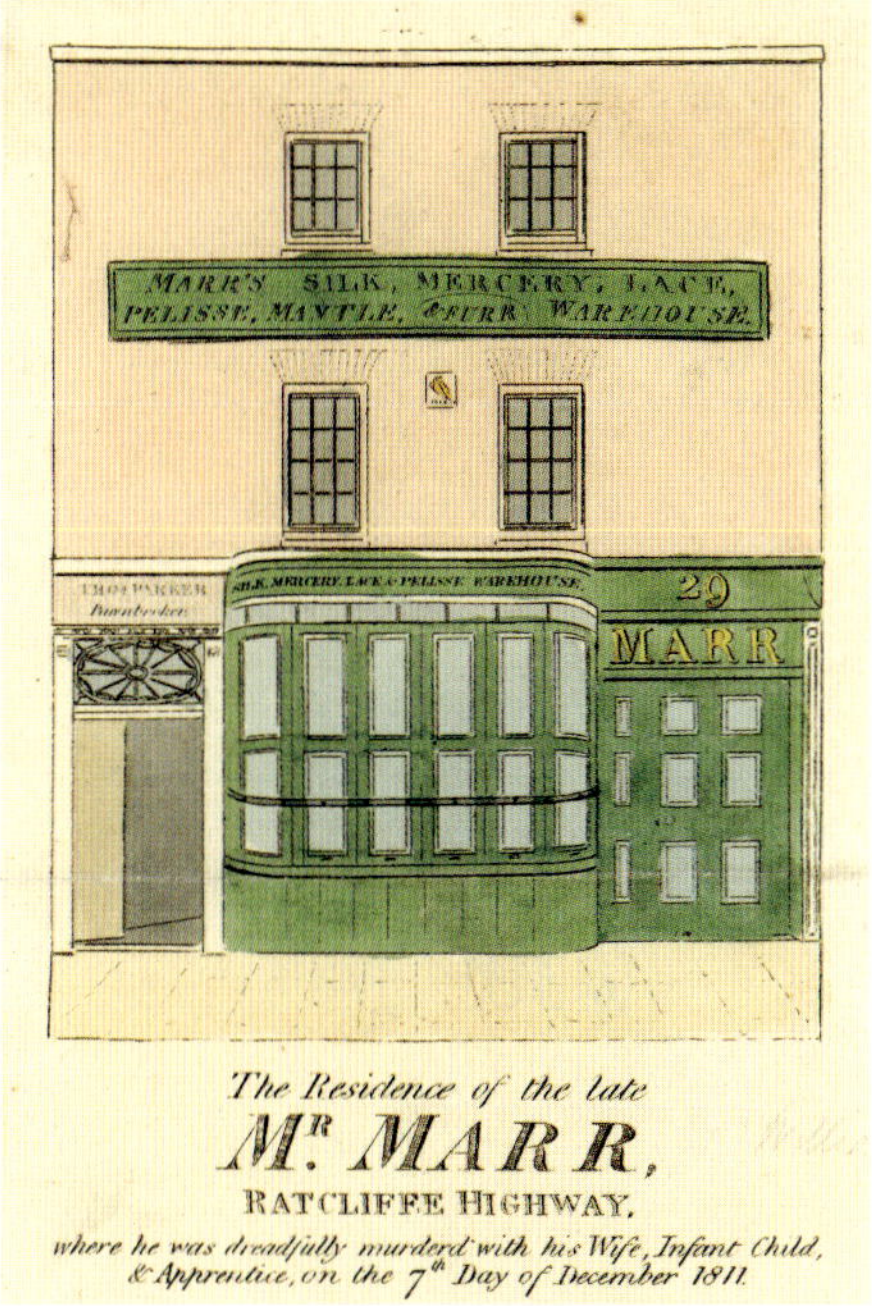

支給された外套を着用したテムズ警察官。短剣、角灯、銃を携帯している。私設警護官同様、ロンドン港に停泊している船からの窃盗を防止するのが任務であった。

ロンドン警視庁の警官。制服を凛々しく着用している、ロバート・ピールが新設したロンドン警視庁に配属された警官たち。「生海老」、「青い悪魔」などとあだ名がつけられたが、青色の制服にしたのは、軍隊の赤い外套と選別するためであった。

潜伏捜査のため変装したエドワード朝の警官たち。シャーロック・ホームズの変装術は、実在の刑事ユージン・ヴィドックから学んだものである。フランスで初めて公認された探偵たちの背後でヴィドックは控えている（中央）。

1823年、ウィリアム・ウィアの死体を引きあげた池。この池が「エルストリート殺人ツアー」の探訪地となる一方、殺人者たちが移動に使用した黄色の二輪馬車は本事件の象徴となった。

サーテルをあしらったマグカップ。ウィリアム・ウィアを殺害し、遺体をエルストリート池に投げ込んだジョン・サーテルの似顔絵。公開処刑がされた日を記憶するため、こうした食器がつくられた。サーテルの処刑には4万人もの群集がつめかけたという。

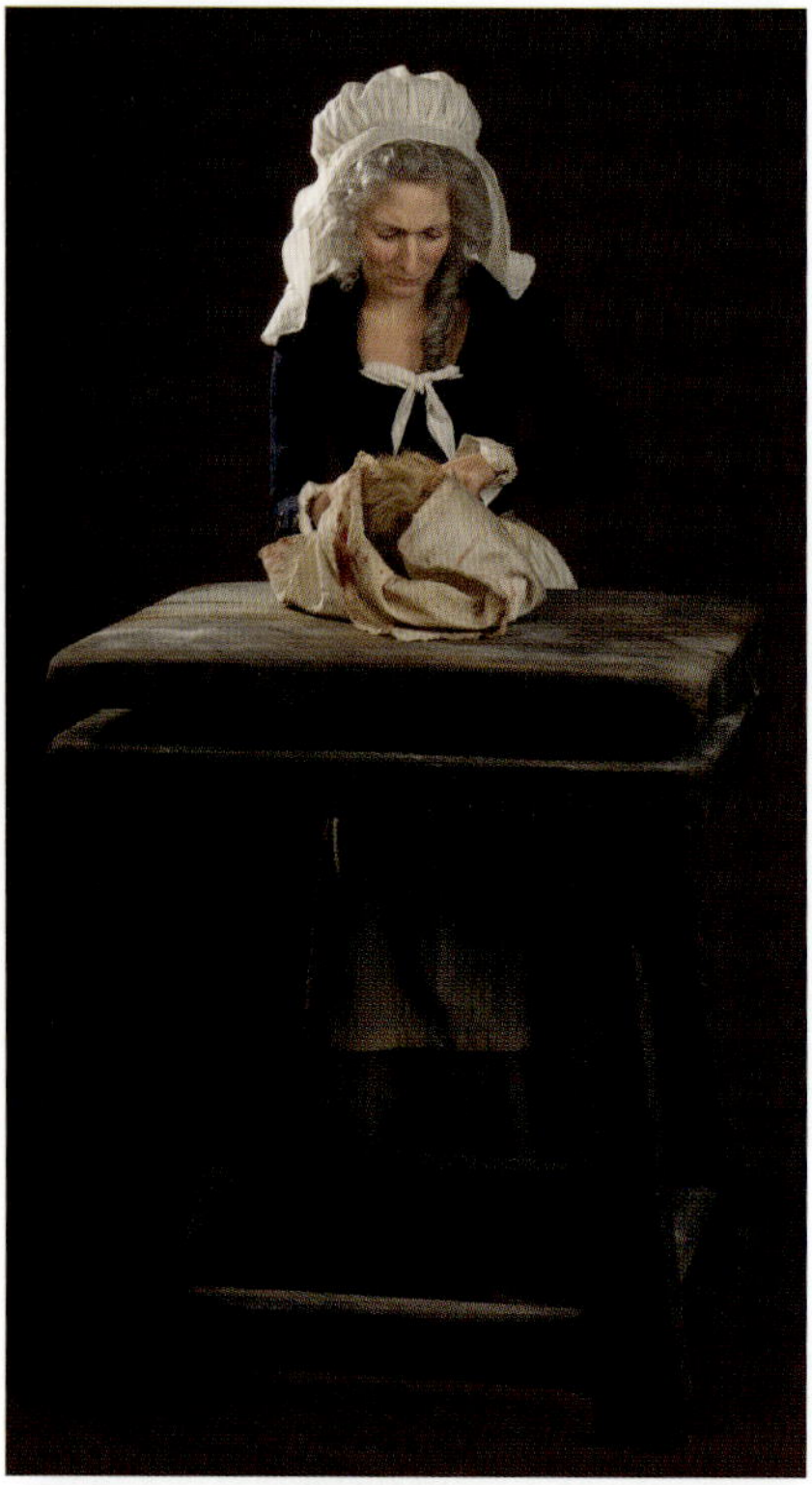

マダム・タッソー像。ベイカー・ストリートにあるマダム・タッソー蠟人形館では、創業者の夫人像をも収蔵している。1802年、パリからロンドンへ巡回興行を導入した。

ギロチンの犠牲者。タッソー蠟人形館の展示は、フランス革命、王室、恐怖の三本柱からなっていた。ギロチンの露と消えた犠牲者の頭部をモデルにしていた。国王ルイ十六世、王妃マリー・アントワネットも含まれている。

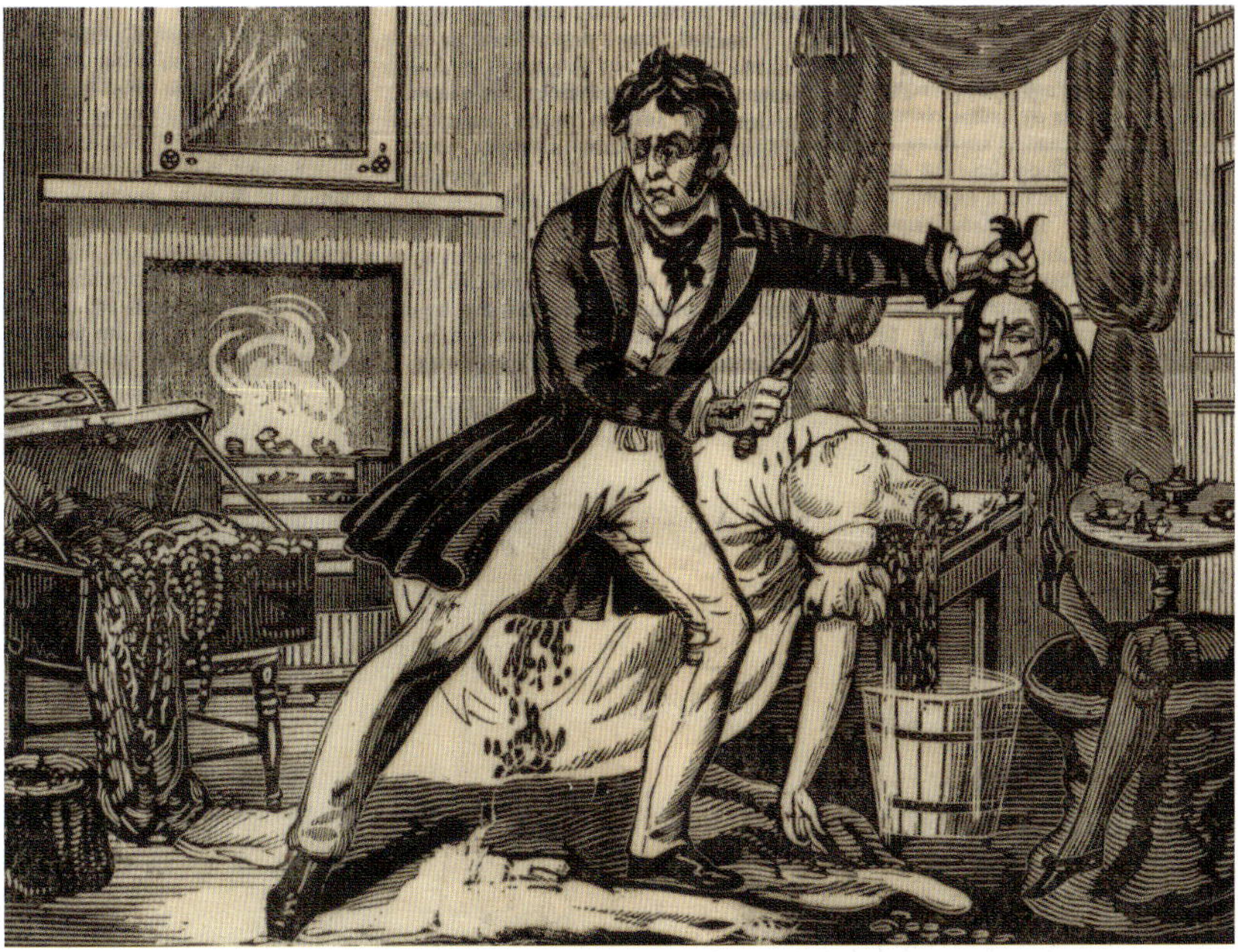

ブロードサイドに掲載された殺人現場。今日の目からすれば、幼稚すぎて失笑を誘うものかもしれない。石灰籠に入った女性の切断された足に注目せよ。でも同時代人は迫りくる恐怖におののいていたのであった。

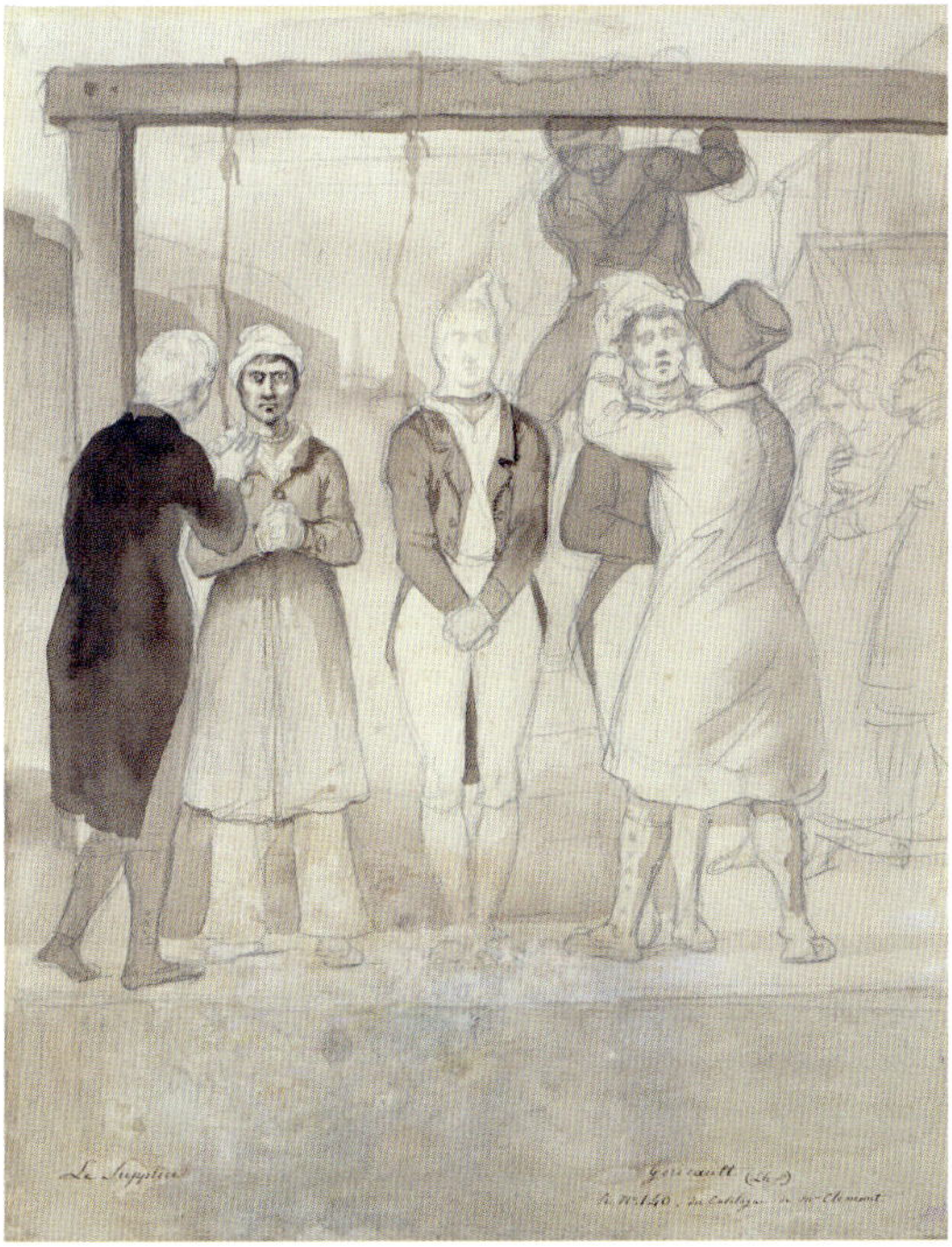

絞首台の図。絞首台で首をつられる、おぞましい姿（テオドール・ジェリコート画［1820年］）。ただし、これは例外的な図像である。公開処刑場で画家は押し寄せる大群衆を描写するのが常であり、絞首刑者を描くのはじつに稀であった。

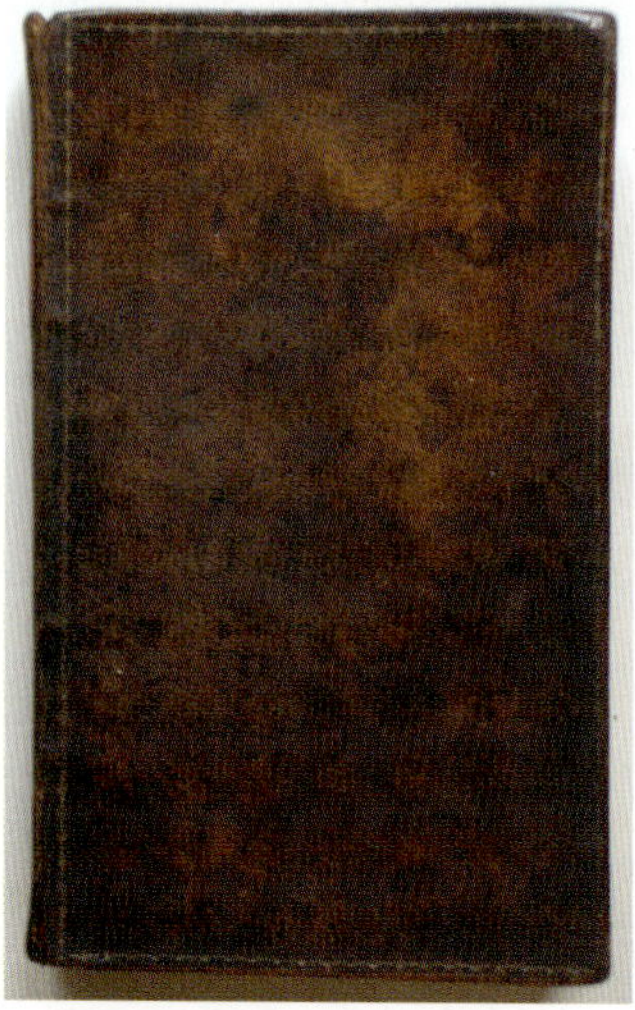

皮膚で装幀された本。一見すると、この書籍は赤い納屋殺人を犯したウィリアム・コーダーの月並みな伝記にみえる。だが本書は、コーダー本人の皮膚を直接はぎ取り装幀された本である。

コーダーの頭部。「赤い納屋殺人事件」にはまつわる多くの記念品がある。ウィリアム・コーダーの黒ずんでしまった頭部は皺だらけになり、縮んでしまっているが、生姜色の短い縮れ毛が残っている。ベリー・セント・エドモンズにあるモイズ・ホール・ミュージアムの目玉となっている。

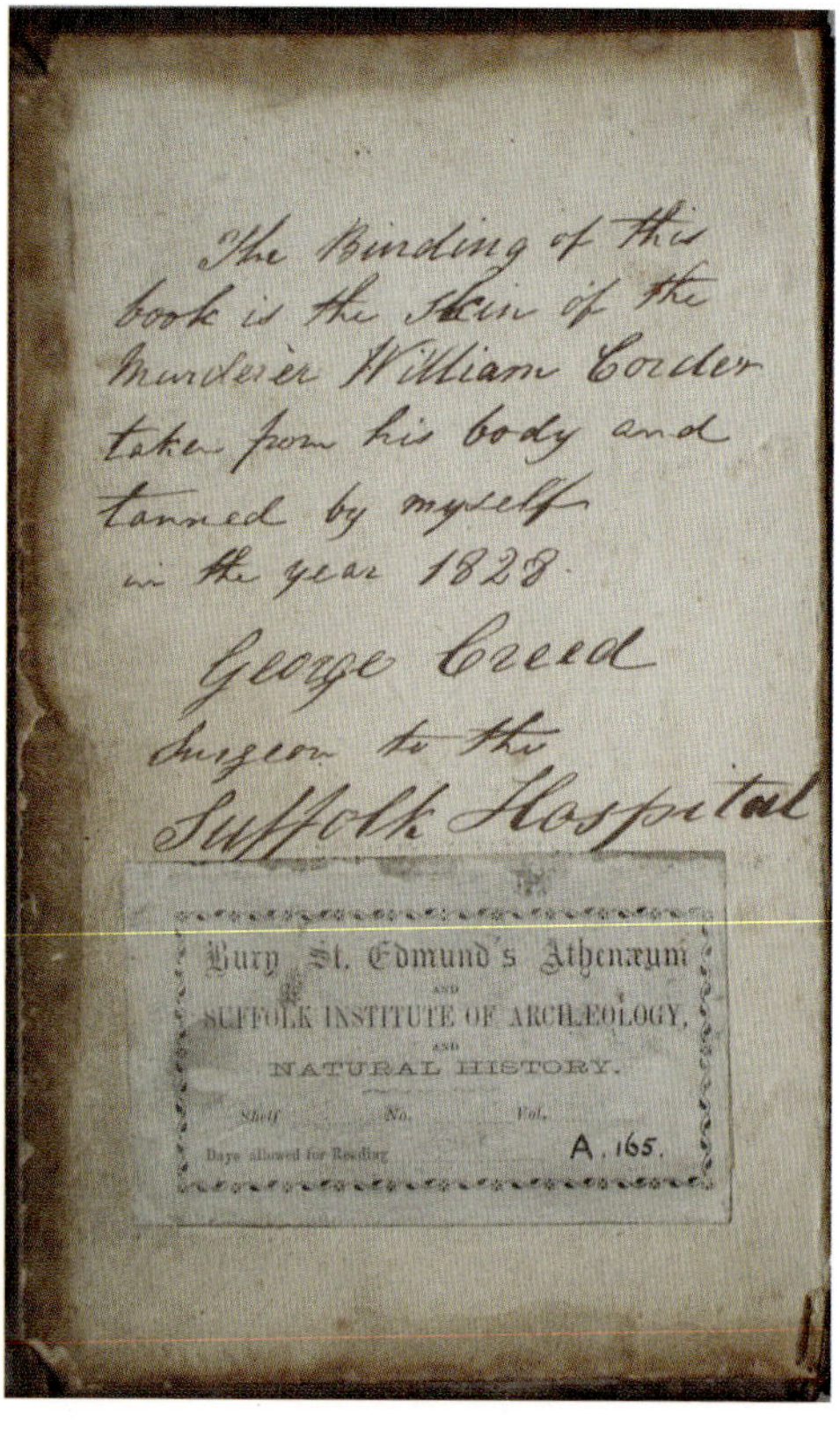

The Binding of this
book is the Skin of the
Murderer William Corder
taken from his body and
tanned by myself
in the year 1828
George Creed
Surgeon to the
Suffolk Hospital

Bury St. Edmund's Athenæum
AND
SUFFOLK INSTITUTE OF ARCHÆOLOGY,
AND
NATURAL HISTORY.
Shelf No. Vol.
Days allowed for Reading A.165.

本物であることを証明する裏書き。1828年、ベリー・セント・エドモンズで処刑された後、サフォーク病院の外科医の一人により、コーダーの皮膚がはぎ取られた旨が、本書（右側）に裏書きされている。

赤い納屋殺人事件の犯罪現場を摸した陶器製レプリカ。殺人者、殺害された者のこうした摸像がヴィクトリア朝の暖炉上をにぎわせていた。

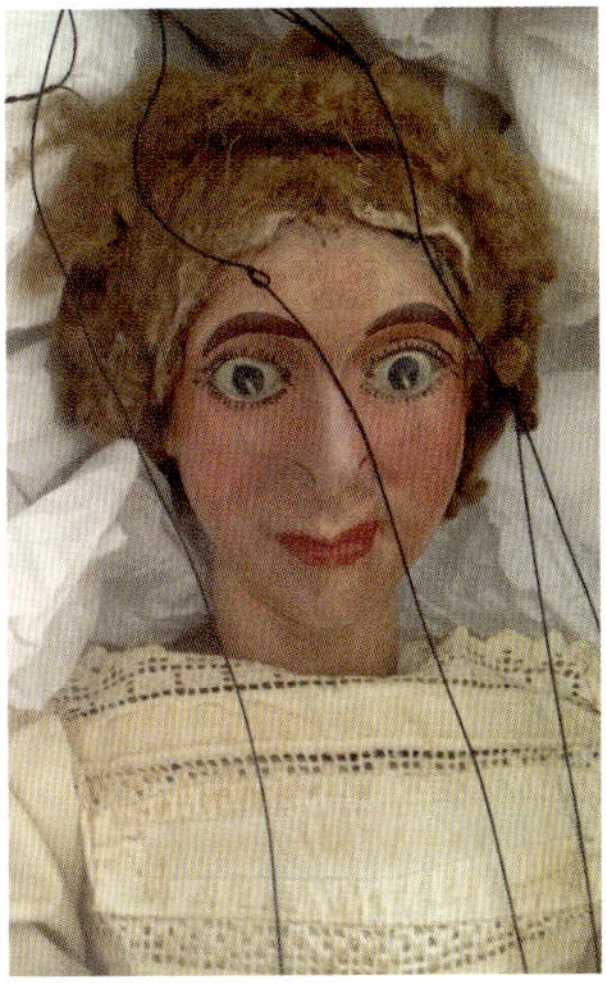

巡回人形劇で使用された、殺害されたマリア・マーティンの人形。イースト・アングリアの村々でその殺害を演じる人形劇が巡回された。

マリアを殺害した極悪人ウィリアム・コーダーの人形。口髭、黒く濃い目尻が殺人犯の特徴をとどめている。

「赤い納屋殺人事件」を原作にしたメロドラマ。村娘、極悪人など定番ともいえる登場人物が出てきて、勧善懲悪が最後に示され、拍手喝采でもって幕が閉じられる。

フィールド警部。1842年、ロンドン警視庁が創設されたが、チャールズ・フィールド警部はもっとも人気があった存在であった。

探偵バケット。小説家チャールズ・ディケンズは、フィールド警部を尊敬してやまず、ジャーナリストとして新設された「探偵」部を取材し、記事にした。また作家として、『荒涼館』のなかへ、バケット探偵としてフィールドを登場させた。作中でバケットは話している最中に「人差し指」をよくあげるが、それはまさに実生活におけるフィールドの癖でもあった。

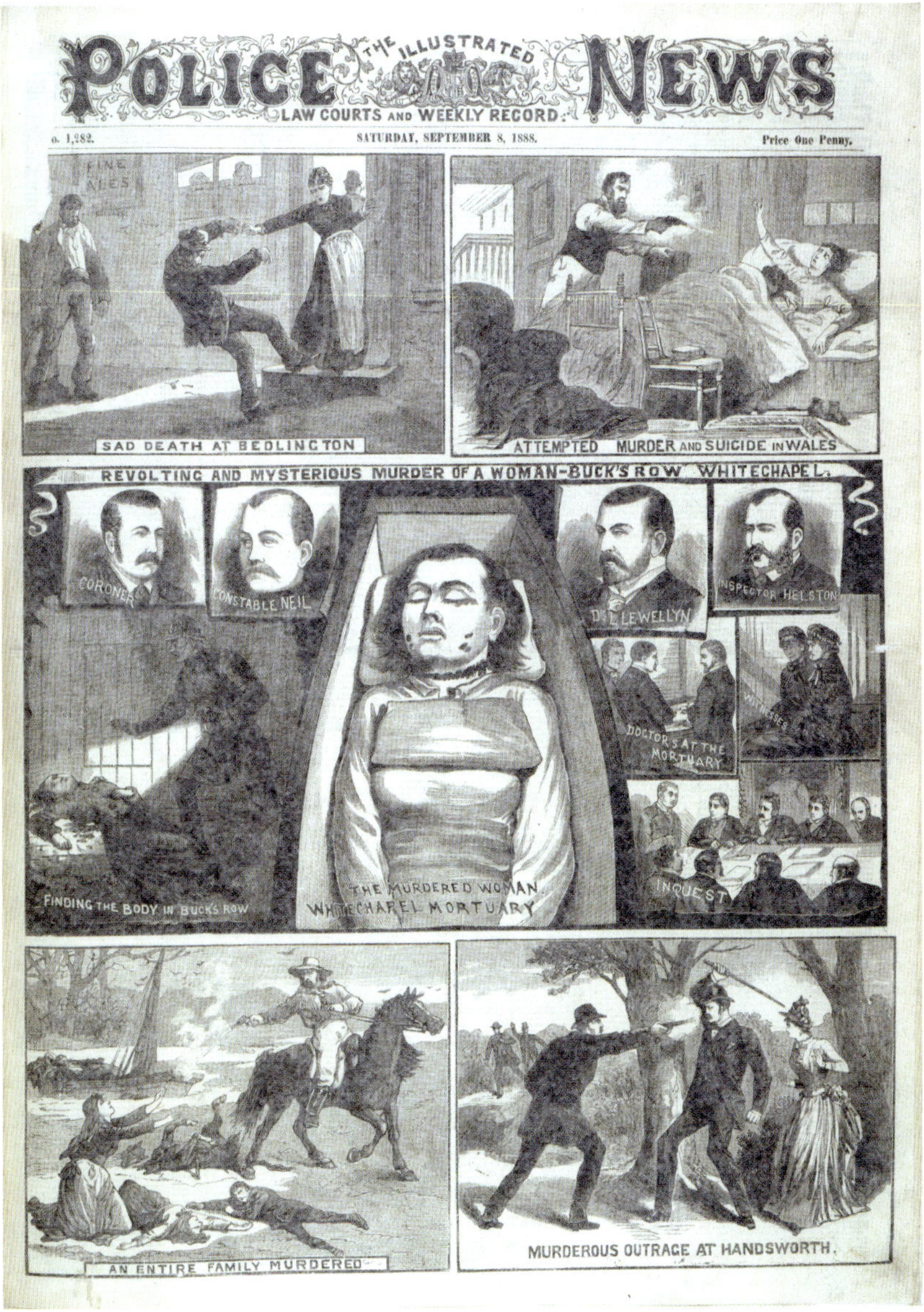

週刊『イラストレイティッド・ポリス・ニュース』。初期の警察官には不安、疑念がつきものであったが、「切り裂きジャック事件」が起きた頃にはロンドン警視庁が十全に機能していた。だが「ロード・ヒル・ハウス事件」に見られたような捜査上の失策があると、警察の名誉はたちまち失墜した。

薬剤箱。1850年代の殺人者を代表すると言われている、毒殺者ウィリアム・パーマー医師の所有物とされる。「クックをストリキニーネで毒殺などしていない」と絞首台上のウィリアムはつぶやいたが、他の毒物を用いたと人々に告白している言葉ともとれる。

ウィルトシャーにあるロード・ヒル・ハウス邸。家族と召使だけの閉じられた世界である「カントリーハウス殺人事件」が初めて起きた現場である。1860年の嬰児殺害事件は陸続とつづく「センセーション小説」のなかで余響をたもつところとなる。

俳優リチャード・マンスフィールド。猫背で邪悪なハイドから、背が伸びた善玉のジキル博士へと変身する。息をのむほどの名演ぶりに、「頑強な男性も身をふるわせ、失神した女性は劇場から運び出される始末であった」という。

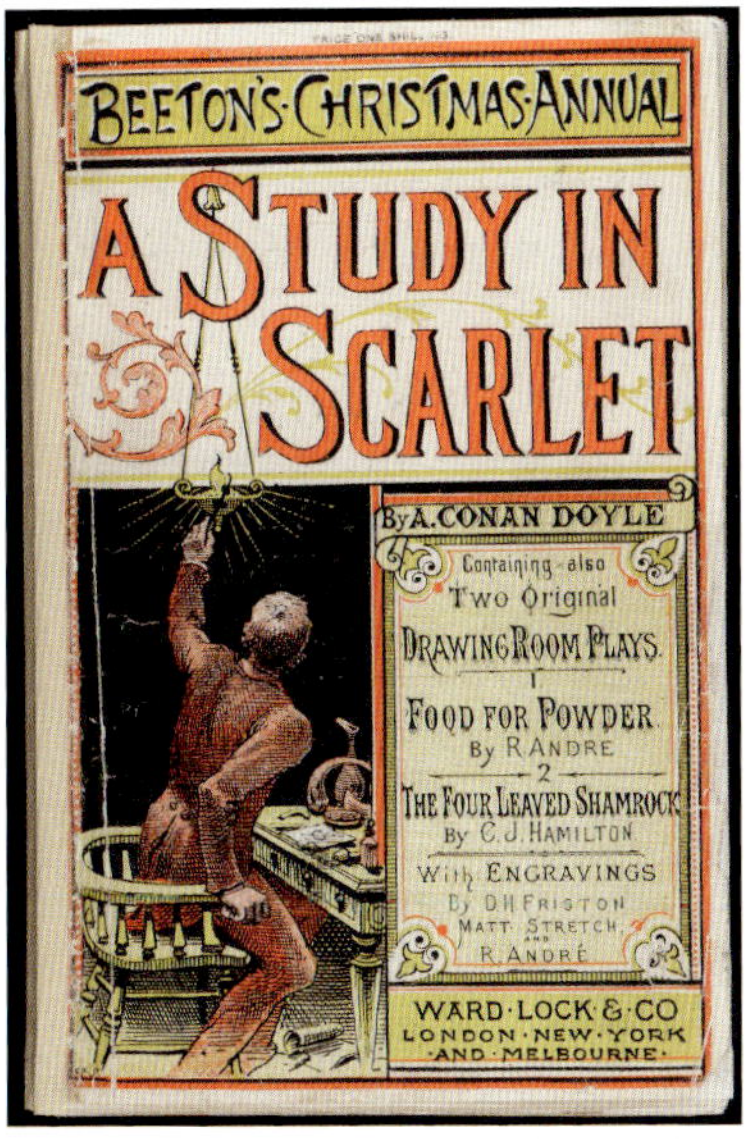

名探偵シャーロック・ホームズ。1887年に刊行された処女作『緋色の研究』には、ホームズが鞭で死体をたたく場面がある。科学捜査という啓発的な作業のなかで皮下出血をしらべていたのである。

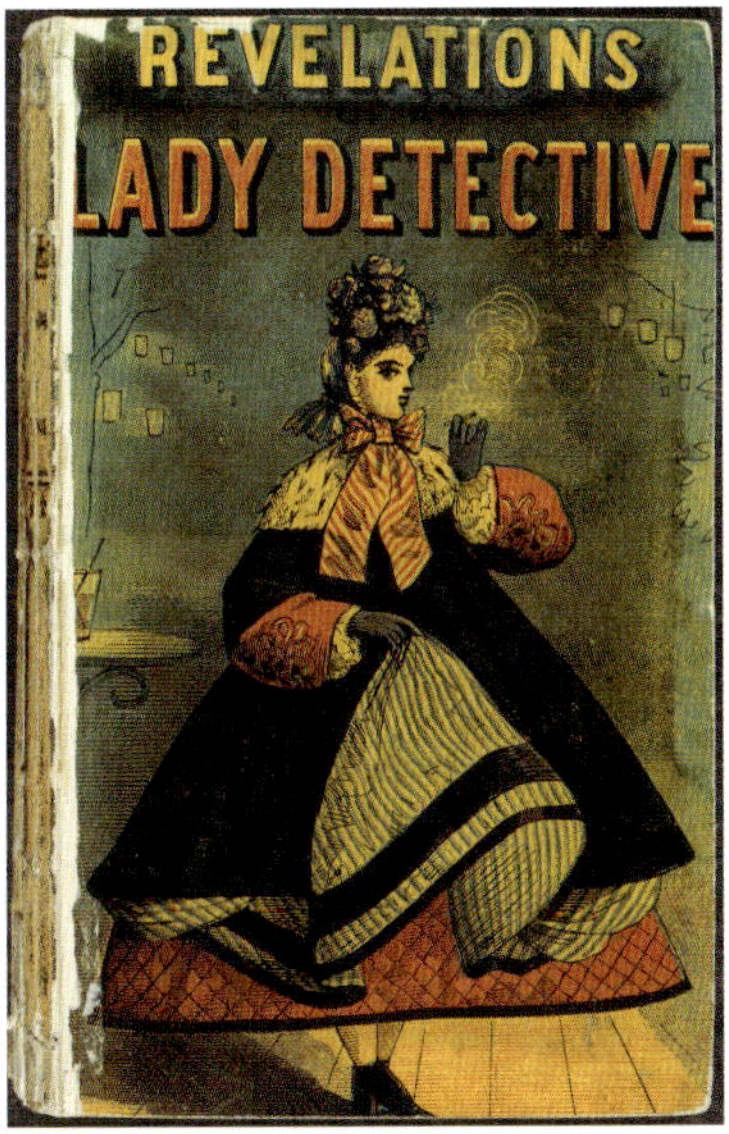

W・S・ヘェイウォード著『探偵夫人の暴露』（1864年刊行）の表紙。スカートをたくしあげ、煙草をくゆらす挑発的な姿が描かれている。ある意味では、女探偵の方が男性探偵よりもまさっていた――「男性ならば盗み聞きできない場所であっても女性なら難なく身張れる」からであった。

（上図）エルキュール・ポワロ。残虐きわまる第一次世界大戦後に登場してきたこの探偵は、従来の行動的な探偵とは全く異質であった――「ポワロの清潔好きには困ったものだ。わずかな汚点があっても弾傷に劣らないほどの痛みを感じるから」。
（下図）シドニー・パジェットが描くホームズ像。ポワロとは逆に、ホームズは暴力も辞さず、追跡にもたけていて、犯罪人を銃で撃つこともあった。

1930年代に設立された「探偵倶楽部」は、犯罪小説家を育成し、世間に知らしめることを目的とした。ドロシー・L・セイヤーズが倶楽部の会合でビールを手にして微笑んでいる。

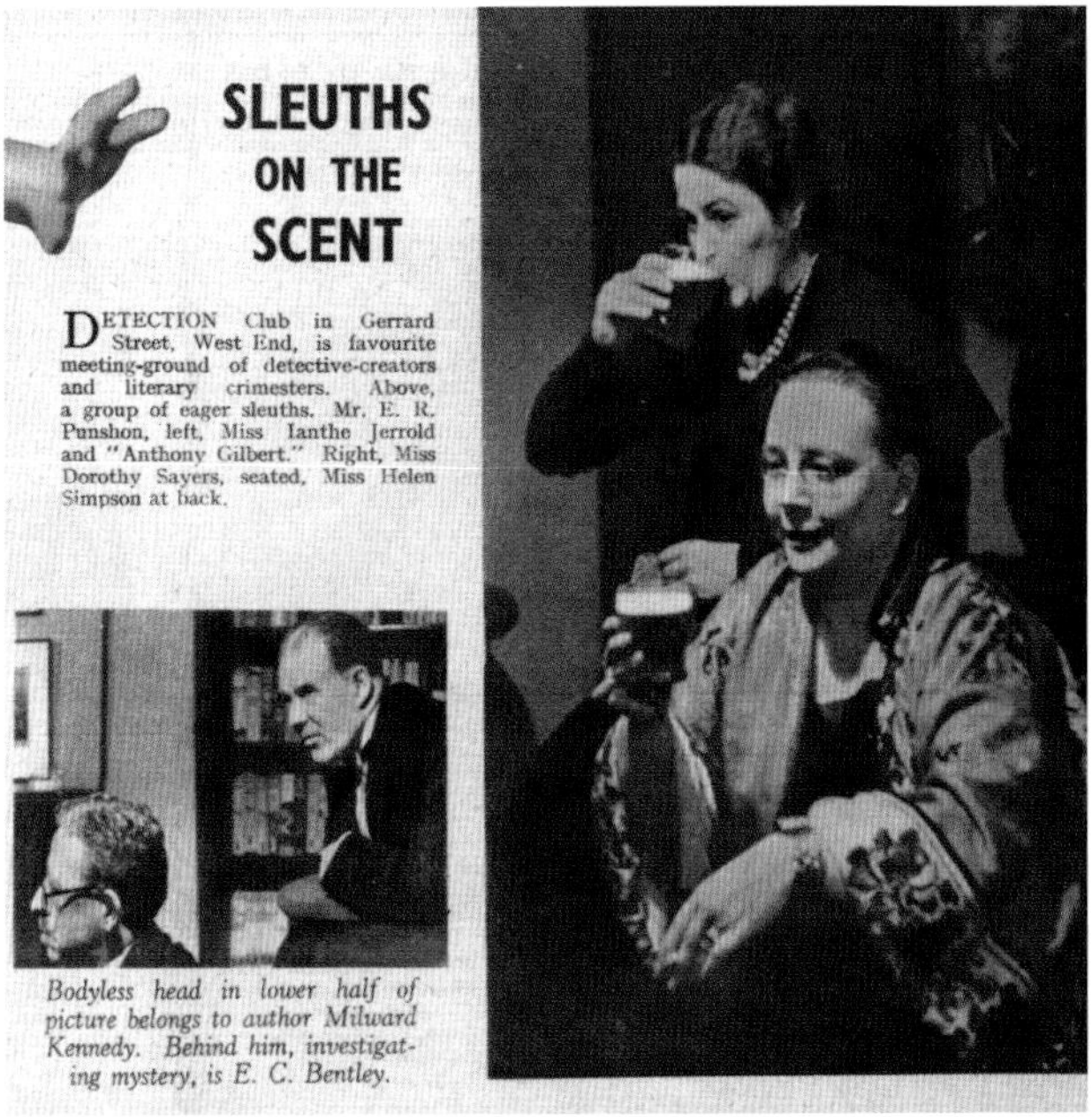

SLEUTHS ON THE SCENT

DETECTION Club in Gerrard Street, West End, is favourite meeting-ground of detective-creators and literary crimesters. Above, a group of eager sleuths. Mr. E. R. Punshon, left, Miss Ianthe Jerrold and "Anthony Gilbert." Right, Miss Dorothy Sayers, seated, Miss Helen Simpson at back.

Bodyless head in lower half of picture belongs to author Milward Kennedy. Behind him, investigating mystery, is E. C. Bentley.

ピーター・ウィムジー卿に抱かれたドロシー・L・セイヤーズ。この主人公は、作者自身に経済的安定と名声をもたらしてくれた。永久の愛を見出した作中人物たちと比べて、実生活でのセイヤーズは幸福ではなかった、とでも友人が描いたユーモアあふれる素描は語っているようだ。

頭蓋骨「エリック」。眼球が赤く輝くこの髑髏は「探偵クラブ」の所有であり、新会員加入の通過儀礼として今日でも使用されている（ちなみに「エリック」は女性であると最近、判明した）。

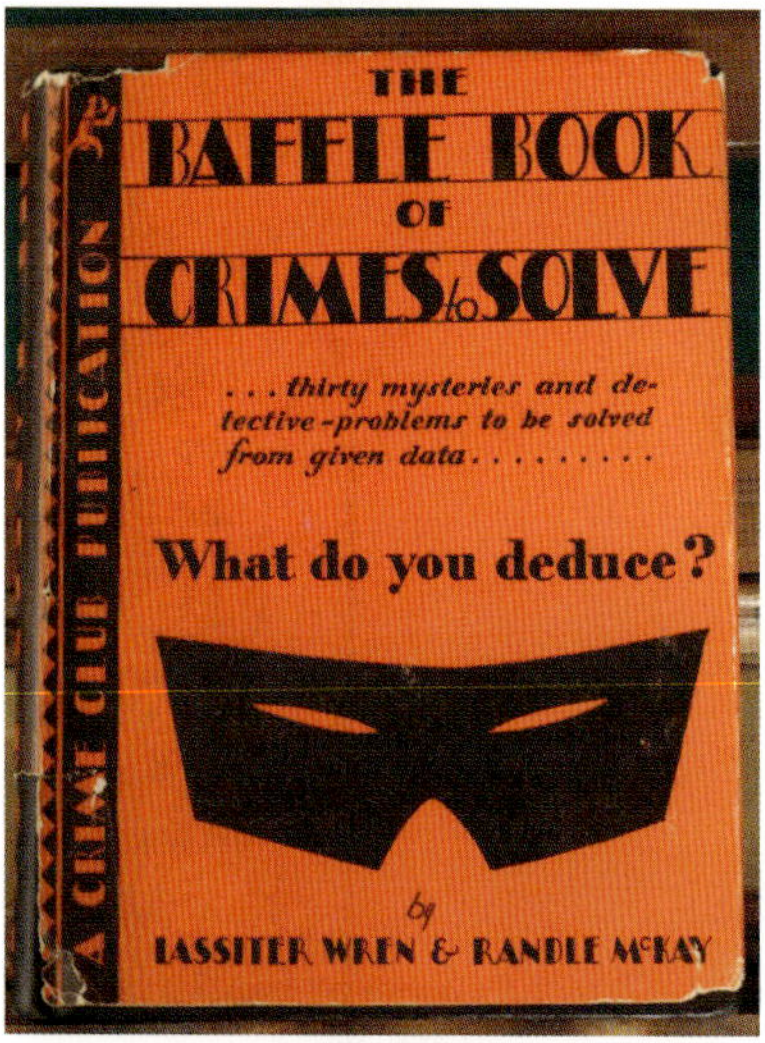

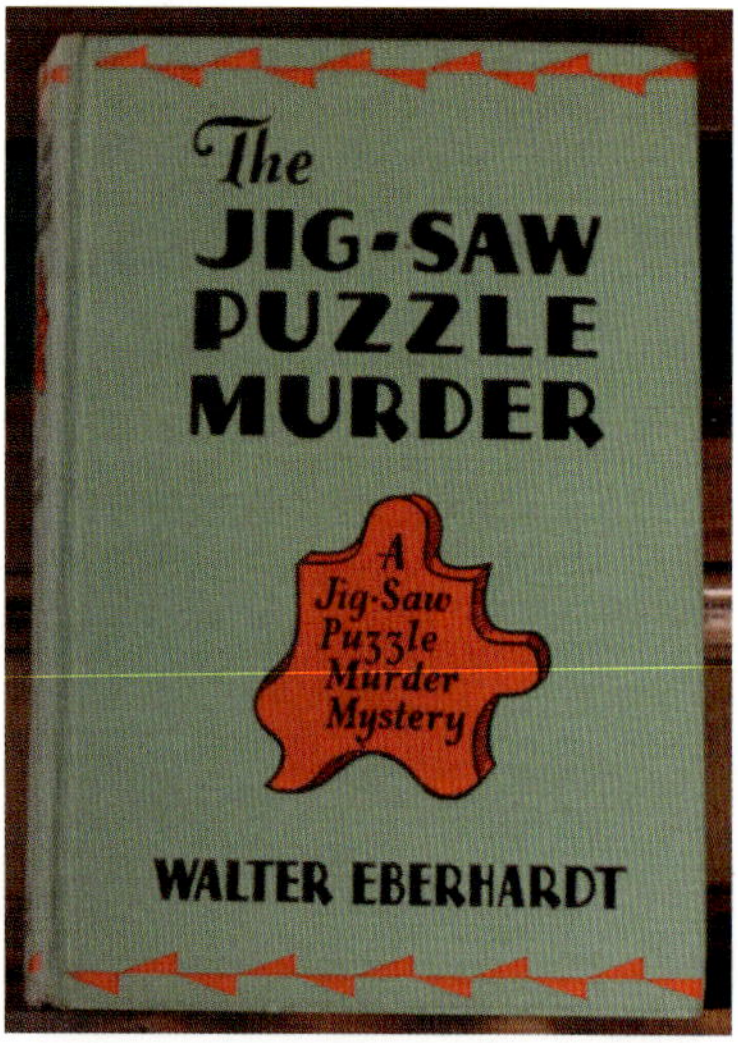

探偵小説の「黄金時代」。殺人事件の解決はクロスワードのパズル解法に酷似してきた。ここに紹介するのは、「与えられたデータから殺人者を追求していく」パズルの本であり、ジグソー・パズルが犯罪現場を示すところとなる。

ゲームとしての犯罪。1930年代、殺人は室内ゲームの一種となり、血が流れたり、暴力に訴えたりすることはなくなかった。自分専用の「殺人関連書類」を購入すると、吸い殻の写真、実際に使用されたマッチ軸などの入った袋がついていた。これらが犯罪解決の鍵を与えるというわけだ。犯罪解決法は封筒のなかに認められており、それは密封されていた。

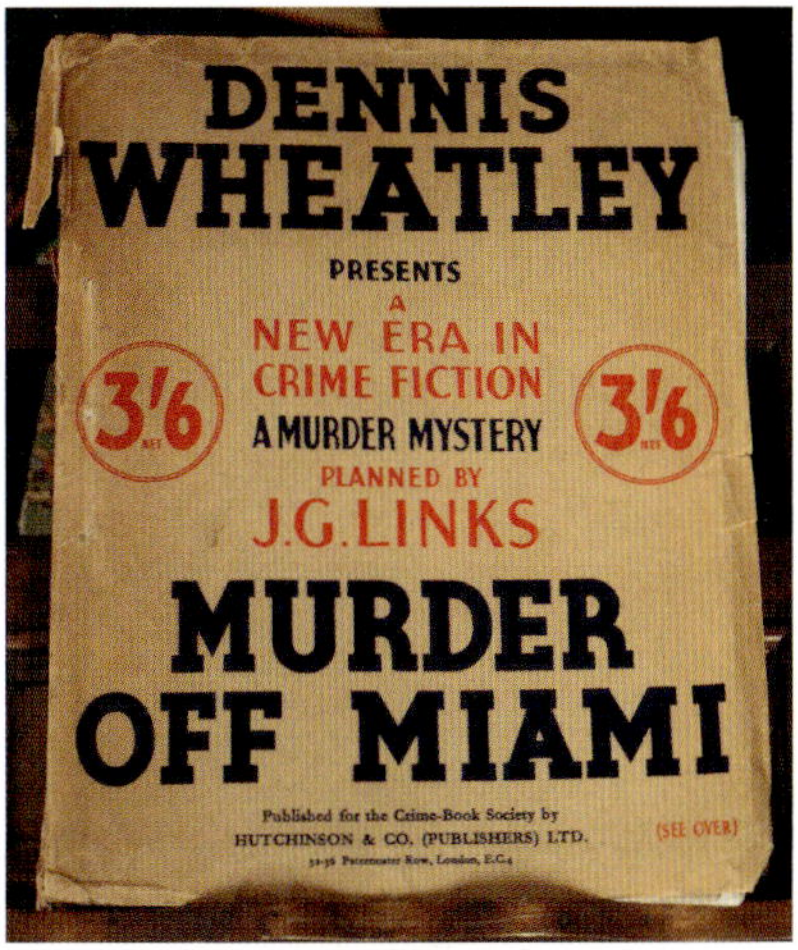

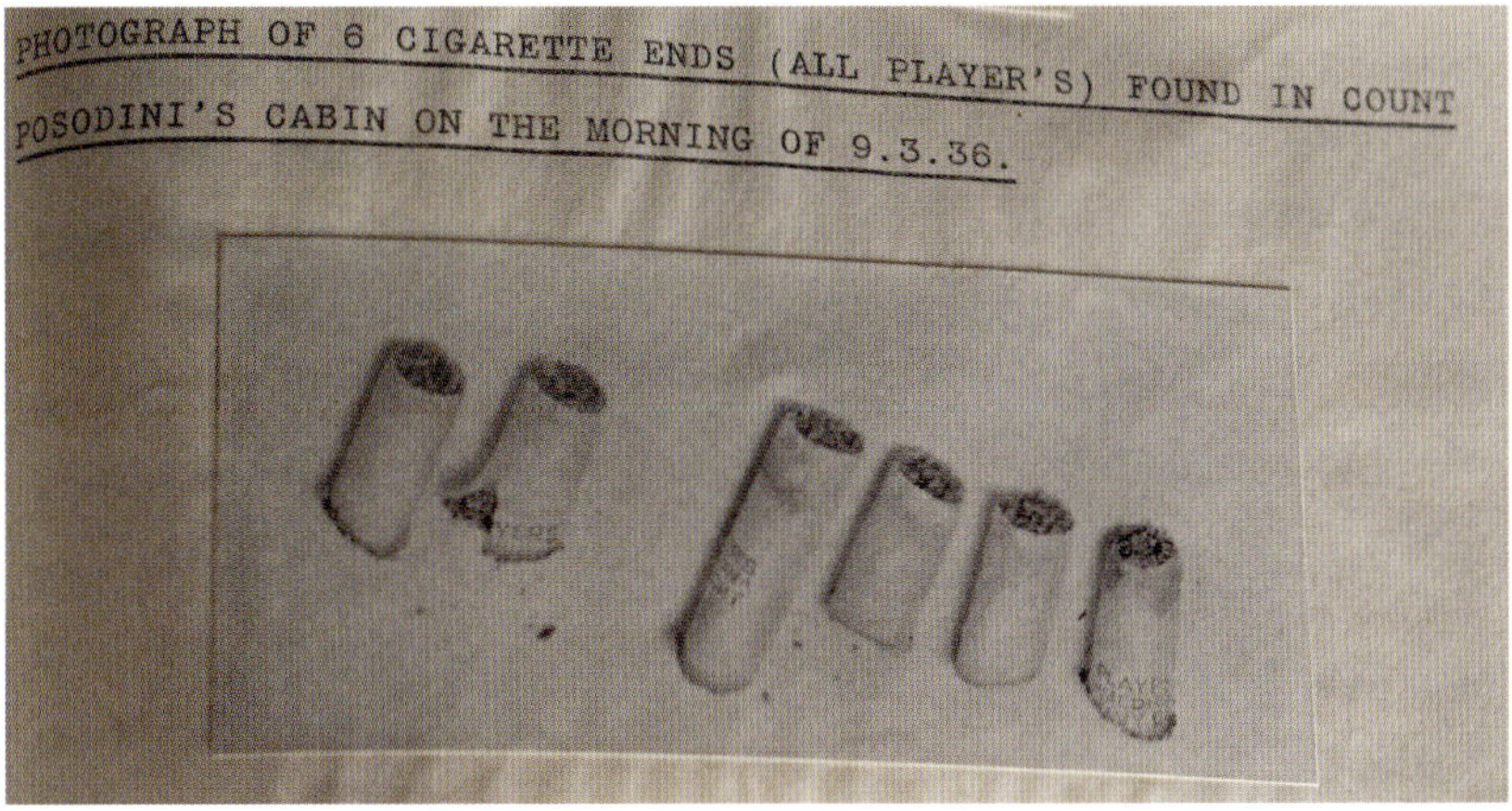

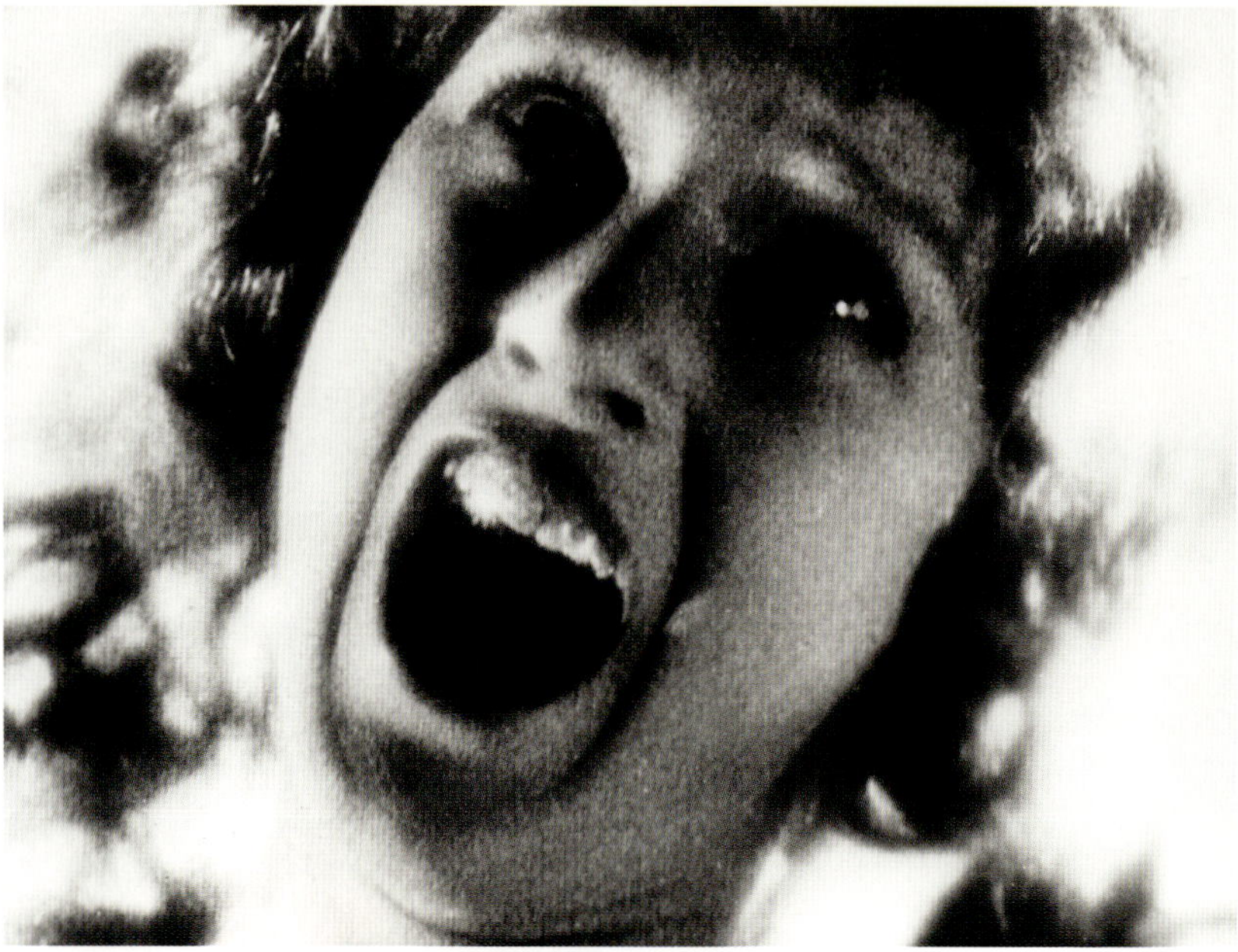

ヒッチコックの映画『下宿人――ロンドンの霧』（1927年）の被害者。ヒッチコックの初期映画には殺害場面は皆無であった。殺人過程は観客の想像にゆだねられている。映画『下宿人』の物語には「切り裂きジャック事件」との類似点が多々ある。

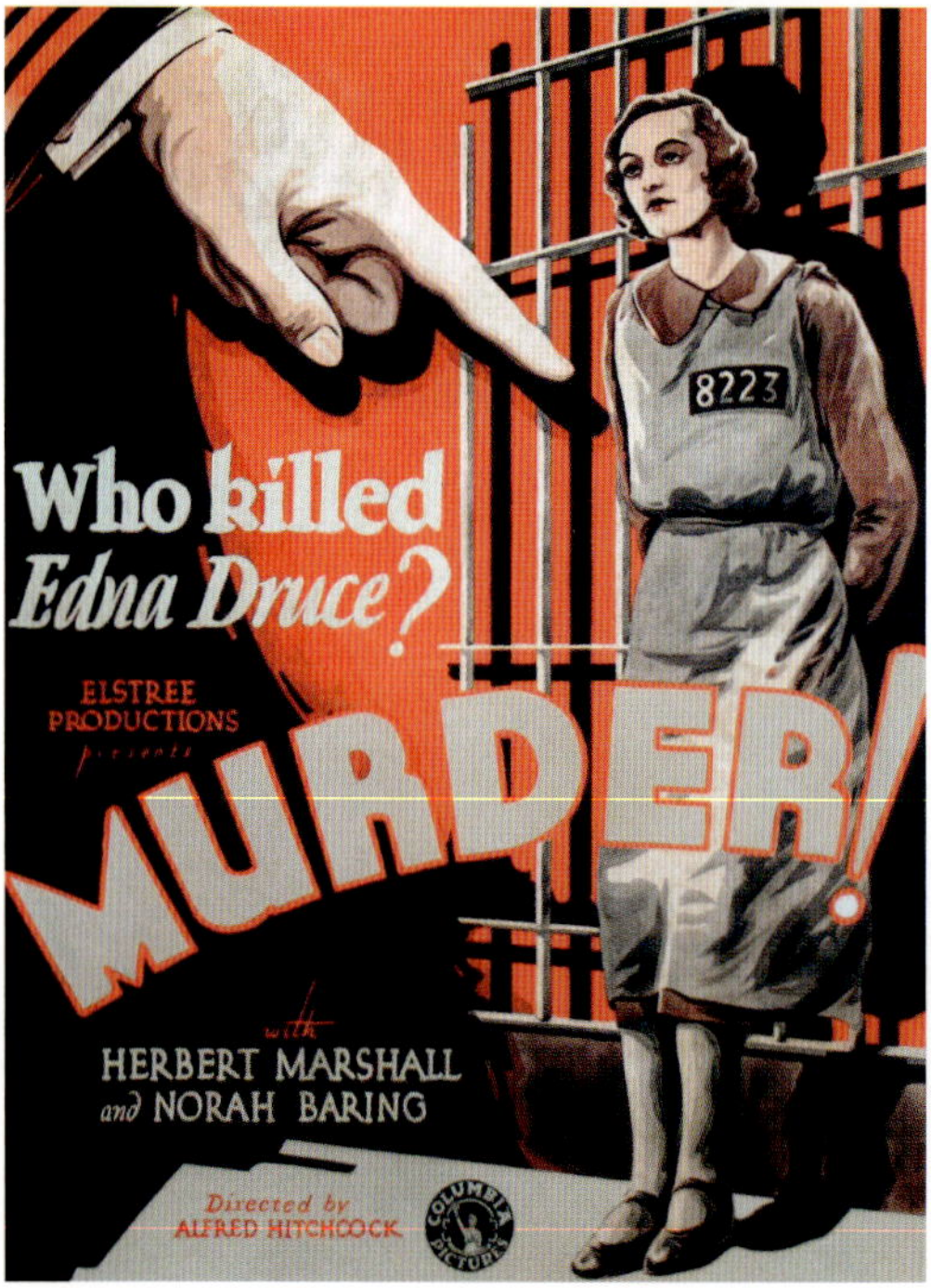

ヒッチコックの映画『殺人者！』（1930年）ポスター。『殺人者』は「犯罪の解明を重視する」、黄金時代の探偵小説界へ監督ヒッチコックが参入した唯一の作品である。道徳的にあいまいなその作風は、1860年代のセンセーション・ノヴェル、第一次世界大戦後のスリラー小説などの余響をひびかせている。

ルーシー・ワースリー
中島俊郎・玉井史絵 訳

イギリス風
殺人事件の愉しみ方

A Very British Murder
The Story of a National Obsession

NTT出版

This book was published to accompany the television series
entitled *A Very British Murder*, first broadcast on BBC4 in 2013.
Executive Producer: Michael Poole
Series Producer: Alastair Laurence
Directors: Gerry Dawson(Ep.1); Rachel Jardine(Ep.2); Matt Thomas(Ep.3)
Researcher: Chloe Penman

First published by BBC Books, an imprint of Ebury Publishng.
A Random House Group Company.

Japanese Translation rights arranged with Woodland Books Ltd part of The
Random House Group Ltd,
London through Tuttle-Mori Agency, Inc.,.

イギリス風殺人事件の愉しみ方　目次

第Ⅱ部　探偵、登場す

第Ⅲ部　黄金時代

凡例

一　本書は、*Lucy Worsley, A Very British Murder: The Story of a National Obsession*（London: BBC Books, 2013）の全訳である。原題は『イギリス的殺人――国民的熱狂の物語』であるが、内容をかんがみて邦題は『イギリス風殺人事件の愉しみ方』とした。

一　本文中の時代区分は、チューダー朝（1485―1603）、エリザベス朝（1558―1603）、スチュアート朝（1603―49、1660―1714）、共和国護国卿（1653―59）、ジョージ朝（1714―1837）、ヴィクトリア朝（1837―1901）、エドワード朝（1901―10）である。

一　本文中の人名、地名のカタカナ表記は『固有名詞英語発音辞典』（三省堂）、『西洋人名事典』（岩波書店）に原則として依拠したが、慣例読みに準拠している。また、歴史用語については『英米史事典』（研究社）に拠った。

一　原著では引用出典がほとんど明記されていないが、訳文では重要な引用箇所の出典を明記した。

一　本文中の書名は『　』で示し、出版年を（　）で明示した。

一　本文中の主要人物には生没年を（　）で示した。人名については、*Oxford Dictionary or National biography* を参照した。

一　原著に収録されているカラー図版については、すべてを採録した。また、読者に本文の理解を助けるために訳注をつけ、さらに図版を補足した。

一　本文中で現在、差別語とみなされている言葉の一部を、変更せずに「歴史的用語」として使用した場合もある。

「人生という無色な糸には、殺人という深紅の糸が巻き込まれている。それを解きほぐし、分割し、寸部たがわず明るみにさらけ出して見せることこそ、私たちの任務なのだ」

（シャーロック・ホームズの言葉『緋色の研究』）

序

「戦前、とある日曜日の午後……おもむろにソファに脚をあげて、眼鏡を少しずらし、日曜新聞『ワールド・ニュース』紙のページに目を走らせる。濃い紅茶がくつろぎをもたらしソファのクッションもほどよく、暖炉の火が燃えさかる部屋は暖かい。こうした至福にひたりどんな本を読むとしようか。そう、むろん選ぶのは『殺人もの』だ」（ジョージ・オーウェル「イギリス風殺人の衰退」〔一九四六〕）

ジョージ・オーウェル（一九〇三‐五〇）は名エッセイ「イギリス風殺人の衰退」のなかで、どのような人物が殺人者として似つかわしいかを説いている。弁護士か医者が理想的だという。もしくは保守党の地方部長か禁酒運動提唱者が適役だと推奨する。秘書との不倫がこじれ妻を殺害にいたる。「世間体」が殺人動機になりうるというわけだ。つまり離婚で世間の噂の種になるよりも毒殺を選ぶのである。典型的な殺人者は邪悪そのものではなく、物静かで世間からひとかどの人間だとあがめられているような人物がふさわしい、とオーウェルは考えている。愛人ゆえに妻を毒殺したクリッペン医師（一八六三-一九一〇）のごとき人物を想定していたのであろう。だが、一八〇〇年代の大衆には、こうした殺人者像などとうてい思い浮かべられなかったはずだ。小心翼々とした者よりもはるかに英雄的な人物を想像していたからである。猛々しい強盗、絞首刑台で悔やんでみせるカリスマ的犯罪人などを考えていたのである。大衆は見せ物と化した公開処刑場へわれ先に押しかけ、殺人者をしかと目に焼きつけようとしたのであった。逆に今日の、楽しみながら残忍に人をあやめる架空上の殺人犯は、オーウェルが想定していた殺人犯よりもはるかに人間味に乏しい。現代の殺人犯は虚無的で動機もなく次々と殺人を犯していく。実に身の毛もよだつ存在へと化してしまった。

とは言え、本書は多少言及するところがあるにせよ、実在した殺人者を論じ、犯罪史を開陳しようとするものではない。いかに英国民が殺人事件を愉しみつつ消費していったか、つまり一九世紀初頭から今日まで延々と続く殺人にまつわる現象を追究することこそが本書のテーマなのである。

まず都合上、二人の作家に登場してもらい本論を進めていこう。ジョージ朝末期に登場するトマス・ド・クインシー（一七八五-一八五九）とそのエッセイ「芸術作品として見た殺人」（一八二七-三九）を始点にしてみようではないか。ド・クインシーのエッセイは一八一一年に起きたラトクリフ街道殺人事件に触発されたものである。この事件は、犯罪を克明に伝える報道が新聞の大量販売をうながす起爆力となった最初の多重殺人事件であった。掉尾を飾る時代は第二次世界大戦で、オーウェルのエッセイでもって締めくくるとしよう。イギリスにおける殺人の「質」が下がり、異質な暴力がはびこり、下品このうえないアメリカ型犯罪にとって代わられてしまった現状をオーウェルは嘆いてやまない。むろんド・クインシー、オーウェルともに殺人を愉しむような風潮を批判しているのだが、すでに殺人事件は膨大な利潤を生みだす大規模な経済活動の一翼にまでなっていたのである。

ヴィクトリア朝になると、殺人犯の伝記が陸続と出版され、評判を呼ぶようになる。一八四九年、「バーモンジーのマクベス夫人」こと、マリア・マニング（一八二一－四九）の「偽りなき回想録」が書店の店頭に並ぶと、二百五十万人もの読者は事の一部始終を知りたいと書店へ押し寄せたのであった。愛人を殺害し、台所の床に埋めた女性殺人犯の伝記である。時あたかも伝染病コレラが蔓延している時期と重なっていたが、報道という報道はマニング夫人事件で埋められていた。マニング夫人公開処刑には何千人もの観衆がつめかけたが、小説家チャールズ・ディケンズ（一八一二－七〇）も戦慄をおぼえながら立ちつくしていた一人であった。ディケンズは『荒涼館』（一八五二－五三）に登場する殺人者のモデルにマニング夫人を援用している。

マニング夫人の処刑は、女性が絞首刑でもって死刑にされる最後の公開処刑となった。これ以後は疑似科学をこらした「比較骨相学の部屋」、つまりマダム・タッソー蠟人形館の「恐怖の部屋」などで殺人犯と対面できたのである。また、街頭芝居、ロンドンの劇場、人形劇などでも犯罪が再現されるのを目にすることができ、さらには、犯罪が商品化され、これは私の大のお気に入りなのだが、有名な殺人事件が起きた館の陶器製レプリカなどを購入できたわけである。

本書執筆のかたわら、同テーマのもと、私はテレビで連続番組の制作にかかわった。番組のなかでは、殺人そのものを富を産む好機としてとらえた消費社会が殺人に敏感に反応して製品化されたものにとりわけ注目した。また、アヘン常用者であるトマス・ド・クインシーがどれほどの量を服用してアヘン中毒になったのかを調べるため、喜々として計量器でアヘンの量をはかったりもした。一八二六年、殺害され納屋に埋められたネズミ捕獲人の娘マリア・マーティンを再度、私は殺してしまった。ヴィクトリア・アルバート美術館所蔵の一九世紀に制作されたマリアと殺人犯ウィリアム・コーダー人形劇を再演したからである。実物の頭皮としなびた耳がついたコーダーの頭蓋骨を手にするのは、身の毛もよだつ体験となった。殺人犯の死後、頭蓋骨は公開され、ベリー・

セント・エドマンズ博物館で展示されている。また「恐怖の部屋」に何時間もいて、独房から出てきたクリッペン医師の蠟人形を前にして、その目を直視すると背筋が凍る思いに襲われた。戦慄と歓喜が入り混じる、こうした体験こそ、いわく言い難い愉しみになると実感したわけだ。

大衆文化や小説のなかで殺人者が顕著になってくるのは、むろん、探偵の登場と並行している。当初、男女を問わず探偵という存在は胡散臭《うさんくさ》い目で見られていた。と言うのも、他人を「かぎまわる」など、およそ反イギリス的行為とみなされていたからだ。本職の探偵がしだいに威信を集めていくのだが、小説の世界では依然としてアマチュア探偵が人気を博していた。私にはとりわけ女性探偵が好ましい。長じて私自身、ディレッタント探偵ピーター・ウィムジー卿が主人公のミステリー小説に登場する、ハリエット・ヴェィンの生れ変わりにちがいないと確信するまでになった。小説のなかに女性探偵を登用させること自体、階級や家庭に束縛されていた女性を解き放つ代行作用になったわけである。女性探偵は変装し容疑者を追い、知恵をしぼり善と悪をかぎ分けていく。ヴィクトリア朝の女性犯罪人——現実にせよ、架空にせよ——であっても、発することができなかった声なき声を発し、発露できずにいた情感を代わって訴えようとしているのである。

さて、言うまでもないが、演劇、詩歌、伝承、小説、新聞記事を問わず、殺人の「やり口」は社会の暗黒部にひそむ恐怖を反映したものにほかならない。本論の出発点となったラトクリフ街道殺人事件は、膨張していく新興都市、「経験したことがない脅威」、暗い闇にひそむ強盗などが連鎖作用を起こし恐怖を生み出していったのである。だが、一九世紀半ばになると殺人はきわめてミドルクラス的傾向をおびていく。(生命保険制度の進展により)毒殺が殺人の新しい手段(動機)となっていくからである。シャーロック・ホームズと言えば、ガス燈、辻馬車、阿片窟などがおのずと連想されてくるが、ホームズがかかわった事件はレザーヘッド、エシャー、オックスショットといったロンドン郊外サリー州の町にある「ウィスラリア荘」、「チェルターン農場」、「マートルズ屋敷」などといった家で起きていたのである。事件解決のため、ホームズはベーカー・ストリートからロンドンをあとにして、列車でロンドン近郊の町へ馳せ参じたのである。

一九世紀初頭、ミドルクラスの殺人者は敬意を払われていた。当局が社会的立場をおもんぱかり、司法の手から守ろうとまでした。一九世紀後半になると、男女を問わず殺人犯は逮捕されるようになってしまった。そして二〇世紀初頭再び、アガサ・クリスティ（一八九〇 - 一九七六）、ドロシー・L・セイヤーズ（一八九三 - 一九五七）、マージェリー・アリンガム（一九〇四 - 六六）、ナイオ・マーシュ（一八九五 - 一九八二）などの高名な探偵小説家たちの筆にのり、殺人者たちは社会的体面や体裁を取り繕おうと腐心する人々として登場してくるのである。

その小説舞台は落ち着いた佇まいの田園地帯で、最大の発行部数を誇る日刊紙『ディリーメール』の愛読者たちが住むような瀟洒な邸宅が建ち並んでいる。犯罪小説の黄金時代を築いたこれらの作家たちは、激情と暴力を自らの作品に招来した。出版された膨大な数にのぼる娯楽小説では探偵が登場してきて、犯人を逮捕し事件を解決していく。悪を懲らしめ、約束通りに作品は終結する。第一次大戦後、娯楽的読み物は肩が凝らないのが大前提となり、恐怖心を呼びおこすなどもってのほかとされたのである。

だが、一九三九年までには、時代が移り変わり、初老の女性探偵マープルが牧師館の謎を解明するというような小説は、凡庸すぎて世の中にそぐわなくなってきた。グレアム・グリーン（一九〇四 - 九一）は殺人犯の心理にメスをあて、自信にあふれる秘密諜報員ジェイムズ・ボンドは、過去の探偵たちを時代遅れな遺物へと押しやってしまった。現代の小説では古い型の探偵は風前の灯のようで、第二次大戦以来、スリラー小説に登場する老獪で暴力的な探偵に自らの座をゆずりわたしたのであった。

今日では書籍のうち、三冊に一冊は犯罪小説が占めているのだが、そのジャンルは文学的価値などゼロに等しいと見下されている。最後には善が勝利をおさめるという、単純で粗雑なメッセージしか犯罪小説にはないというわけである。そもそも犯罪小説は労働者階級に読書の効用を教示する読み物であった。文学的価値に乏しいとはいえ、犯罪小説をとおして我々は、大衆が何を読むべきかではなく、実際に何を手にとって読んだのかを知ることができるのである。

殺人小説は気がとがめるほどの歓びに満ちている。ドロシー・L・セイヤーズが戦前に指摘した、退廃的な言葉を借りるならば、「どうやら我々アングロ・サクソン民族に、殺人は無害な娯楽をとめどもなく与えてくれた」ようだ。靴を脱ぎスリッパにはきかえ、もはや身構えもせず、過酷な一日の労働から解放された読者は、愉しみと安らぎを求めて、過去二百年もの間、殺人小説を読みついできたのである。

さて、今から以下の章で、その理由を探究してみよう――

第I部

殺人の愉しみ方

第1章　趣味としての殺人

「千年もの歳月、永遠なるピラミッドの中央にある狭い部屋で、ミイラ、スフィンクスとともに石棺に入れられ私は埋葬されていた。ワニから病におかされかねないキスを求められ、名状しがたいぬめりのある生き物どもと同禽させられて、私は葦やナイルの泥土のなかで横たわっている」
（トマス・ド・クインシー『阿片常用者の告白』〔一八二一〕）

一八〇四年、オックスフォード大学ウスター・カレッジのある学生がロンドンへ行く途中、頭部にずきずきする疼痛を覚えた。おそらく髪の毛が濡れたままで就寝したため、痛みが生じたのだろうと考えた。それから二十日間、間断なく「耐えがたい」痛みがひくことはなかった。こうした状況下、偶然にも「遭遇した学友がアヘンをすすめてくれた」のであった。

トマス・ド・クインシーは終生、この邂逅がもたらした雨そぼ降る週末の出来事を細部にいたるまで明瞭に記憶していた。後年、振り返って初めて分かったのであるが、この痛みをともなう病、友人との出会い、ありふれた会話などが人生の一大転機となったのである。

雨が降る陰鬱な日曜日の午後であった。帰宅途中、オックスフォード・ストリートを歩いていると、「壮麗なパンテオン」近くにある薬種商の店舗が目に入った。薬種商――天上の歓びを知らずして与える者よ！――は、まるで雨降る休日と心をひとつにしているかのように陰鬱で呆然とした顔つきだった。いや、その主人に限ったことではない。この世の薬種商なら誰でも休息日にはこうしたご面相になるだろう。「阿片チンキ」を所望すると、無造作に売ってくれた。代金一シリングの釣銭として本物の半ペニー銅貨と思しきものを、これまた本物の木造りの抽斗から取り出し、ほかならない私に渡してくれたのである。

多くの同時代人と同様、ド・クインシーは詩人ウィリアム・ワーズワス（一七七〇‐一八五〇）を敬迎してやまなかった。ワーズワスがオックスフォード・ストリートの遊技場を「パンテオン」としてその詩「音楽の力」のなかで唄っているのだが、ド・クインシーは詩句を右に挙げた文のなかに引用しているのである。アヘンを服用しはじめた頃、ド・クインシーが文学志望であることを知っている者は誰もいなかった。

何ヶ月かするうちに、その学生は学業の合間に大都会を徘徊し、気晴らしからアヘンを服用するようになった。オペラ通いやロンドン界隈散策などを頻繁におこなうようになり、薬種商店でアヘンを容易に入手するようになっていた。ド・クインシーは果てなき距離を直進したのだが、「このアヘン服用者は陶然として時間感覚を失っていた」のである。当然、道に迷ってしまうわけだが、それは煩わしいことではなく、むしろ華やぐ体験であった。

アヘンになじみ心躍る日々、まだド・クインシーには自制心が残っていた。「一定の時間内に何度、また何時にアヘンを飲むか、いつも予定していた。三週間に一度くらいは服用したであろうか。当時、後年の私とは異なり、毎日、砂糖も入れずに熱湯をそそぐだけで『阿片チンキ』を飲み干すほどの蛮勇を持ち合わせていなかった」のである。

阿片チンキはアヘンをアルコールで溶解したもので、温かいワインに溶かして服用した。ジョージ朝末期のロンドンでは、ド・クインシーが薬種商から容易に入手できたように、阿片チンキの服用は実に日常的な営為で何ら恥ずべき行為ではなかった。

「ベィリーママの鎮痛薬」、「ゴッドフレェイの恩寵」、「湖水地方ケンダルの滴剤」などと商標化された鎮頭痛剤は、簡単に購入でき、身体によく、健康増進をもたらしてくれるように聞こえる。とは言え、これらの原材料にはアヘンが入っていたのである。アヘンは家庭常備薬であるゆえ、有能な主婦たる者、欠かしてはならない薬であると、かのカリスマ主婦、ビートン夫人でさえ力説している。アヘン服用者には社会的地位が高い者、創作家が数多く含まれたが、クリミアの天使フローレンス・ナイチンゲール（一八二〇‐一九一〇）、ウィリアム・モリス（一八三四‐九六）の娘にして社会改良家であるジェイン・モリス（一八三九‐一九一四）、女流詩人エリザベス・バレット・ブラウニング（一八〇六‐六一）などの名前を即座にあげることをできる。ド・クインシー自身がアヘン服用者として名前を列挙したのは以下の通りである――「雄弁で慈悲深い奴隷解放論者ウィリアム・ウィルバーフォース（一七五九‐一八三三）、今は亡きカーライルの首席司祭エドマンド・ロー（一七〇三‐八七）、ケンブリッジ大学学寮長アイザック・ミルナー（一七五〇‐一八二〇）、大法官トマス・アースキン卿（一七五〇‐一八二三）、故・国務次官ヘンリー・アディントン（一七五七‐一八四四）など多くの著名人のほか、それらに劣らずの有名人も枚挙に暇なしであるが、名前をあげるのは退屈だからもうこれくらいでやめておこう」と吐露している。

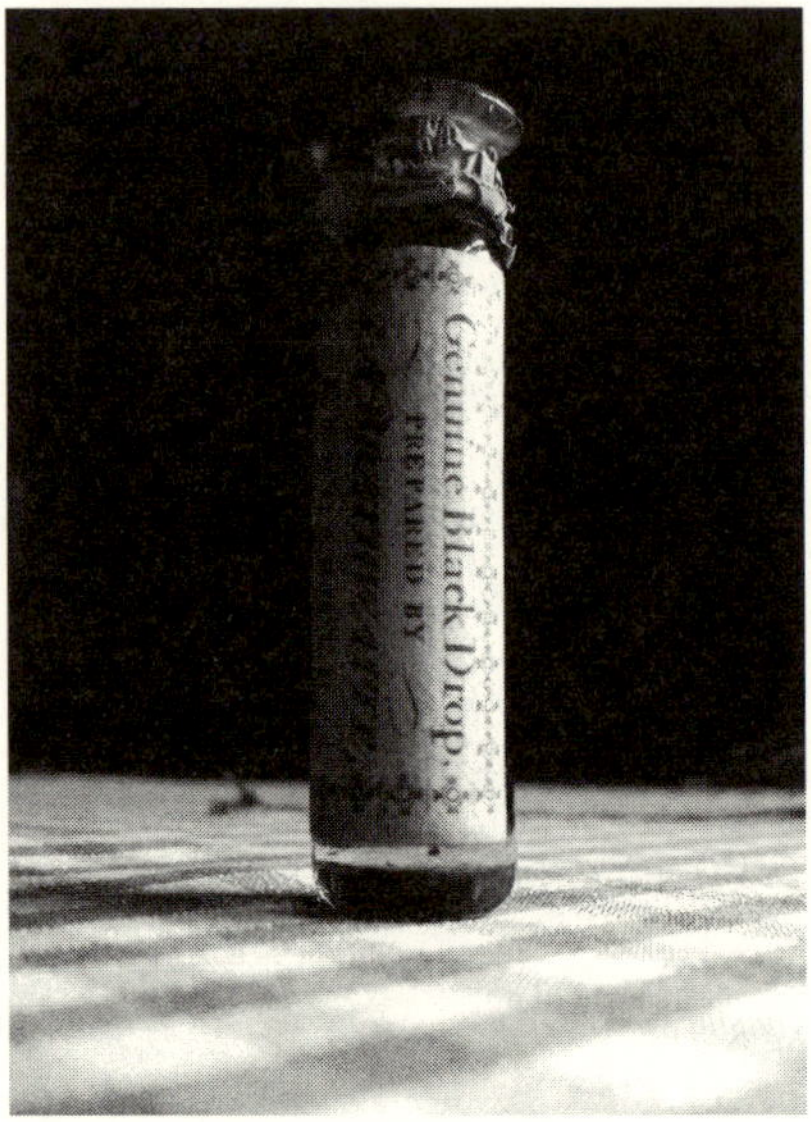

「湖水地方ケンダルの滴剤」はアヘンの人気商標で、ジョージ朝の薬種商で容易に入手できた。

またアヘン服用者は社会的地位の高い人々に限られていたわけではない。ド・クインシーの生まれ故郷マンチェスターでは「綿織物職工たちが急速にアヘン常用の習慣に染まっていった。誰もが手を出すものだから土曜日の午後になると、どこの薬種商の帳場でも、夜に服用するため常連が注文する丸薬で埋め尽くされていた」とはド・クインシーの言葉である。

このようにアヘンは廉価で場所も選ばずに入手できたのである。

ロンドンでの彷徨談が示しているように、どうやらド・クインシーは紋切型の勤勉な学生ではなかったようだ。オックスフォードへ来学する直前、宿もなく、郷愁にかられ疎外感にさいなまれたド・クインシーはウェールズ地方へ徒歩旅行を試みた。所持金を使いはたし、遺産を当てにして借金を重ねてしまう。やがて家族と離れ、ロンドンはソーホーのグリーク・ストリートにある何もない住居で生活するようになった。そうしたド・クインシーの身をささえてくれたのは「オックスフォード・ストリートのアン」と呼ばれている売春婦であった。

だがド・クインシーには作家たる天賦の才がそなわっていた。まず大詩人ワーズワスに熱烈な讃辞をおくり、やがて英詩に革命をもたらした『民謡叙情詩集』（一七九八）の共著者である詩人サミュエル・テイラー・コールリッジ（一七七二－一八三四）、そしてワーズワスの献身的な妹ドロシー（一七七一－一八五五）にも書簡を通じて交友を結び、ロマン主義運動の中核をなすようになる。

オックスフォード大学の卒業試験第一日目、好成績を修めてみせたド・クインシーではあったが、精神不安定に陥った試験二日目以後、姿を見せることはなかった。その直後、湖水地方へおもむき、今日、「ダヴ・コテージ」（鳩の館）として知られているグラスミアにあるワーズワスの寓居に落ち着くことになる。

遺産を手にしたド・クインシーはグラスミアで知遇をえた友人たちを金銭面で援助した。だが、熱愛するワーズワスの娘キャサリンが亡くなると深い悲しみに沈み、「墓の前で泣き伏して夜を過ごすこともよくあった」という。はじめは「歓喜の淵」へ導いてくれるアヘンを時折服用するだけだったが、次第に日々欠かせなくなってしまった。ワーズワス記念館となっている「ダヴ・コテージ」には、一九世紀に骨でつくられた計量器が収蔵されている。これで粉状のアヘンを測っていたのであろう。この計量器の所有者名は断定できかねるのだが、ただはっきりと（トマス・ド・クインシーを表す）「T・Q」の頭文字が刻まれている。これを頻繁に使用していたにちがいない。ロンドンから二百五十マイル（四百キロ）も離れた遠方の地で営む自らの生活を、「山中に身を埋めている。でも山間の地で私は何をしようとしているのであろうか。ただアヘンを服用するのみか……」とド・クインシーは吐露している。

アヘンを服用しつつ、カントをはじめとするドイツ哲学を耽読し、友人たちの言葉を借りれば、「私財」で生計を立てていたという。金に糸目をつけず高価な書籍を次から次へと矢継ぎ早に購入した。ド・クインシーの住居を訪れた者は雑然とした家の様子に驚き、「ドイツ語文献が椅子、テーブルの上は言うに及ばず、所狭しと洪水のように床全体を被っている現状」を報告している。

だが、ド・クインシーが相続した財産はそれほどではなかったため、とうていこうした日常生活を支えることなどできなかった。切迫した経済状態ゆえ、無為な生活にけじめをつけ、ついに雑誌原稿を書かざるをえない状況に陥ったのである。「ド・クインシーがいつもこぼしていた不平は」と、ある編集者が述べている。「言葉の選択に余りにも精神を注入しすぎ遅筆にならざるをえない」、と。忍従の日々が続いたが、さらに子供を扶養する経済的義務も生じてきた。ド・クインシーは農夫の娘と結婚し、すぐに子供を一人もうけているが、さらに夫婦の間には八人の子供が生まれたからである。

債権者が群がる一八二一年、ついにド・クインシーは不朽の名作をものした。アヘンの影響下で執筆された『阿片常用者の告白』は、不可思議な東洋風空想で彩られている。本篇により文名はたちまちのうちに確立した。アヘンの迫りくるおぞましさとのせめぎあいから生まれたこの逸品は、恐怖に満ちた歓びをたたえている。

さすがに二〇世紀になるとド・クインシーの文名も翳りを見せはじめた。かの絢爛な言葉遣いもわずらわしい誇張にすぎないとされてしまったからである。だが、一九六〇年代、若者文化が台頭し、ド・クインシーはよみがえりアヘンを想像力の源泉にした文学者として、つまり〈幻視者/創造者〉として再臨してきたのであった。麻薬には創造力を喚起する力があると考える者によれば、ド・クインシーの最高傑作『阿片常用者の告白』はアヘンから霊感を得たもので、他の創作もアヘンの服用によって生まれたものであったからである。

一方では、ド・クインシーが『阿片常用者の告白』を執筆した真意は、中毒性の危険を説き、自らをアヘン中毒から解放しようとしたところにある。ただ警告は効を奏したとは言いがたい。名作『嵐が丘』、『ジェイン・エア』を書いたブロンテ姉妹〔シャーロット・ブロンテ〔一八一六-五五〕、エミリー・ブロンテ〔一八一八-四八〕、アン・ブロンテ〔一八二〇-四九〕〕の弟ブランウェル〔一八一七-四八〕も麻薬に手をそめていたが、ド・クインシーのようには名作を生み出せなかった。一八二四年に出版された『健康の託宣』はド・クインシーの本作品を公然と非難している——

野放図で愚にもつかない夢心地に導く、『阿片常用者の告白』というこの悪書のため、近年、アヘンの使用量が著しく増加している。最近の例にあるように、惨めな苦痛を引き起こし、自殺にまで追い込むような、この邪悪な本を厳しく譴責しておく必要がある。ついアヘンに手を染めてしまい、天上の夢心地とおぼしき寝物語にうつつをぬかしている者を戒めておくべきである。

ド・クインシーが抱えていた懊悩の数々は文名があがったからといって、解消されたわけではなかった。成功を妬んだ連中は口さがなく、ド・クインシーが私生児の親である事実をも暴露した。また家賃の不払いから立ち退きを迫られ、妻を自殺一歩手前まで追いつめるような不祥事も起きてしまう。『阿片常用者の告白』が掲載された文芸誌『ロンドン・マガジン』からの原稿依頼も途絶え、生活の資を得るため、あろうことか、競争誌である『ブラックウッズ・マガジン』へ何本かのエッセイを投稿せざるをえなかった。遊び心に満ち、静かなユーモアをたたえた独創的な作品「芸術作品として見た殺人」は、こうしたエッセイ群の一篇なのである。

ド・クインシーの伝記を書いたグレヴェル・リンドップ（一九四八-）によれば、このエッセイは「不吉な皮肉がみなぎった難解な作品」であり、一八二七年二月に発表された。エッセイの語り手は「殺人鑑定家協会」の会員であったが、これはロンドンに新しく設立された架空の団体であり、「殺人に好奇心をつのらせた愛好家、好事家、『殺人鑑定者』が集ったグループである。会員は会合を開き、多様な殺人事件を作品として検討し、評価を下すという。「ヨーロッパの『警察年鑑』に発表される目新しい残虐行為に遭遇すれば会合を開き、絵画、彫刻などの芸術作品に下すのと等しい論評を加えた」のであった。

ド・クインシー自身と同様に、洗練をきわめた流行の最先端にたつ本同好会の会員は、現代こそ、犯罪にも新しい知と洗練を求められる時代であるのを熟知していた。「今日こそ」と、会員とおぼしき者が声高に主張する。「卓越した傑作（殺人）が専門家（殺人者）によって制作されているのだから、それに応じて批評も質を向上すべきである、と世人が期待しても当然なのだ」、と。

ド・クインシーは本エッセイの冒頭、ある事故を紹介している。その事故は協会員がことごとく失望するほかないような低調きわまる出来事であった。低調だと決めつける根拠となったのは、死者がひとりも出なかったからである。

オックスフォード・ストリートにあるピアノ製造所から出火した。詩人コールリッジの寓居に近接しており、そこでド・クインシーも話の輪によく加わっていた（だからこの話は楽屋落ちめいたものかもしれない。ド・クインシーは同じようにアヘンを服用していたウィリアム・コールリッジ［サミュエル・ティラー・コールリッジのパロディ］とも友人であった）。突然の火事を知らせる大声にその場に居合わせた人々は中座し現場へと足を急いだ。ただ残念なことに（エッセイの語り手とおぼしき）ド・クインシーは、先約があり事態が緊急を告げるまでに立ち去らねばならなかった。数日後、コールリッジに火事の結末を聞かせて欲しいと懇願したところ、「いや、君」と、コールリッジは言葉をにごらせ、「あまりにつまらなくて皆がっかりしたよ」とこぼした。

消防ポンプが間に合って消火され、ひとりの死者も出さず、損失をこうむったのは保険会社だけであった。こうした口をきくコールリッジが邪悪な人間で不愉快な輩ではないことを、ド・クインシーは強調している。ただ、民衆の心に興奮を巻き起こす他の娯楽と同様、この火事のスペクタクルを愉しみ、かつ非難する権利があるのだとド・クインシーは示唆しているだけなのである。

こうした指摘こそド・クインシーのエッセイの要諦を暗示しているのだが、（同時に本書の）主眼でもあるわけだ。それは殺人を「人々の心に潜む期待をかきたてる行為」とみなす見方である。そして一九世紀初頭、犯罪とりわけ「殺人」が、娯楽になりうるという考えへと昇華していったのである。「殺人を芸術作品」として見立てると、まずジャーナリズムが注目し、やがて舞台化が進み、殺人現場を訪れるツーリズムをも惹起し、人々の記憶に深く宿り、最後は探偵小説を胚胎するまでになっていく。さらにそうした進展に加速度をつけたのはガス灯に代表される産業化の波であり、都市生活が生み出した「文明」そのものであった。文明こそが自然とその脅威から身の安全を護ってくれるものにほかならない、という確信がさらに深まっていった。住居を施錠して暖炉の前で身を暖め、カーテンを引いて外部から遮断された生活様式がジョージ朝末にはすでに到来していた。暴力、殺人が日常茶飯事であった過去の日々は遠く忘却の彼方へとすべて沈んでいった。だが幸いなるかな暴力、殺人に再び脚光があたり、娯楽として甦ってきたのである。

ド・クインシーのエッセイで言及されている学匠詩人コールリッジと同様、やがて分別あふれる穏健な人々にも殺人犯罪は刺激を与え、慄かせ、歓喜をもたらすまでになっていくのである。諷刺雑誌『パンチ』の言葉を借りれば、「精神的苦痛をもたらし、恐怖が身体をおおい、髪の毛を逆立たせ、神経をただならぬ状態におとしめることで、……砂をかむような実生活の無味乾燥な状態から人々を蘇生させる」効用こそ、スリラー小説の精髄であると言うわけだ。

殺人と歓喜が一体となり、恐ろしくもあるが避けがたい不可分な関係にあるという考え方は、現代生活の抜きさしならない実相である。この啓示をもたらしたのは、アヘンにさいなまれ、借金まみれの世捨て人であった。たしかにこれまでにない新しい存在であったが、孤立者《アウトサイダー》になって初めて、社会を冷徹に観察できたのであった。ド・クインシー自らの言葉によれば、孤立者は「世の人々と交わらないがゆえに、既知の存在とはならず、崇められるようになった」と言うのだ。ド・クインシーは手垢にまみれていない「殺人」という真新しいテーマに取り組み、殺人そのものに対して諷刺をこめて、完膚なきまでに糾弾した。実際、タイトルとは裏腹に、ド・クインシーの本エッセイは、殺人犯罪を芸術作品のひとつとして見立てて、殺人を「消費的」犯罪に堕落させてしまうような新しい現象に異議申し立てをしているのである。

ここで犯罪事件が娯楽へと変貌する時点を正確に同定しておきたい——それは一八一一年に起きた、「ラトクリフ街道殺人事件」として世に知られる事件を嚆矢とする。

第2章　ラトクリフ街道殺人事件

「人殺し！　人殺しだ！　何とむごい殺人なのだ！」
（マー家の隣人が死体を発見したときに発した言葉［一八一一年十二月八日］）

一八世紀末、人々が抱いていた殺人観は今日とはかなり異なるものであった。むろん殺人という犯罪はあるにはあった。文化史家ジュディス・フランダーズ（一九五九‐）が指摘しているが、一八一〇年、英国の全人口はほぼ一千万人であったが、殺人犯として問われたのはわずか十五人でしかない。今日の警察や刑事が存在しなかったのだから、この数字は驚くに当たらない。しかし、イーストエンドの港町ウォッピングでは警察の原型らしきものが姿を現しはじめていたのである。その所轄署が「悪名をはせた」、あの「おどろおどろしい」殺人事件の捜査にあたることになった。ド・クインシーは「芸術作品として見た殺人」のなかでラトクリフ街道殺人事件を、「これまで犯された殺人のなかで最も高貴にして完璧な殺人」として賞賛してやまない。

今日、ラトクリフ・ハイウェイとして知られる街道は、ドックランドからロンドン中心部シティへの入口にあたり交通の往来がたえない。とある一日の夕刻、ロンドン塔での勤務を終えた後、私は東方向をとって、ウォッピングへ入り、一八一一年、ティモシー、セリア・マー夫妻、その子供、そして徒弟の男子が殺害された家までたどり着いた。一八一一年と言えば、父ジョージ三世（一七三八‐一八二〇）の精神障害が重く認知症を発症したため、プリンス・オブ・ウェールズ、後のジョージ四世（一七六二‐一八三〇）が摂政として国務を代行した年である。アメリカ南部では奴隷の反乱が起き、英国はスペインでナポレオン（一七六九‐一八二一）の軍隊と一戦を交え、そして国内では機械に生活の資を奪われ機械破壊運動を起こしたラッダイトとして知られる手工業者たちが、ミッドランド各地で破壊活動を起こしていた。それは大変動が生じ、先がまさに見えない時代であった。

ウォッピングは疲弊していたとはいえ、造船業労働者の家屋が迷路のように走っている、活気あふれる街であった。船乗り、造船員、食料品売りなど多くの人間がこの地で生息していた。独立した警察署として海上警察、つまりテムズ警察署は、一七九八年、当地に設置され、ロンドン・ブリッジ下流水域に係留している船舶から訴えられた盗難事件の捜査を担当していた。テムズ川を小艇で行き交い、カトラスという短剣、木製の重い銃で武装していた。さらにウォッピングには「処刑用ドック」が敷設されており、海賊はこの絞首台で落命した。

第二次世界大戦の空爆のため、現代では当時の面影はほとんど残っていない。今日では住宅に姿を変えてしまっている、狭い裏通りブリーザーズ・ヒルに並んでいた薄暗い倉庫群の上には今でも巻揚げ機を認めることができる。当地域の道路標識を見れば、――「タバコドック」、「ラム・クローズ」、「シナモン・ストリート」など――海との深い関わりが偲ばれる。ド・クインシーの「芸術作品として見た殺人」に登場する無名の（自ら胡散臭いと認める）語り手によれば、当時のウォッピングでは、「三人にひとりは外国人にほかならず、一歩外へ踏み出せば、インド人水夫、中国人、ムーア人、黒人に出くわした」という。こうした油断のならない外国人に加えて、「犯罪ゆえ世間の眼から姿を晦《くら》ましたい殺人者、無頼の徒にとって、当地は格好の避難場所」であったのである。

殺人現場探訪のためだろうか、または暗闇が迫ってきたせいか、東へ歩いていくにつれて、ウォッピングの町が何やら威嚇めいた存在へと変貌してきた。街道沿いに歩を進めていくと、顧客のテーブルでいかがわしいダンスを披露する秘密クラブ、侵入防止の楔《くさび》をとりつけた高いレンガ壁、「暗黒の未来」を告げる新しいテレビ番組を宣伝している巨大電光板などの前を通り過ぎた。マー一家が住んでいた二十九番地の位置を確認するため地図を広げていた私は、建材具メーカー店「マシーン・マート」の窓からもれる光で、全身が真っ赤に染まった。ガソリンスタンドに隣接する二十四時間営業のマクドナルド店から出てくると、乳母車を押した女性が背中からぶつかってきた。地図をながめていた私はまさにその現場に立っていると自覚した次第である。

ウォッピングの街に飛び込むと、トマス・ド・クインシーが主張する殺人愛好精神にとりつかれたようだ。でも暗い人気のない小石だらけの道を凝視していると、何やらそうした精神も薄れてきた。現代のウォッピングは危険な気配など微塵もない。当地には新聞社があり、一九八〇年代ヤッピーの住処、スーパーマーケット「ウェイトローズ」の大店舗などがあることで知られている。だが、胸をふさがれる殺人事件がここで起きたと想起すればどこか危ない街に思えてくるのであった。

一八一一年十二月七日深夜、最初のラトクリフ街道殺人事件が起きた。当時、本殺人事件は殺人容疑者ジョン・ウィリアムズの自害によって、然るべき解決をみたと考えられていた。十二月下旬、ウィリアムズは逮捕され、クリスマスから三日後、早々に刑務所内で首をつった。海上警察署、地元の警官、警備員たち、事の処理に奔走した関係者一同は、この結末に安堵の感を抱いた。つまり殺人犯が逮捕され、街にも静けさが戻り、正義がなされたのを「確認できた」と思われたのであった。

ウィリアムズの死骸に群がった大行進がウォッピングの街の人々のまえに現れた。新しい年に入れ替わろうかという夜、死体は埋葬されるために運ばれる予定になっていた。街道に群がった十八万人もの見物人が、死体をのせた車が進んで行くのを注視していたという。当時の印刷物によれば、車後部座席に乗せられた死体の周囲を棍棒で武装した見張人が取囲み、街道には見物人が立錐の余地なく並び、建物の窓という窓には野次馬が群がっている。そして死体を運ぶ車には殺人に用いた道具——鑿《かなてこ》、バール、船大工が用いる「大木槌」——も展示されていた。

そして行進はマー一家が惨殺された住居がある二十九番地で十五分間立ち止まった。その時、多くの群集が荷車につめ寄り、殺《あや》められた者たちが暮らしていた家に死体の首をねじ曲げ、殺害者が犯したことをあえて直視させようとしたのであった。自殺者が通常埋葬される四つ角まで、つまり、コマーシャル・ロード、キャノン・ストリートが交差しているところで、死体は「車から放り出され」、やがて墓穴にいれられると、「誰かが心臓に杭を打ち込んだ」という。

この最後の仕業は穏やかならぬ魂がさまようことのないようにするためであった。一八八六年、ガス配管を地中に埋めようとしたとき、ウィリアムズの遺体を掘りあて、この杭の逸話が真実であったと確認された。埋葬の場所と同じ交差点で溝を掘っていた作業員たちは、地中二メートルの地点で、顔を下にし、さらに心臓に杭を打たれた骸骨を発見したのである。

以上のようなかたちで事件の喧騒も収まったように思われたのだが、今日からみれば、このラトクリフ街道殺人事件で驚くのは、こうした状況でもってウィリアムズを殺人犯に断定するには不十分ではないか、という点である。ウィリアムズの有罪は「まだ五里霧中と言うべき状態であり、たった一人の人間がかくなる殺戮を連続して起こしうるのか、同事件は真に疑わしき限りである」と、首相スペンサー・パーシヴァル（一七六二‐一八一二）

までもが疑念を隠そうとはしなかったのである。

では一体、ウィリアムズは何をしたというのか。またウィリアムズを殺人犯であると同定するにあたり、事件捜査にいかなる瑕疵があったというのであろうか。


ティモシー・マー一家は、ラトクリフ街道二十九番地に住んでいた。閉ざされた張り出し窓の上に看板がかかっており、鮮やかな文字で、「絹、絹物、レース、ペリーズ（絹のマント）、毛皮販売――マー服地商」と記されている。先頃まで船乗りであったマーは、二十代半ばで衣料品商を起業した。二十二歳の妻セリアは息子を出産してわずか三ヶ月ほどしかたっておらず、まだ元の体力を回復するまでには至っていなかった。徒弟一人をおいていたが、まだ十三歳の若さであった。さらにメイド、マーガレットを雇っていた。（週末の夜は給料日にあたり遅くまでマーの店はにぎわっており）夜がふけ日付けも変わろうかという時刻に、主人ティモシーはマーガレットに「夕食に牡蠣を食べたいので買ってきてくれ」と命じた。

ジョージ朝ロンドンでは、牡蠣は廉価で、露天先で頬張るような食べ物であり、今日のような高価な珍味でなかった。だが、さすがに深夜ともなると、開いている店を探すのには骨が折れ、マーガレットは戸惑った。さらにパン屋への支払いも済まさなければならなかった。帰宅したが、すでに家の者たちは寝静まってしまったかのようであり、マーガレットは閉め出された。

エッセイ「芸術作品として見た殺人」のなかで、ド・クインシーは何やらゴシック小説めいた、背筋も凍るような場面を想像しているのである。（ド・クインシーはマーガレットの名前をメアリと変えている）マーガレットは深夜の道路に立ちつくし、扉に耳を当ててみる。すると何か物音らしきものが……耳に入った（訳注1）。

何の音なのだろうか。階段で——地下の台所へ降りる階段ではなく、二階の寝室へ通じる階段で——きしむ音がした。そして足音がはっきりとした。一段、二段、三段、四段、五段と……ゆっくり、まぎれもなく降りてくる足音だ。それからその恐ろしい足音が狭い廊下を通って戸口の方へ近づいてくるのが聞えた。足音は——おお、神よ、誰の足音なのか——戸口で止まった。人の息づかいが聞こえる。……足音の主とメアリの間にはわずか一枚の扉しかない。

こうした場面は一八一一年から二〇一一年までの二百年間、延々と書き続けられてきたスリラー小説の常套といえよう。「予測だにできない身の危機」がしのび寄り、殺人犯が安全で平凡な日常生活のなかへ侵入してきて、身を守るすべもなき若い女性が迫りくる恐怖に慄いている図は、ド・クインシーの時代の読者と何ら変わらず、今日でも、いささかも色褪せず戦慄を覚えさせる恐ろしいものがある。

マーガレットが扉をたたく音を聞きつけた隣人の質屋は、自宅とマー家の境になっている壁をよじ登ると、マーの店の裏戸が開いたままになっているのに気づいた。殺人犯（もしくは殺人犯たち）は逃走したあとであったが、痕跡を残していた。狭い通路には「血のりが広がり、玄関扉へ通じる通路まで血を避けて通ることなどとうていできなかった」。父、母、嬰児、徒弟にいたるまで一家ひとり残らず惨殺されていた。殺害に使用したのは船員が使う大木槌で、血糊がべったりと付着した状態で台所から発見されたのである。

この時点から事態は混沌をきわめるようになっていく。そして最後の最後に処置を誤ってしまったのである。テムズ警察署が召集されたのだが、ベッドの上に横たわっている殺害された死体を一目でも見たいと群がってきた山のような野次馬まで引連れてきた。このため、犯罪現場はことごとく乱されてしまったのである。加えて警察も殺人現場に残された法医学的物証やその他の物証を解読する術を心得ていなかった。大木槌にＪＰという頭文字が記されているのを見つけるまで、十二日もかかる体たらくであった。テムズ警察署は威信にかけて何とか事件を解決しようとした。そうした折、報奨金につられて情報がひとつ寄せられた。それはある女性からであったが、疑惑がつのるようなかたちで提供されたのである。夫は債務者監獄に入っていて、貧困にあえぐ一家であった。その女性はパブ「ピア・ツリー」亭近くで働いている洗濯女であり、その証言によれば、大木槌の頭文字（Ｊ・Ｐ）と一致する下宿人のひとりにジョン・ピーターセンという男がいる、と訴えてきたのである。殺人事件が起きたときには航海中だったが、大木槌をこの下宿屋へ置いていた。ところが、もう一人の同居人ジョン・ウィリアムズがこの道具をさわっていたという証言が現れた。しかも事件の翌日、何やら隠れるように身体を洗っているところを、そしてパブ近くにある揚水機で血に染まったストッキングを洗浄している現場を目撃されていたのである。

だがこの情報が届くのが余りにも遅かったため、ウィリアムズの第二の殺人――殺人犯であると仮定してではあるが――を食い止めることができなかった。第一殺人が起きてから十二日目に現在のガーネット・ストリートにある別のパブで、再び殺戮が繰り返されたのである。この静かな落ち着いたパブは十一時で閉店となり、亭主ジョン・ウィリアムソン、妻エリザベス、メイドのブリジットら全員が就寝していた。裸同然の男が縄状に結び目を作ったシーツをつたって階上の窓から姿を現すと街の通り一帯は騒然とした状態に陥ったのである。

この男はパブに宿泊していた下宿人ジョン・ターナーで、就寝中だったが、正面扉をたたく物音に続いてメイドがあげた悲鳴が耳に入った。耳をすますと、主人のうめき声が聞こえて、「殺される……」と鳥肌立つ声がもれてきた。さらに階下で誰かが歩いているような物音もした。ターナーは恐る恐る階段を降りていくと、うつむいている夫人の上に、背の高い男が身をかがめていた。恐ろしい現場を目撃してしまい、一目散で階段を駆け上がり、窓から飛び出してきたというわけである。十四歳になったばかりのウィリアムソンの幼い孫娘キティは凶行の間、目を覚まさず、難を逃れたのであった。

この第二の殺人は当初の殺人事件が起きてから時もたたず、しかも至近距離で起きてしまったため、恐怖と混乱が津波のように襲ってきた。ロンドン市民は新たな、まさに現代的な戦慄におののくことになった。家屋に鍵をかけ、窓という窓をすべて閉じて防御しても、都会に出没する略奪を目的とした殺人鬼には何ら有効ではない、と思い知ったのである。殺人鬼は家を選ばず、また慈悲心の一片もなく、警告なしに押し入ってくる。ロンドン市民の多くにとって、あとにしてきた故郷では隣人とも、お互いが顔見知りであった。だが、見知らぬ人々が流入してきたこの造船所界隈では、夜になるとわずかな灯しかともらず闇がすべてを支配するなか、多くの人間が蠢《うごめ》いていた。新しい恐怖が拡散したのはそうした場所であった。

すべての状況を勘案すれば、当局ができるだけ早急に幕引きをはかろうとしているのは明白であった。女流推理小説家フィリス・ドロシー・ジェイムズ（一九二〇‐二〇一四）によれば、当局は市民の不安を解消せんがために事を運んだのだが、余りにも拙速であった。殺人に用いた凶器を手にする機会があったこと、そして翌日の不信な行動、こうした状況証拠だけでジョン・ウィリアムズを拘置してしまったのである。そして航海中に水夫ウィリアムズと、かつて水夫をしていたマーが諍いを起こしたことがあるという噂も流れていた。いずれを採りあげても絶対的証拠には乏しい。ただ当局にとって都合がよかったのは、ウィリアムズが罪を認め、投獄一週間後、自害してくれたことであった。

殺人犯逮捕の一報を、警察は素早く流した。だが心穏やかでない人々もいた。ウィリアムズの死は自らの手で

View of the body of John Williams, the suppos'd Murderer of the families of Marr & Williamson.

荷車に乗せられ、ジョン・ウィリアムズの亡骸は、大群衆むらがるウォッピングの街路を進んでいった。遺体の左肩には殺害凶器とおぼしき大木槌が置かれている。

下したものではないという噂が飛び交った。死の直前まで陽気な様子であったからだ。ウィリアムズの死は余りにも好都合すぎるため、当局は街の秩序を昔のようには回復できなかった。だから罪人として確実に死にたえたウィリアムズの遺体を公衆の目前にさらすことこそが混乱を鎮める最良の策となったわけである。

ウィリアムズに対する有罪、捜査方法にまつわる疑問の数々は何ひとつ解決されず、政府当局まで苦悶するところとなった。そして警察もラトクリフ街道殺人事件を解決するうえで不完全でしかない組織を露呈してしまった。たしかに従来の警察のやり方は一夜にして変革できるものではない。しかし、この事件を契機として、統制の取れた単一の警察組織を構築するという、遅々とはしていたが、着実な動きが始まったのである。

さらに同時に、ロンドン市民、いや英国民すべてが事件の詳細を鵜呑みにしてしまった点もあげておかねばならない。この殺人事件は全国津々浦々まで報道されたため、マス・メディアがセンセーションを引き起こした最初の事例となった。この猟奇事件のことを知ろうとする渇望は新たなジャーナリズムを惹起した。それは殺人報道と言えるもので、血にまみれた事件の一部始終を不正確であろうとも報道し、早期解決の障害ともなりうる対象すべてに非難の矢を放つものであった。

名文家ド・クインシーの手にかかると、ごく月並みな船乗りも目がくらむような偉大なカリスマへと変貌してしまう。殺人犯の世評を皮肉るような筆致で、ウィリアムズが「死体然とした顔つき」をしていて、「不吉な声の主」であり、執拗に迫り、そつがない物腰でふるまう、とド・クインシーは描き出している。さらにその顔色たるや血の気がうせた青白さで、髪の色はオレンジ色と、レモン色の中間の明るい黄色であり、さらに「血管をめぐって流れているのは、恥じらいや怒り、哀れみで頬をそめさせるような赤い血潮ではなく、人間の心臓から湧き出たとは思えぬ、緑色の樹液のごときものであった」と筆をゆるめるところがない。

さらにド・クインシーが描くウィリアムズは「絹でぜいたくな裏打ちをした」、最高級の布地でつくった長くて青い上着を着用していた。そしてウィリアムズは他人に対して悠々として迫らず礼儀正しく接するため、これから殺人を犯す現場に向かう途上、混み合った街路で誰かにぶつかってしまった時には、「わざわざ立ち止まり非礼を詫びる紳士的な振舞い」を見せたというのである。これでは実在のウィリアムズ、つまり荒くれた船乗りとは似ても似つかない。これではまるで映画『羊たちの沈黙』に登場する殺人鬼ハンニバル・レクターと瓜二つではないか。

かくして、事件に残されたわずかな事実を結び合わせ、恐怖と想像、省察をない交ぜにして、この完璧に虚構化された殺人鬼が生まれたのである。

第3章　夜警

「小説を書いているかと思えば、政治談義に熱中している。宗教に没頭する一方、通りすがりの女性に熱いまなざしを注いでいる。詩作にふけるかたわらに、バイオリンを奏でている者までがいる」（犯罪人を逮捕すべき時にロンドン治安判事裁判所で行なわれていたことの光景『イグザミナー』誌〔一八一一〕）

あの大事件が勃発したとき、いったい警官はどこにいたのであろうか？

服地商マーにつかえるメイド、マーガレットがラトクリフ街道二十九番地の住居の扉をノックしていると、地元の夜警ジョージ・オルニーが通りかかった。夜毎、三十分間隔でマー服地店の前を警邏《けいら》していたのである。オルニーはマーガレットといっしょに扉をたたいた。その物音のため、隣人の質屋が起き出してきて、この人物がマーの住居へ入っていくことになる。

惨殺死体が露見してから現場へ最初に駆けつけた警官はチャールズ・ホートンで、テムズ警察署に所属していた。テムズ警察署は河川やドック周辺の犯罪を取り締まる小さな部署であった。今日でもこの警察署に属していた警官の個人記録をウォッピング警察署に設けられているテムズ警察署博物館で閲覧することができる。記録によれば、一八〇六年、ホートンは入署し、パン屋のロビンソン夫人のもとで下宿していた。厚地の外套——制服ではなかったが寒風吹きすさぶテムズ川を警邏するときには重宝した衣服であった——、護身用短剣、手錠などが支給されていた事実も記録から判明する。(ただ、初期のテムズ水上警察署はそれほど多く女性を逮捕していなかったようだ。と言うのは、その博物館に展示されている手錠を私の小さな手にはめてみると、いともたやすく手がすべりぬけてしまったからである)。

ホートンは血糊がついた大木槌を警察署まで持ち帰った(しかし厳密に調べなかったため、頭文字が刻まれている事実を見逃してしまっている)。やがてテムズ警察署は犯罪にまつわる情報を収集するために報償金を出すことになった。企ては成功半ば、失敗半ば、と言わなければならない。ジョン・ウィリアムズを犯人と同定できたわけだが、金に目がくらんだ無一文の女がウィリアムズを密告した可能性は捨てきれない。

だが、こうした事態は当時の警察を考慮すれば望みうる最善のことかもしれない。ジョージ朝時代のウォッピング以上に発展していない、より古くて小規模な地域では、自らの手で治安を維持していたのであった。罪状が問われると、隣人が裁判所へ召喚され、容疑者の悪行、善行に照らし合わせて有罪、無罪が決定されていたのだ。つまり地域内での評判、身持ちなどが証拠よりもはるかに重視されていたからである。

各地区には雇用期間一年限定の武装しない「治安官」——この言葉は「厩舎《きゅうしゃ》の長」を語源とするのだが——が任命された。地域社会の秩序を保つことこそが職務であった。この役職は古くからあり、一二五二年まで遡れる。治安官の他に、重要な役職としては貧民の監視官、街道の管理者、教会委員などをあげることができよう。治安官は装飾がほどこされた棍棒をたえず携帯していたが、それは警察バッジのごとき機能を果たし、まさに権威の象徴であった。

治安官は複数の者と力を合わせ、帳《とばり》がおりた街を巡回した。市民たちは何人かと組み、夜警を雇用し、定期的警邏を実施したのだが、規則正しく時刻、天候を大声で告示するため、住人の安眠を妨害したのであった。角灯を下げた夜警員は驚くほど年老いていて、犯罪人から金品を受け取って犯行を黙認するような事例もあった。ロンドンの中心地コヴェント・ガーデンではあえて老人を夜警に任用し、しかるべき職務につかせた。ただ若者の任用を断念せざるをえなかったのは、「売春婦とつるんでいて、略奪行為が行われている間、若者が売春婦と一緒にいて、真面目に仕事をしなかった」からだという。（とは言え、役立たずの夜警を笑い飛ばす伝統はシェイクスピアの時代からあった。『マクベス』の幕間がそれを証明している）。

都市化の波が英国全土を蚕食しはじめると、こうした警察組織の在り方にほころびが生じてきた。住民、治安官、夜警などがどうあがいても対処できない強盗、殺人などの重犯罪が台頭してきたからである。一八世紀初頭、犯罪者の手に落ちるしかない民間人は、「盗賊捕手方」に頼るほか術はなかった。この「捕手方」とは、金品の報酬をもらい犯罪人を逮捕する請負人にほかならない。

だが「捕手方」の方にも問題があった。犯罪人とは顔見知りで、さらに何人かとはきわめて昵懇であった。見逃す見返りに高額の賄賂を要求する者さえいた。こうした「捕手方」のなかでもっとも人口に膾炙《かいしゃ》したのはジョナサン・ワイルド（一六八三－一七二五）であろうか。ロンドンで「捕手方」として人生を始め、同時に盗人となる。一七一三年、ロンドン教区警官であったチャールズ・ヒッチェンと手を組み、夜の「巡回」をしながら、ロンドン市民を守らず金品を強奪して回っていた。

だがワイルドはあくまでも司法の顔を維持し、一七一四年、監獄リトル・オールド・ベイリーにある自宅を「遺失物探索所」としたのであった。盗難品を自宅内に置かず用心していたが、頼めば盗まれた品が返ってくるのを誰もが知っていた。ジョナサン・ワイルドは「警察権力」を代表する存在となり、「盗賊捕手方長官」として君臨したのである。

とは言え、警官と盗族という二面性は余りにもあやうく、そう長く続くものではない。ワイルドが成功するほど相棒ヒッチェンの憎悪は深まり、やがて敵対する関係になってしまった。当時の最新式伝達媒体である小冊子を用いて、ヒッチェンはワイルドを横暴で悪辣きわまる正義漢面をした男にすぎないと弾劾した。つまりワイルドは何人かを逮捕するが、多くの犯罪者を見逃し、堕落の淵へと追い込んでしまっている、と。一七一八年、ワイルドを対象に想定したとおぼしい法案が議会を通過した。盗品返却をめぐり駆け引きするのは犯罪であると定められていた。

こうした法案など物ともせず、ワイルドは数年にわたり、誰はばかることなく従来からの事業にいそしんでいた。大いに尊敬を集める仕事をしていたわけだが、屠殺業者をしていた「ブルースキン」こと、ジョゼフ・ブレイクの処置を誤り、栄光の座から転げ落ちるところとなった。ワイルドを転落にいざなった人物は子供の犯罪人であり、(『オリヴァー・ツイスト』(一八三七 - 九、一八三八)に登場する掏りの親分フェイギンのように)ワイルドは養子にむかえ、自分に代わり犯罪をそそのかした。「ブルースキン」が逮捕されるや、ワイルドは即座に関係を絶とうとした。怒り狂ったブルースキンはワイルドの喉をかき切ったが幸いにもワイルドは一命を取りとめた。だが大衆の支持を失くしていったのであった。後年、窃盗罪で逮捕されてしまうが、もはやワイルドは得意の口八丁を駆使しても逃れえなかった。そして、ついには死刑執行場タイバーン(訳注1)で、群衆から投石されるなか、絞首台の露と消えたのであった。

こうして社会が混乱しているさなか、作家ヘンリー・フィールディング(一七〇七 - 五四)が渦中の人になっていったのである。声望ある劇作家であると同時に傑作『トム・ジョーンズ』(一七四九)を書いた作家であるフィールディングは強い社会的良心をもって警察裁判所判事を務め、一七五一年、社会悪の根源を正そうと考え、対策を示した小冊子『最近の驚くべき犯罪増加に関する一考察』を著した。対策として、まず「犯罪人記録」を採るところから始め、犯罪情報は言うに及ばず、容疑者、不審行動に至るまですべてを記録しようとするものであった。また、住民にも積極的な情報提供を求めた。つまり事件を起こした者が司法の力で裁かれるよりも犯罪そのものを防止しようとする試みである。治安判事がこうした策を打ち出したのは初めてのことであった。

通常、一定期間勤務すると退職することになっていた警官であったが、フィールディングは教区に警官六人を雇用し、給料を支給して恒久的に警備につかせた。通称「ボウ街逮捕団」と呼ばれた警官六人は職業的警察の嚆矢とされている。チャリングクロスの管轄内六マイル（ほぼ十キロ）の地域を青い制服を着て警羅している姿はロンドン街頭の一点景になり溶け込んでいた。だが、ボウ街逮捕団は教区から雇用されていた他の数多くの警官と競合するようになってしまった。文化史家ジュディス・フランダーズによれば、一七九〇年、七十もの教区から雇用されていた夜警、警官の人数は、千名は下らないという。一七九八年、テムズ警察署が設立されるところとなるがすでに多くの警察署が存在していたのであった。ヘンリー亡き後、目の見えない弟サー・ジョン・フィールディング（一七二一 - 八〇）が重責を引き継いだ。すると新たな問題が起きてきた。警官の間で競合が生まれ、非協力体制ができてしまったからである。「各教区の境界はきわめて混乱してしまった」とフィールディングは訴えている。「教区にある道路が他の教区へ延びている場合、先方の教区へは踏み込めず、助力できなかった」というのである。

ラトクリフ街道殺人事件は、こうした警察力の在り方が露呈してしまった好例である。ウォッピングの法秩序をつかさどる人々はまさに混乱し、支離滅裂な状況に陥ってしまった。テムズ警察署長ジョン・ハリオット（一七四五 - 一八一七）は、殺人事件の夜、マーの店の外で目撃された三人にまつわる情報に対して二十ポンドの報酬金を支払うと申し出た。だが署長は内務省から職務を逸脱した科で譴責《けんせき》されるところとなった。そして次に、シャドウェル地区治安判事——内務所から任命されており、テムズ警察署よりも「公的な」性質をおびているのだが——は、「犯人の発見、逮捕につながる情報に対して礼金五十ポンド」を出そうとした。そして再び、検視官ジョン・アンウィンがパブ「ジョリー・セイラー」亭で審理を開くことになり、当事件の調査が始まったわけである。

国会でもこの事件は問題視された。シャドウェル地区治安判事たちは、なぜかくも多くの事件解決の糸口を見落としたのであろうか？　アイルランド人が数多く容疑者として逮捕されたのには外国人憎悪《ゼノフォービア》以外の何かがあったのであろうか？　また何ゆえウィリアムズを単独で隔離し見張をつけようとはしなかったのか？　こうした一連の疑問に対して容易に解決口を見出せなかった。首相スペンサー・パーシヴァルが自ら述べているように、いかに夜警団が優秀であれども犯罪を未然に防げなかったであろう。実際、どのような警察制度のもとでならあの凶行を防ぎえたと言うのか、今もって分からない。(残念なことに首相は答えを見るまで生きてはいなかった。と言うのも、殺人事件後ほぼ五ヶ月たった一八一二年五月、政府に恨みを抱く男の銃により下院内で暗殺されてしまったからである)。

一九七一年に出版された『ラトクリフ街道の殺人』を書いた共著者P・D・ジェイムズとT・A・クリッチリーによれば、精力的な内務大臣は立法措置を講じて、事件後数ヶ月のうちに中央警察組織を設けようとしたところ、内務省は無気力でやる気の片鱗も見せず、いずれからも反対されてしまったのである。つまり警察が機能するのは、国民同士が信頼し合っていない外国においてのみだ、と反対した。外国の専制的政府は国民を抑圧するのに警察権力を行使するかもしれないが、自由の民である英国民は自由を侵害されるような行為にはとうてい耐えられまい——「たしかにパリにはみごとな警察が置かれているが、とてつもなく高い代償を支払っている。フランス警察から家宅捜査、見張りなどを受けるくらいなら、三、四年ごとにラトクリフ街道殺人事件のように六人ほどの犠牲者が喉をかき切られる方がはるかにましだ」と放言してはばからなかった。ひとつの警察力を設けようとすると必ずや対立意見が立ちはだかった。強い法権力は天恵にもなるが、災禍にもなりかねないというわけだ。むろん国家自体が今日とは比べものにならないくらい小さな役割しか果たしていなかった――一八八〇年、義務教育法が施行されたのはようやく一八八〇年になってからであり、老齢年金は一九〇九年、国民健康保険は一九四八年まで待たねばならなかったのである。

だが十八年後、国会の手によってロンドンの警察問題に対する解決策がもたらされようとしていた。ロンドン全市の犯罪に対処する警察権を中央で統括する機関が設置されたのである。一八二九年、「首都警察法」が議会を通過し、内相サー・ロバート・ピール（一七八八 - 一八五〇）のもとで新しい警察が立ち上がることになる。ピールにはアイルランド相として同地に警察隊を組織化した実績があった。一八二九年、千名以上の警官が所属する新しい機関が新設されると、所属する警官たちは「ピーラーズ」という愛称で呼ばれた。

新しい警察機関の立ち上げは著しい転換点と見られるのだが、事実を直視する歴史家によれば、その「前」と「後」ではそれほど著しい差異があるわけではない。人間はおろか業務自体も何ら変わらず、警官という名称すらも同じであった。また、新しい警察は、自らの特権を死守しようとする強力なロンドン市に対し、何ら法的権限を持ってはいなかった。（賢明にもピールはこうした特権について争うのは得策でないと考えていた。だからロンドン市には今日でも市独自の警察が設置されている）。実際、統計上で見る限り、犯罪数は減少傾向にあった。それ故、現実の脅威というよりは犯罪へ恐怖感が増したことから警察への必要性が増していたのである。警察の新設はロンドンの街から道徳的堕落を一掃し、秩序をもたらそうとする大きな動きの一翼を担ったのであった。ロンドン全市民が自分たちの街が安全であると感じるためには、まず浮浪者を一掃し、道路補修したうえであの騒々しい定期市を廃止すべきであった。それにはむろん殺人犯の検挙も含まれていたのである。

とは言え、いくら歴史家が変化よりも持続に力点をおこうとも、ロンドン警視庁の設置は重要な展開にはちがいなく、これを機にミドルクラスの人々が台頭してきたのである。「労働者階級」とか「ミドルクラス」という呼称はつかみどころのない言葉であるが、第一次選挙改正法（一八三二）の施行によって、以前ならば「下層階級」と一括されていた人々を新たに分類する動きが出てきたのであった。

一八三二年、投票権者数はほぼ四十万人から六十五万人まで飛躍した。そして以前の選挙法では無名区として悪名をはせていた選挙区が消滅した。いわゆる「腐敗選挙区」と言われる地域で、わずかな投票者が国会議員を選出していたのである。代わって男性の十ポンド以上の謄本土地保有権者に投票権が与えられるようになり、工芸職人、店舗経営者までもが新たな投票権者になったのである。だが、熟練工の親方のようにそのレベルに僅かに達しない者には政治は縁なき世界であった。当然、過激主義に走る者が出てくるわけである。こうした新興の二階層が対峙するわけだが、警察は新しく出現したミドルクラスを支援したのである。

ロバート・ピールが組織化した警察はかつての警察組織とは顕著な違いがあった。「警視総監」二名のもとに警視庁が統一され、ピールの書簡（一八二九年七月二十日付）によれば——さらに第一事務官、第二事務官、第三事務官といった官位で警察事務官が配置されていたという。総監と権力を二分した財産管理局（経理事務官を担当する部署）にも二、三警官が配置され、全体では警視八名、巡査部長八十八名、そして警官八百九十五名が配属されていた。

さらに重要なことには、ロンドンの警察力が統合されたのを指摘しておきたい。定期的巡回が実施された。さらに情報を共有するため、犯罪歴を中心とした官報『ヒュー・アンド・クライ』が、容疑者の最新情報を載せた、はるかに充実した官報『ポリス・ガゼット』にとって代わられた。そして警官に下される日々の命令は、所属長から直接下されるようになったのである。

新しい警官《ピーラーズ》は、半数が夜間を、残り半数が昼間を巡回警邏したが、歩く速度は時速二・五マイル（四キロ）を落とさず、勤務中に腰を下ろすのは禁じられていた。ボタンが八個ついた長めの青色の外套を着用していた。制服の色には意味があった。赤色ではなく青色が選択されたのは兵隊と識別する必要があったからである。一八一九年八月十六日、ピータールー虐殺事件がマンチェスターのセント・ピーター広場で起きてしまった。大群衆のなかに逃げ込んだ反動分子を逮捕しようとして、抜刀した軽騎兵が襲いかかり、死者十一名、負傷者四百余名を出した。だから英国民は町のさなかで兵隊の姿を見たくはなかったのである。

さらに首のまわりには皮の高襟巻を着用した。これは絞殺犯から身を守るためであった。また外套の襟には官憲番号がつけられていて、今日でも制服肩部に見られる。白色のズボンを着用していたが、これは公費でなく自前であった。そして頭には高さ二十センチ近くもある幅広帽をかぶっていた。再度力説するが、兵隊ではなく一般市民と寄り添いたいがゆえ、新しい警官はこうした服装をまとっていたのである。サッカーファンのウェーブが発するような騒々しい呼び声は、かつて緊急時の喚起・召集を促す信号であったが、後年、はるかに効率がいい警笛が取って代った。

経済的保証こそが警官職に着任する大きな要因であった。とは言うものの第三級警官はわずか週給十六シリング八ペンスの薄給にすぎなかった。一八四八年、警官十人が窮状を訴える上申書を認《したた》めたが、「既婚者にはいくばくかの借財があります。このような薄給では借金を返し、妻子を養う生活必需品などとうてい購えません」と切々と訴えている。だが時が経つにつれて、労働者階級の人々にとって、警官は魅力ある安定した職業とみなされるようになっていった。だから警官募集にも余裕が生じ、警官候補者の身長は最初、五フィート七インチ（約一七〇センチ）を最低でも必要とされたが、二インチ（約五センチ）上げ、五フィート九インチ（約一七五センチ）の身長が必要条件であると改定された。

ロンドン市民は必ずしもこうした革新性を全面的に歓迎していたわけではない。新しい警察にかかる費用を嘆き、少々腐敗した側面があるにせよ、昔の親しみ深い夜警への想いがつきなかったのである。新しい警官は市民に奉仕するように命じられていたが、その代償は激しい侮蔑をともなった――「生海老」、「青い悪魔」、「血に飢えた警官野郎《ピーラーズ》」などひどい仇名がつけられた。非番の時でも制服着用を義務づけられた結果かもしれないが、私生活を覗き見される市民の不安を代弁している声でもあったのだ。

ロンドン警視庁設置から六年後、どうやら単一の機関がロンドン全域を統括する体制は安定をみたようである。ロンドン以外の地域もロンドンを範とするまでになった。そして「ピーラーズ」改めロンドン警察官はイギリス全土に浸透していったのである。

とは言え、組み立ててきたパズルにどうしても最後の一片が見当たらない。たしかに「ピーラーズ」は犯罪を抑制する組織であったが、事件解決に導く機関ではなかった。そこで一八四二年になって初めてロンドン警視庁内部に犯罪「解決」をはかる部署が設置されたのである。「刑事部」と呼称された組織はわずか刑事二名、巡査長六名、警官数名の寒々しい陣容で発足したのであった。目立たない服装に身をつつんだ刑事という存在は、市民社会が制服に身を包んだ警官を身近に感じ信頼を寄せるようになって初めて、認知されるところとなる。

人々が刑事を身近に感じるにはまだまだ時間を要したのであった。

第4章　殺人現場見学ツアー

「一目見ると震えにおそわれる
ここで惨劇がくりひろげられた
胸に激しい痛みが走り
血が凍てついてしまう」
（「ブロードサイド」に掲載された戯詩［一八五五］）

現代人の目からすれば、ラトクリフ街道殺人事件で慄きを覚えずにいられないのは、凶行が遂行された日以来、何百人もの群衆がマー家に推し寄せた一件ではないか。まだベッド上にあった亡骸を興味本位で見ようとつめかけ、その数や日を追うごとにふくれあがっていった。「おぞましいかぎりの犯罪が惹起した騒動が世に知れわたり、犯行現場を一目でも見たい好奇心を何とも押えがたいのか、どうやらラトクリフ街道は看過できない場所になったようだ」と『タイムズ』紙（十二月十一日）も伝えている。

当時、今日では許されない、墓をあばくごとき行為を大衆が受け容れたのにはふたつの理由があげられる。死ぬこと、産れることそのものがごく日常生活の一環にすぎなかったことを、まず挙げておこう。現在、両方とも医療行為に属し、個人宅ではなく病院で行われる。一八世紀の人々は家族が見守るなか自らの寝台の上で死をむかえ、また女性の大部分は家庭で出産していたのである。また居間に遺体を安置し、友人・隣人から悔やみを受けるのはじつに自然な営為であった。まだロンドン東部には「通夜」を行うというアイルランドの風習が色濃くのこっていた。それは棺に入った死者の姿を弔うため住居を訪れ、金銭を奉じたという。死者をむかえる遺族は集まり、酒を飲み交わし、宴会を開いた。イングランドではこうした遺風はつとに消え去っていたが、アイルランドでは今日でも行われている。

そして次に、先に確認したようにまだ司法が裁判所にゆだねられてはおらず、依然として地元社会で行われていた事実をあげておきたい。検証できる証拠は一人でも多くの目にさらされ、互いに共有できた事実を忘れてはなるまい。被害者マー家に近いパブ「ジョリー・セイラー」亭で審問会が開かれ、任命された陪審員十二人が、証言を聴く前に殺害が行われた家中を（文字通り震えながら）くまなく回り、殺害の原因を同定しようとした理由をこれで理解できよう。マー家殺人事件はこうした捜査法の限界を突きつけた点でも興味深い。今回ばかりは、事件の目撃談や近所から寄せられた人物判定も噂の域を出ず、不正確そのものであった。

さらにマー家へ押し寄せた群衆を駆り立てた第三の要因として、病的で猥褻ともいえる嗜好をあげねばなるまい。こうした感性はことさら新しいものではなかった。ジョージ朝の高貴な人々でさえもおぞましいグロテスクな光景を目にするのが愉しみであったのだから。たとえばロンドンのベドラム病院探訪もこうした娯楽のひとつであった。この病院は一六七〇年代、精神に異常をきたした人間を収容するため建造された精神病院である。精神病院の管理者たちはこうした見学を許していた。否それどころか、維持管理に資するという名目のため、むしろ奨励さえしていたのであった。一七二五年、同病院の個室を見学したフランス人の手記によれば、そこには手に負えない狂人が収容されていて、鎖につながれている姿には目をそむけたくなる。毎週日曜日、貴賤を問わず多くの人がつめかけ、こうした不幸な人間を眺めては愉しみ、笑いの種にしている。だからこの胸ふさがれる精神病棟を立ち去るときには、番人にチップをはずむことになっている。

管理者たちは慈悲をほどこしてもらおうと、裕福な人々だけの訪問を想定していたが、見学者は娯楽半分、憐憫半分で精神病院を訪れた。思いやりと哀れみを同時に感じていたようだ。この精神病院を訪れた詩人ウィリアム・クーパー（一七三一 - 一八〇〇）は、憐憫の情にひたりながらも、歓ばずにはおられなかった――

哀れな人間に無感覚になって同情を禁じえないわけではないが、収容されている者が放つ狂気にはどこかユーモアを誘うところがあり、絶妙の仕草を示されると、笑いをこらえられない。だが同時に、狂態を愉しんでいる自分を許せないもうひとりの自分がいる。

恐怖、畏敬を入り混えながら安全な場から危険を眺めるという、こうした感情こそ、文学、芸術におけるロマン主義運動を推進させた誘因にほかならない。それは崇高さ、馴致・制御し難き物、手に負えない対象に歓喜するあの衝動であり、やがて殺人を愉しむのに不可欠の感性へと寄りそっていくのである。

一九世紀にはミドルクラス以上の階層は刺激を求めて精神病院へ行くような真似はしなくなった。女性作家メアリ・シェリー（一七七九 - 一八一七）の『フランケンシュタイン』（一八一八）を紐解けばすむからである。（「だがお前が拒絶するなら残っているお前の身内の血に飽きるまで、死神の胃の腑につめ込んでやるぞ」（『フランケンシュタイン』［第十章」)。だが、文字を読めない同時代の労働者たちは犯罪現場に立つことで、何ら変わらない体験をしていたのだ。

一八二三年、それはメアリ・シェリーの『フランケンシュタイン』再版が出版された年であり、ジョン・サーテル(一七九四‐一八二四)がいわゆる「エルストリー殺人事件」(十月二十三日)を起こした年でもあった。サーテルは拳闘興行主であり保険金詐欺を犯し、ギャンブラーで無能な殺人犯であった。殺害されたのは同じ拳闘仲間であった。この「拳闘《ファンシー》」という言葉はジョージ朝後期、賭けボクシング試合に興じ、それを賭博の対象にする人々を指した裏社会の隠語であった。

賭けボクシング興行は機転をきかせなくてはならない事業であった。治安判事が町で開催される試合に参集する騒々しい連中を快く思っていなかったからである。いきおい試合は広々とした場所で開かねばならない。八フィート(二・五メートル)平方にロープをはったリングを目指す大群衆——それは一九八〇年代の違法な乱痴気パーティに集う人々に似ていなくもないが——の間では、試合がはじまると札束がとびかったのである。

サーテルは同じ世界に巣くっていたウィリアム・ウィア(?—一八二三)をハートフォードシャーのエルストリー近郊の別荘へ、酒を飲みながらギャンブルを楽しもうと誘った。ウィアの懐中の大金をごっそりいただこうとするのがサーテルの魂胆であった。殺人者は一頭立て二輪馬車(訳注1)で現地へやってきた。やがて、この「二輪馬車」像は象徴的な図像にまで昇華されて、サーテル事件の視覚的表象へと化していったのである。

十月のとある夜、ウィアはサーテルの銃弾をあび、共犯者二人の手で喉を掻き切られた。共犯者のひとりが酒商人ウィリアム・プロバードだが、ジンズ・ヒル・レイン外れにある別荘の所有者であった。草が生い茂った道はたちまち「殺人街道」として名をはせるようになった。三人の殺人者(訳注2)は家屋の外にある池へ殺害したウィアの遺体を放り込んだ。だが、この池が死体を隠すのに最適の場所でないとさとるや、遺体を引きあげ、少し離れた別の池へ再び投げ込んだ。用心深く平静さをよそおいながら三人は別荘に戻り、ポークチョップを頬張りながら、放歌して夜を過ごしたのであった。

三人の犯罪は残忍で強欲なだけの、想像力を刺激しそうにもない殺人事件であった。それでも大衆の心を捉えて離さなかったのは、殺人の場所、方法そして共犯者が混然一体となっていたゆえであろう。殺人と日常生活の仔細が事件のなかで徐々に開示されていく過程に新聞読者は虜になり、手に汗をにぎりながら記事を追いかけた。『タイムズ』紙は「殺人の手口の冷酷さと死体遺棄の残忍さは未だかつて例を見ない」と報じ、出版者ジェイムズ・キットナック（一七九二―一八四二）は二十五万部ものブロードサイドを印刷し、サーテル裁判の一部始終を報じた（訳注3）。

転記された裁判記録は娯楽性を最大限に引き出そうとしていた。犯行の時間を特定するためメイドに訊問がなされる――「夕食は遅かったのか？」「いいえ、ポークでした」とメイドは珍妙な答えをしている。死体、凶器処理のまずさ、共犯者三人の意思疎通の失敗から、サーテルはあっけなく逮捕され、三ヶ月をまたず凶行ゆえ絞首刑に処せられた。悪名は天下に鳴り響き、四万人もの群集がサーテルの死体を一目でも見ようと駆けつけたのであった（訳注4）。

こうした大衆の好奇心は莫大な富を生む可能性を秘めている。殺人に関与した割合が少ないと見られた共犯者プロバードはからくも絞首刑を脱がれたものの、破産に追い込まれ、家屋と財産は債務者の手で売却されてしまった。そうした所有品もかき集められ、家屋そのものはツーリストにとって絶好の探訪所になった。殺人に関係ある場所巡りが地元で起こった。最初にエルストリー教会墓地にあるウィアの墓を詣で、……次に村からほぼ四、五百メートル離れた、死体が投げ込まれた池へと進んでいく。

次に歩をとどめる場所は宿「アーティチョーク」である。「死体が運び込まれ、検視官の審問がなされた」からであった。この宿主であるフィールドはどのような質問にも快く応じてくれた。陪審員のひとりであったため、まさに事情通と言えたのである。宿主との会話を楽しんだ後、訪問者はウィアの所持品を運ぶのに用いた袋を吟味することになる（「袋にこびりついた血糊は、ことさら注目の的となる」わけだ）。そして宿から殺人現場となった家屋へとツーリストたちは移動して行くのだが、どうやら自分の家庭へ持ち帰る記念品として家の建材をはがす気持ちが抑えられなかったようだ。「殺害された死体を引きずり出した生垣の小枝までもが格別なものになったにちがいない」とある新聞記事は伝えているが、じっさい生垣は引き抜かれてしまい、散々な状態になってしまっていた。

ジョン・サーテルとエルストリー殺人事件は幾多の有名な作家たちの好奇心を刺激してやまなかった。たちどころにトマス・ド・クインシー、トマス・カーライル（一七九五－一八八一）、チャールズ・ディケンズ、エドワード・ブルワ＝リットン（一八〇三－七三）などの名前をあげられるが、そして後年では詩人であり小説家のウォルター・デ・ラ・メア（一八七三－一九五六）が思索をこらしている。殺人現場をめぐるエルストリー殺人ツアーは定番のコースとなっていたのか、五年後になっても縁もゆかりもないスコットランドの国民的作家ウォルター・スコット（一七七一－一八三二）のような大御所の小説家が訪れている。

一八二八年、スコットはサーテル事件の関連場所をくまなく一巡した、そこからロマンスを最大限にひきだした。スコットの筆は「精妙に入り組んだ迷路のような小路の様子、つまり初めて当地を訪れた者に闇夜と酩酊した状態を与える」と書き起こしていく。殺人がおきた家の一部が崩れてしまっていると記し、死体が投げ込まれた最初の池を入念に記述している――「今では低木が生える湿地と化してしまっているが、殺人現場から近すぎるので、殺害した遺体を一時的にせよ隠蔽する場所としてなぜこの地を選んだのか理解に苦しむ」、と。

スコットは荒廃した家屋を訪れたのだが、管理人と称する「獰猛な顔つきの老婆から」二シリング六ペンスもの見学料を徴収される羽目になった。

スコットがエルストリー殺人探訪者の掉尾を飾るひとりではなかったのである。それから六十年後の一八八五年、情報誌『ノーツ・アンド・クウィアリーズ』誌上にはプロバートの家屋への訪問記が掲載されている。その訪問者は「ウィアの死体が引きずり出された生垣を剪定《せんてい》している老人」と出会い、ポークチョップを調理したあの台所を訪ねていた。また一九二三年十月二十四日、「犯行が行われた、まさに百年前の同時間に、同じ犯行現場で」、事件の百周年（一九二三年）を記念する会合が執り行われたと『タイムズ』紙は報道している。郷土史家ゴードン・S・マックスウェルは、式典には似つかわしくない期待外れな天気だったと伝えている。「立ち込める雲、荒廃した冷たい東風が現場の上を吹きすさぶ」ような天気ではなく、実に穏やかな夕べだったのである。

以来何十年にもわたり、殺人事件には目がない観光客が例の別荘へ蝟集《いしゅう》したのだが、事件当時の一八二三年の段階では、同様のスリルを味わいにはるか遠いハートフォードシャーまで出向くには及ばなかった。

サーテルとウィアの遺体をエルストリーまで運んだ二輪馬車は、サーテルの遺品が競売に付された時、注目の的となった。高雅で安楽な一頭立て二輪馬車がおよそ似つかわしくない目的のために、行使されたこと自体が人々の好奇心を揺り動かした。だからサーテル事件を報道するブロードサイドには運命の馬車の図版がたいてい掲載されていたのである。一八世紀の日常生活のなか、この二輪馬車はまさに社会的ステータスそのものであった。とりわけトマス・カーライルはサーテル事件が明らかになっていくにつれて、この馬車をことのほか珍重する同時代人の姿が印象的に映った。カーライルによれば、当馬車は空虚な物質主義の象徴でしかなく、上辺だけの崇拝を得ようとする浅薄さそのものにほかならなかった。だから妻ジェインへの手紙のなかで、こうした馬車を祀りあげる愚かな連中を、「気取っている二輪馬車族」、「見掛け倒しの二輪車野郎」、「二輪車俗物根性」、「地方にはびこる二輪車精神」などとカーライルは独自の造語を駆使して罵倒の限りをつくし非難したのであった。

サーテルが使用した二輪馬車はロンドンのニュー・サリー劇場に買い取られ、『賭博師たち』という殺人事件を再演する舞台で使用された。この劇場の支配人、（昔、肉屋をしていた）「ゆで肉」こと、ウィリアムズは『タイムズ』紙に大々的な広告を打った――「毎日、新聞をにぎわせている実物の馬と馬車、さらに当夜パーティで使用したテーブル、横になったソファなど実物の家具類」を観客は自分の目で見ることができます、と。今日ではサーテル事件がかなでた話もいささか滑稽に響く。だが本事件は一八世紀イギリス国民の琴線を強く打ったのである。

急進的な政治家であり農業改良論者であったウィリアム・コベット（一七六三 - 一八三五）によれば、年端もいかない幼い息子が事件を詳しく知りたいために、早く文字の読み方を教えてくれと哀願してきたという。世間は異口同音にサーテルを話題にし、報道されない日はなかった。あのカーライルでさえもサーテルが露となってしまったのを惜しんだほどであった――「先週、あのサーテルが絞首刑に付された。これからは何と味気ない日々が続いていくのだろう」、と。

サーテルは笑いを誘うような殺人者でもあった。不器用さや思わせぶりは喜劇に大いなる題材を提供したのだから。じじつ、ヴィクトリア朝の政治家トマス・バビントン・マッコーレー（一八〇〇 - 五九）がいみじくも述べているように、「ただ英国の若者に、賭博や悪い仲間にはかかずらうな、と説得力あふれる警告を発するためだけに、サーテルはウィアを殺した」のかも知れなかった。

死後もサーテルは人々を愉しませ、悪しき例をもって範となすような反面教師的存在であり続けている。すぐにサーテルはマダム・タッソー蠟人形館のなかで不朽の存在となったからである。

第5章　蠟人形館

「ウェストミンスター寺院の詩人コーナーに自画像を飾り顕彰してもらいたいと願うのは詩人の常である。だが自分の像を必ず設置してもらえる『殺人』コーナー設営を悪党が願うなど狂気の沙汰でしかない」

（「ピップス氏の日記」『パンチ』〔一八四〇〕）

一八〇二年、四十一歳になるフランス人女性が夫を同伴せず、イギリス海峡を渡ろうとしていた。英語を一言もしゃべれない女は、四歳になる一人息子と三十体にものぼる蠟人形を携えていた。ロンドンはストランド街にあるライシーアム劇場で蠟人形を展示し、「大ヨーロッパ蠟人形館」への入場券を売るつもりでいたのである。これは長期巡行になる最初のお披露目であり、夫人が英国と係わりをもつ端緒となった。夫人が引率する蠟人形展覧会は英国中を巡回し、以後三十年間にわたり継続していくのである。

一八〇二年、マリー・グロシュルツ（一七六一‐一八五〇）という名前の女性は、人生の最底辺であえいでいた。

蠟人形展自体は古来より健在で、死者をよみがえらせるという高尚な目的を担っていた。ウェストミンスター寺院にはイギリスでこの種の最上の人形が収蔵されているが、当初は木で製造され、後年には国王、女王も蠟で彫造されるようになった。防腐保存処理が不完全な時代にあっては、葬儀に遺体を提示するため死者の遺体模造品が製作されていたのである。

こうした人型人形は国王、女王に最後の畏敬の念をはらおうとする大群衆には注目の的となった。人形が棺の上にのせられて行進していくと、わが君主もこれで見納めであるという感情が人々のなかから湧き出したようだ。今日、ウェストミンスター寺院に収蔵されている人形には驚くほど古いものがある。一三七七年の死後、死顔から直接型がとられ木彫されたエドワード三世（一三一二－七七）の顔面が残っているが、一三九四年に死亡したリチャード二世（一三六七－一四〇〇）の妻、アン・オブ・ボヘミア（一三六六－九四）は、今日でも苦痛にゆがんだ面長な顔をさらしている。一九〇四年、作家にして諷刺画家であるマックス・ビアボーム（一八七二－一九五六）はこうした人形にただよう、名状しがたい威厳、感動をひきおこすオーラに感情をこめて語る――「これら遺体には荘厳さのなかにも懐旧の情があふれている。それは生まれたときからある感情ゆえであり、死から逃れようという人間のむなしいあがきゆえである」、と。

一七世紀以降、ウェストミンスター寺院の像は、木よりも蠟で彫像されるようになっていく。それは葬儀に供されるよりもいささか広義な目的を孕んでいた。一六八五年、チャールズ二世（一六六〇－八五）の葬儀では棺のうえには摸像ではなく王冠がおかれていただけだが、それでも蠟人形が彫像され、訪問者を教化するため展示にふされたのであった。そして継承者であるウィリアム三世（一六五〇－一七〇二）やメアリ二世（一六六二－九四）も今日の蠟人形とほぼ変わらないものが摸像されたが、ただそれは葬儀用よりもむしろ展示に供するのが目的であった。一六八五年、ドイツ人の見世物師ヨハン・シャルツ（一七二三－八九）がロンドン市長から王侯貴族の像を展示する勅令をさずかり、死の床にあるメアリ王女二世を描いた絵をもって巡回した。顔はデスマスクから採ったと喧伝され、まさに生き写しであったという。

写真なき時代にあって、有名人とりわけ王室関係者がどのような人間であるかを知りたいという欲望こそが蠟人形に秘められた衝動であり、また一方では、身体、内臓を蠟で製作し、教授しようとする動きが医療関係者のあいだから生じて来ていたのである。ただ興味深いことに、一八世紀に作られた解剖用模型はほとんどが女性であり、鬘《かつら》をつけ眉墨がぬられていて、子宮を示すため体内が開くようになっており、しばしば成長する胎児の模型がその中にあった。男性の全身像が蠟で作られることはほとんどなく、男性器だけが独立して製作された。「女神《ヴィーナス》」として知られる女性像が美的対象として、また性的対象として造られたのに対して、男性像は医学生実習のため、裸体で再製される不名誉を、ほとんど被ることはなかったのである。

一八世紀になると、ウェストミンスター寺院に収蔵されていた摸像はなおざりにされてしまい、小礼拝堂のなかにうず高く積み上げられ、半ば放棄されたような状態にあった。寺院の横にあるパブリックスクール、ウェストミンスター・スクールの生徒たちからは、「みすぼらしい連隊」と揶揄される始末であった。だが世俗社会では一八世紀に、蠟人形が文化の中心におどり出て、娯楽の王道となったのである。

一八世紀以後、蠟人形展示は入場料を徴収する商業的娯楽のかたちをとっていく。こうした流れは啓蒙主義という新思潮と密接に連関しており、人間の分類化、成文化を助長し、たえず新しい知を求め、そして当人形館の文化史を書いたロンドン大学名誉教授パメラ・ピルビーム（一九四一‐）がいみじくも指摘しているように、まさに「個人の可能性を認めよう」とする態度にほかならなかったのである。

ジョージ朝ロンドンで最も有名なサーモン夫人の蠟人形館はストランド街にあり、王、女王など王侯の人形を目にできたが、同時に珍品の数々も展示されていた。たとえば、全身が毛でまみれた「野生児ピーター」を知らない者はいなかった。また顧客は自画像に限らず家族の像をも注文できたのである。一六九〇年代以降、サーモン夫人の商売敵であったミルズ夫人は同じストランド街にあるエクセター・チェンジで蠟人形を展示しており、訪れる人々に対して、「親しきご友人の人形《ひとがた》像をつくれます」と案内していた。

さて、一七七〇年代のパリ、若きマリー・グロシュルツの母はスイス人医師フィリップ・クルティウスのもとで家事手伝いをしていた。クルティウスは蠟で解剖模型をつくる才能に長けていた。マリーのことを「姪」と呼んでいたが、おそらく不義の子であろう。やがてクルティウスはパリに蠟人形館を開設する。クルティウスから蠟人形造りを学んだマリーは瞠目すべき才能を開花させ、わずか十七歳で最初の作品、哲学者ヴォルテール(一六九四-一七七八)の頭部を製作した。

これが波乱万丈を告げる人生の幕開きであった。後年、マリーの述懐によれば、フランス革命以前、フランスの王侯貴族から寵愛され、ヴェルサイユ宮殿を訪れ、あの呪われたルイ十六世(一七五四-九三)の妹エリザベートに蠟人形作りを指南したと言う。ただ、タッソー夫人の回顧録は晩年にゴーストライターの手によって書かれたものであるゆえ、王侯、貴族との関係を述べたくだりは多少割引いて聞く必要があろう。

クルティウス蠟人形館は盛況をきわめ、恐怖政治が始まっても顧客は引きも切らない様子であった。パリの革命暴徒は、棒の先端につけて街路を練り歩くため、英雄の首を蠟で造ってくれと注文してきた。そして同時にギロチンの露と消えた敵の姿も蠟で製作し、記録にとどめたいと申し出てきたのである。この胸がむかつくような仕事を、国民公開のために一手に引き受けたのがマリーであった。そして一七九三年、処刑されたルイ十六世とマリー・アントワネット(一七五五-九三)のデスマスクを型取り、湯船で殺害され生々しく血がしたたるジャン・ポール・マラー(一七四三-九三)の蠟人形を彫像したのもマリーであった。

フランス革命以後、蠟人形業に逆風が吹き出した。一七九四年に師クルティウスが亡くなり、マリーは革命側の勢力にとどまることに困難を感じていたし、また来客数も下降の一途をたどっていた。やがて一七九五年、タッソーと結婚したが、わずか十年足らずのうちに単身で渡英したのである。

ジョージ朝末のロンドンは、タッソー夫人にとってはお誂えの場所であった。そこはまさに芸人の天国であり、ありとあらゆる芸が華をさかせていた。流行の最先端を行く人々の着ている服を眺め楽しみ、プロムナードを往来するのがこの時代の娯楽となり、またロンドンにあるヴォクソールのような遊園地では行き交う人々を色目づかいで眺めるようにまでなっていた。そうした風潮のなか、蠟人形館の人形鑑賞はより歓迎されるようになった。と言うのも、ここではいくら対象を凝視しても失礼であるなどと注意される心配もなかったからである。

当初、どうやらタッソー夫人は蠟人形の永久展示を考えてはいなかったようだ。英国を巡回し続け、スケジュールを固定することはまずなかった。たとえばバーミンガムで万来の客があふれ、商売が濡れ手に粟のように盛況をきわめれば、出発を延期した。だが、さすがのタッソー夫人も年には勝てず、齢七十になると巡回を中断し、ロンドンはベーカー・ストリートに永久展示をするようになった。この地ではテーマとして故国フランス、王室、そして恐怖を三本柱としたのである。

後に「恐怖の部屋」として悪名を馳せることになる一室は、当初、「別室」という呼称でしかなかった。ただフランス革命の恐怖がここには充満しており、タッソー夫人自らが持参したギロチンで切断された頭部の模像やギロチン台の小型レプリカまでが展示されていたのである。やがて時が経つうちに、これらギロチン展示に加えて、イギリス人殺人犯とその関連品が展示されるようになっていく。タッソー社関係者はいち早く裁判の傍聴に駆けつけ、処刑後、興味深い品々に対しては金に糸目をつけず購入していったのである。

ベーカー・ストリートにあるタッソー蠟人形館は入場者であふれ、はちきれんばかりに盛況であった。パメラ・ピルビームが指摘しているように、人気の上昇は公開処刑の減少と少なからず連動していたようだ。つまり、公開処刑で味わう刺激を蠟人形で満たそうというわけである。またロンドンの加熱するツーリズムのなかに本人形館が組み入れられたことも看過してはいけない、とこの文化史家は注意をうながしている。「ニュー・ロード」にある主要な鉄道駅――パディントン、メリルボーン、ユーストン、キングズ・クロス、セント・パンクラス――から、観光客を馬車で蠟人形館の扉まで運んできてくれた。ベーカー・ストリートにあるこの人形館はどの駅からでも二マイル（三・二キロ）と離れておらず、廉価とは言えないにしても、蠟人形館訪問は、郊外居住者にとってはロンドン一日観光の目玉となったのである。

一八五〇年、タッソー夫人は亡くなり、自らも蠟人形となりこの館に永久展示された。タッソー一族はこの事業を存続している。だが時がたつうちに、ミドルクラスの人々から「恐怖の部屋」が醸すおどろおどろしさに異議が挟まれるようになってきた。一八七二年、悪名高い拷問器具一式を展示したとき、反対の声はピークをむかえた――「これらは不健康で病的なうえ、冷酷きわまりない情感をひきおこす」とある記事は訴えている。

それでもなお、殺人と恐怖があふれるタッソー蠟人形館は繁盛した。一八九〇年に展示した新しいピアーシー夫人の蠟人形に、クリスマス翌日の祭日ボクシング・デイだけで三万一千人もの見物人が詰めかけたのである。エレナー・ピアーシーは愛人の妻子をロンドン北西部の地区ケンティッシュ・タウンで殺めていた。マダム・タッソー社は子供の乳母車を、そしてこれは天賦の才を示すものだが、赤ん坊が今際《いまわ》の際《きわ》に口にしていたという菓子まで入手していたのである。

マダム・タッソー蠟人形館は殺人や恐怖だけで客を引き込もうとはせず、教育的側面も兼備していた。タッソー夫人が腐心したのは、生身の人間性を伝える工夫であった。だからナポレオン像が展示されると、横にはナポレオン自身の歯、毛髪、愛用の品々が揃えておかれた。よって展示図録には教示的響きがこもっていて、何とか「若い人々の心に伝記的な知見――それは最も重要視されている学問の一分野であるが――を付与しよう」とす

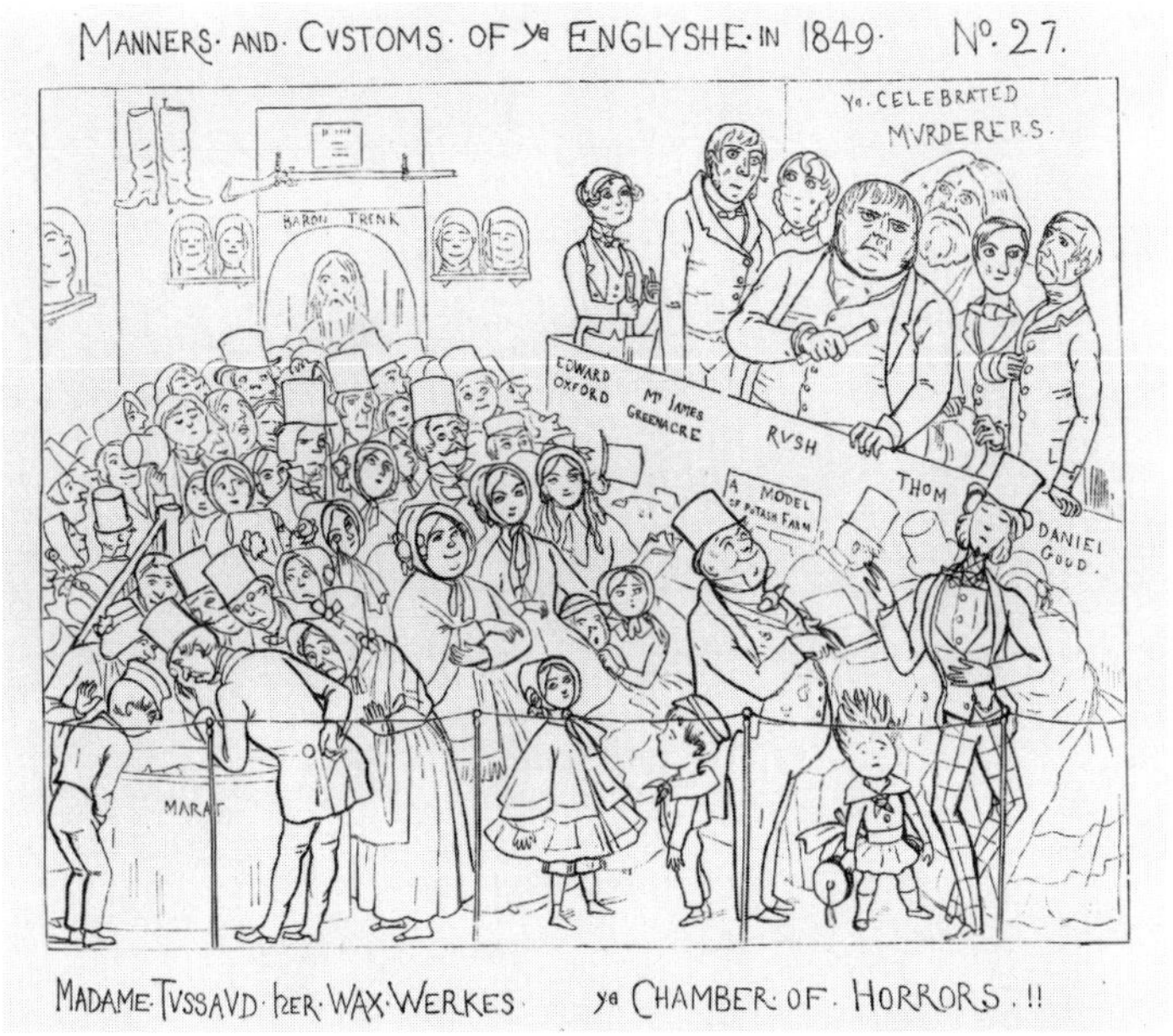

マダム・タッソー館内を描いたリチャード・ドイルの戯画。殺人者を英雄視する英国民の態度を『パンチ』誌は嘆いている。

る意図があふれていた。蠟人形館を取材した初期の記事は「若者を教化しようとする人々にはぜひとも当人形館を訪れてもらいたい。歴史上の有名な人々に接すると自ら歴史の書物を繙《ひもと》きたい衝動にかられるからだ」と喧伝している。タッソー夫人が読めばさぞかし喜んだであろう。

　初期の蠟人形館に常時展示されていた裸像や性愛的なものは、タッソー蠟人形館には収蔵されていなかった。『チェインバーズ・エディンバラ・ジャーナル』誌（一八四二）によれば、「地方都市にありがちな下劣なまがいものを、ここタッソー蠟人形館で期待してはならない。つまり卑しくて下品でけばけばしい物など一切ない。倦むことなき指導者タッソー夫人の公正無私なる選別眼がつねに投げかけられているから」であった。実際、立派な人格というものは「リネン・レース類」に最も顕著に表出するので、こうした品はたえず清潔な状態を保つべく洗濯に付されるため一、二週間の間隔で交換された。

ある人形が展示され続けるか、否かの選別は、展示期間が終了する日までの集客数により入念に測られていたのである。台座の上に展示される人形はほとんどなかった。と言うのも来館者には手がふれるほど至近距離で対象に迫って欲しいと願ったからにほかならない。どの像の前で観客が足を停めるかが、実に注意深く測定された。衆目を集める有名人やその付属物でさえ二、三週間たてば展示終了してしまう。永久展示に付される「不朽の像」は管理を怠らず、永年の間には再製造されることもあった。一堂に揃った蠟人形のなかでも、最も人気が集中したのはヴィクトリア女王（一八一九 - 一九〇一）像である。

一八六〇年、「別室」という素気ない名称は、「観相学の部屋」と改名された。観相学はヴィクトリア朝に流行した、骨相学という近代科学の流れを受けたもので、現代では誰も信じてはいないが、外観と骨相から人格を演繹しようとする試みであった。つまり頭蓋骨の頭相を測定し、精神状態から気質まで診断しようとするものであった。だが最も人気があった名称は「恐怖の部屋」である。どれほどこの部屋の名声のみならず恐怖や神秘的磁力が大きなものであったかは、第一次世界大戦中、訓練兵がここで一夜を過ごす「肝試し」が繰り返された例をあげるだけで十分であろう。軍隊が訓練として何度も館を使用するため、タッソー夫人は陸軍省へ中止を申し入れたほどであった。

かの有名な「切り裂きジャック」は逮捕されなかったがゆえに、今日まで像が展示されたことはない。タッソー蠟人形館の模像はいずれも実物と肉迫している点を誇っていた。通常、モデルをスタジオで可能なかぎり座らせるか、裁判所でのスケッチをもとに製作していたが、後年には写真からモデル起こしをするようになった。

ロンドン中央刑事裁判所においては写真撮影が禁止されていたため、写真の入手は困難をきわめた。ジョン・テオドール・タッソー（一八五八 - 一九四三）――タッソー夫人の曾孫――は中心的な作り手となり、殺人犯審議の最中に密かに撮影された写真をもとに制作した。それは帽子のなかに隠したカメラでジャーナリストが撮った写真であった。

マダム・タッソー蠟人形館には広くヴィクトリア朝の一般大衆が会いたいと願った人物像が展示されていた。国家によって祀られたウェストミンスター寺院にある偉人の聖堂、ウィンザー宮殿内に女王が顕彰した像や、功績を讃えるため街角に建立された立像などとは、これらは、いささか趣を異にした。一九一八年、ロンドン文化史家ウィリアム・リチャード・ティッタートン（一八七六－一九六三）はヴィクトリア朝の人々に対して蠟人形が意味するところを適切に要約している――「ここは、最も聖なる場所、ヴィクトリア朝の人々にとって、聖人が所狭しと並んだ聖堂にも等しい場所なのである」、と。

下層階級の人々、労働者たちが余暇の時間に最も欲したのは殺人者たちと対面することであった、と言ってもさしつかえないであろう。そしてそれが叶わないときには、労働者たちは印刷物に手を伸ばそうとしたのであった。

第6章　戦慄を伝える媒体

「殺人ならば言葉にはでないが
思惑をこえて訴えることもできよう」
（シェイクスピア『ハムレット』第二幕二場）

ラトクリフ街道殺人事件が勃発した一八一一年、湖水地方の風光明媚な街グラスミアに住む隣人の身の上に起きた奇妙で不可解な行動をトマス・ド・クインシーは注目している。つまり穏やかな湖水地方にまで、はるか遠きロンドンの殺人事件が「名状しがたい」騒動を惹起していたのである。ド・クインシーの隣に住む小柄な老婦人は「心安まらず」、奇矯な行動に出てしまった――

［夫不在で召使い数名と暮らしていた］夫人は、自分の寝室にいたるまでの間に十八もの扉をおき、それぞれに重々しい錠と閂《かんぬき》、鎖で厳重に警戒し、何人も侵入を許そうとはしなかった。夫人のもとへ赴くには、客

間であっても、攻囲中の要塞へ休戦を申し入れるため、白旗をかざして赴く使者のごとく、六歩ごとに立止まるように、歩を進めねばならなかった。(「芸術作品として見た殺人」)

ロンドンからはるか離れたグラスミアの地でド・クインシーの隣人である女性は、こうした恐怖状態にいかにしておかれてしまったのであろうか。恐怖心が昂じ逆上した乱心ぶりに英国全土を陥れた媒体は新聞であった。こうして国民が殺人を消費できたのも印刷物にあやかるところが大であったと言わねばなるまい。殺人事件に接することができる手段はブロードサイドという瓦版であり、これは手頃で懐も痛まない媒体であった。ブロードサイドは新聞の簡略版で、一枚物で片面しか印刷されていなかった。しかも労働者階級でも手が届く値段で発行されていたのである。

ただ、手が届くと言ってもやっとのことだった。イギリスの経済状態は悪化の一途をたどっていた。一八世紀以降に起きた産業革命が全国民にもたらしてくれるはずであった生活水準の向上、所得増大も半世紀もたとうとするのに、労働者の手には届いてはいなかったのである。一八四〇年代は「飢餓の四〇年代」として記憶されているが、一〇年代〔一八一五年、ワーテルローの戦い〕、二〇年代〔一八二〇年、カトー街の陰謀〕、そして三〇年代〔一八三二年、奴隷制度廃止〕にはいずれも動乱、無秩序が英国全土を席捲していた。新しい工場、都市で人力を提供する労働者は、ただ雇用形態が変わっただけで、相も変わらずみすぼらしい場所で寝起きし、貧困にあえいでいたのである。

さて、夫の賃金収入によって妻子がいる家庭生活を支えるといった概念は一八五〇年代以後の考え方にすぎない。それ以前の都会に群生していた低賃金労働者は、とかく貧しく雑魚寝状態を強いられ、加えて世が過酷な状況になれば泥棒、売春婦などに身を落としていったのであった。そして世が好況に転ずれば、こうした人々は闘鶏、拳闘などの賭け事にのめり込み、イーストロンドンに乱立する非合法な劇場でメロドラマに陶酔していたのである。

まさに目をおおう赤貧洗うがごとき生活ぶりではあったが、ただ農夫以上に、こうした人々は識字率が高かった。どれくらいの割合で文字を読めたのか、正確には測りがたいのだが、一八四〇年、既婚者六割までが教区に備えている登録簿に自らの名前を記せたという。自分の名前を書ける基本的能力を示すこの割合は、過去何百年もの間、ほぼ変化していない。歴史家ロザリンド・クローンが示唆するように、読み方は書き方を学ぶ以前に教え込まれるゆえ、読む能力は数字が示す以上にはるかに高いと考えてもよいのではなかろうか。

一九世紀初頭、労働者階級の子弟には教育機会が増大した。日曜学校（サンデー・スクール）、国民学校（ナショナル・スクール）がまさにそれで、伝道を唱導していた福音主義者の手で従来にない多くの学校が設立され、新しい信仰心にそって読む能力向上がはかられていたのであった。

印刷物と読解力の関連性を証明するのは難しいが、廉価な印刷物の種類、拡大がさらなる読解能力向上に寄与したと考えてもいいのではないか。たとえば多くの人が手にした絵入り週刊誌『ペニー・マガジン』（訳注1）は美術から歴史、社会にいたるまで豊富な話題を提供し、合わせて魅力的な挿絵を入れて、一八三二年には週二十万部もの部数を世に送っていたのである。ただこの週刊誌が隣人、知友の間でさらに回覧されていたとなると、閲覧者総数たるや百万人もの読者を獲得していたと推定できよう。

そして時事的話題を供するブロードサイドこそ下品で急進的な小冊子の伝統を継いでいたのである。そうした小冊子は、富裕層、支配階級が織りなす行為に対して鋭い野次を浴びせる機能を果たしてきた。ところが一九世紀になるや、ブロードサイドは殺人など凶悪犯罪をとりあげるようになっていく。処刑に付される犯罪者の数が下降の一途をたどっていると言うのに、これはまさに逆説と言わねばなるまい。と言うのも、歴史家V・A・C・

ガーテルによれば、処刑がきわめて少なくなると、逆に絞首刑は必見の対象となり、売り上げ部数が伸びるというわけである。

「溜め息が漏れるような殺人」はブロードサイドの場合、段階を追って報道されていく。これぞまさにミニ・ジャーナリズムというような、まずは、ほぼ四分の一の紙面でもって事件の第一報が報じられる。次に紙面の半分を用いて事件の概要、捜査状況などが伝えられる。そして処刑が実施される当日に報道の頂点はくる。全紙面を埋めてこれまでの事件経緯が余さず語られ、処刑の詳細が報道されるのである。そして絞首刑のおどろおどろしさを伝える挿絵も必ず掲載された。

悪評が昂じた事件は、何枚かのブロードサイドを折りこんだ「本」となってやがて出版される。さらに新しい殺人事件が起きると、「旧い殺人事件を抱き合わせて売り込む出版」形式が印刷者から編み出されたのであった。どうやら殺人事件の渦中にいる気分になると同時体験を味わいたくなるらしい。よって本の売り上げは鰻のぼりにあがっていくというわけである——一八四九年、後述するマニング夫妻が犯した殺人事件を報じた書籍は二百五十万部という信じがたい数字をたたき出した。

文字を読む能力を必ずしも身につけなくとも、殺人事件に興ずる楽しみを味わうことができた。ロザリンド・クローンは、ロンドン街頭でニュースを提供するブロードサイドの売り子たちの仕事ぶりを描写している。売り子たちは当日に起きた事件の概要を叫び、また演じ、歌に乗せて伝えることで、巧みに群衆の耳目を集めてブロードサイドを売りつけようとした。諷刺雑誌『パンチ』の創設者の一人であるヘンリー・メイヒュー（一八一二－八七）は、口承記事を多く編纂したが、一八四〇年代のロンドン街頭で物売りをしていた人々の声も採集している。声を採集したなかに街路で印刷物を叫んで売るのを職業にする「呼び売り屋」もいたが、ロンドン街頭で文字情報をたえず「叫び」つづけ、その相棒には犯罪を劇的に再演してみせる芸達者な演技者がいた——「相方はいつも悪役を演じ、この私は高尚な役柄をこなした。倒れ方が巧みなためか死亡する役をつとめた相方ではあったが、口髭をつけると極めつけの悪人に変貌した」という（「ロンドンの労働者とロンドンの貧民」〔一八五一〕）。

呼び売り屋には二種類あり、街頭の一定の場所で「立ちつくす呼び売り人」と、「駆けまわる呼び売り人」がいた。後者は群衆のあいだを駆け抜けて、ブロードサイドの内容を詳細に告げるのであった。「恐怖」、「野蛮きわまる」、「殺人」などの惹句を叫んでいたのである。その光景はヴィクトリア朝の市井を彩るサウンドスケープをつくりあげていた。

「歌う呼び売り人」もいたが、言うまでもなく音楽こそが武器であった。犯罪事件の展開を唄にのせて歌っていくのである。こうした呼び売り人三者が処刑当日に牢獄の前で陣取り、阿鼻叫喚の群れを呼び集めていたのであった。ただ「この呼び売り人たちがどこから来たかについて、「処刑が行われる」町の住民には漠として知れず、今際の際の言葉を書きしるした最後の一枚物を売りつくすと、あの連中はいずこへともなく消えてしまった」とはあるヴィクトリア朝紳士の回想である。呼び売り人がかくも蝟集して来たのも処刑日に最高の売り上げがあると見越してのことであった。

ブロードサイドの印刷・発行者はどのような点をも見逃さなかった。また巧みに言葉をあやつる術、何ごともないがしろにしない観察眼など、いずれも今日の小説に登場する警察が捜査を踏む手順と驚くほど酷似しているのではないか。一八三九年、夫ウィリアムが殺害したリー夫人の死体を伝えるブロードサイド記事は、まさに好例といえよう――

夫人の顔面には切り傷が数本走っていて、喉を割かんばかりの深い傷は頸動脈を切断してしまっている。また右の眼窩《がんか》には打撲傷があるが、同じ鈍器によるものであろう。こうした傷から殺人犯は杖か棒きれで哀れな犠牲者を殴打し、最後のとどめに喉を掻き切ったようだ。

挿絵は犯罪者、被害者の両者を彩るわけだが、まるでメロドラマを地で行くような場面を作り上げ、犠牲者は血の海で溺れている。現代人の目からすれば、こうした挿絵が滑稽に見えてしまうのは、説得力がいささかもうかがえないからである。とは言え、こうした惨状が起きていたのかと一瞬考えただけで恐怖に駆り立てられてしまう。

紙面には所狭しと煽情を誘う文言が横溢しているが、ブロードサイドにも道徳的側面があった。悔悟した犯罪人が絞首刑台の上で告白する懺悔がまさにそれである。絞首刑が執行される前に発行してしまわなくてはならないため、どうしても創作に傾くのは止むを得まい。こうした「告白」を書くのには特殊な筆力が必要とされた。廉価出版社のために、「クールボアジュの哀切きわまる嘆き」を書いた者は同時に、「今際のアネット・メイヤーズを謳った哀しい俗謡」を作り上げたと嘯《うそぶ》いていた。同時に「ラッシュが死刑になる挽歌」も創作したと言い張り、「犯罪人の名前を陸続と読み上げていった」という。「ラッシュの挽歌」は犯人自らの手になり、他の作品同様、期せずして悔悟そのものになっていたのである。

何枚ものブロードサイドを読むと判るのだが、驚くことに、告白はことごとく懺悔へ変わり、嘆きは悲しみに転じ、また犯罪、犯人の告白、前非を改めて厳罰で閉じられるようだ。死刑台上で殺人犯が悔い改めて自らの罪を恥じたかは、知る由もない。また野の露と消えた犯罪人が実際は有罪であったかも分からない。ただブロードサイドを読むならば、犯罪に走ると、その帰結として恥辱、悔恨、死刑だけは免れえない印象がどうやら残るようだ。

現実の犯罪を読んで覚える恐怖・歓喜が入り混じった感情は、現実の報道に劣らず小説にも適用されるようになった。一八世紀以来、恐怖派小説（ゴシック・ノヴェル）という独立した文学的ジャンルがあるが、戦慄、極度の不快、畏怖そして興奮などを掻き立てるのを文学的主眼としていた。

アン・ラドクリフ夫人（一七六四‐一八二三）が書いた『ユードルフォの謎』（一七九四）が本ジャンルの代表作といえよう。細密に織られた信じがたい長編物語には孤児エミリー・サントベールが登場し、僻地の城に幽閉されてしまう。この波乱万丈の話は、崇高美あふれる風景、悪人、気力みなぎる女性たちなどに彩られているが、ラドクリフ夫人の小説群は、事実サルヴァトール・ローザ（一六一五‐七三）、クロード・ロラン（一六〇〇‐八二）などの絵画を文字に写したものだと言われている。哀れなエミリーは、驕慢《きょうまん》で小心な悪の権化モントーニ（実はイタリア人貴族の仮面をかぶった掠奪者で、叔母を殺害している）に捕らわれてしまう。そして全財産を移譲する書類に署名を認めようとするまさにその瞬間、からくもエミリーは逃げおおせたのであった。

小説『ユードルフォの謎』は異常なほど人気が高まり、小説の版権相場が八十ポンドであった時代にあって、ラドクリフ夫人は五百ポンドもの報酬を受け取っていたのであった。作品同様、夫人自身もいささか神秘につつまれ謎めいた存在であった。作家としての絶頂期に筆を折ってしまい、一八二三年、ロンドンはピムリコの自宅で喘息がもとで死亡した。定かではないが刺激的な風聞がこの作家にはつきまとった（賢明にも小説の売り上げを伸ばそうとして、噂の真偽を明らかにしようとはしなかった）。精神が錯乱してしまいダービーシャのハドン・ホール邸に閉じ込められているとか、一八一〇年、「恐怖症」を発病し、「正気にもどらず」生涯を閉じたなどと噂された。

もっとも一八世紀末になるとラドクリフ夫人に代表される恐怖派小説はいささか旧体然とした感をぬぐえなか

った。かわって登場してきたジェイン・オースティン（一七七五‐一八一七）が最初に完成させた小説『ノーサンガー・アビー』（一七九八年から翌年にかけて執筆され、一八一七年、遺作として出版された）は、まさに怪奇小説を諷刺した作品で、『ユードルフォの謎』が標的そのものであった。

わずか十七歳、「ヒロインになるために生きてきた」とかたくなに信じる、想像力過多の主人公キャサリン・モーランドは、ノーサンガー・アビーを訪問する。『不思議な警告』、『黒い森の魔術師』といった小説を愛読してやまないキャサリンではあるが、アン・ラドクリフ夫人の作品の影響からか、邸宅には暗い通路、秘密の部屋、解決の糸口をひめて閉ざされた箱があると信じて疑わない。そして何よりも主人であるティルニー将軍が妻を殺めた二、三の証拠があるにちがいないと信じていた。ところが豈図《あにはか》らんやキャサリンの予想を裏切り、邸宅は暖かく光あふれ、近代的に改装されていたのである。だから自らのゴシック趣味が露見してしまうと、純情なキャサリンは恥辱と当惑を隠しきれなかった。キャサリンが敬愛してやまない将軍の息子ヘンリーから、「何よりもご自分の知性と理性、そして観察能力に相談してみて下さい」とたしなめられ、「自分のまわりでそんなことが起るとお思いですか？」（『ノーサンガー・アビー』）と詰問される始末であった。

とは言え、洗練された冷徹なオースティン流のユーモアは、キャサリン・モーランドのように恐怖、神秘を偏愛してやまない安直な感性とは無縁であったかもしれない。キャサリンが十年、二十年も昔、身分の低い階層に生まれていたならば恐怖派小説の粗悪品ともいえる「ペニー・ブラッド」小説の熱烈な愛読者になっていたはずである。

一八二八年以後、連載形式で出された、このどぎつい「血を売り物にした」読み物が出版史上の一大特徴となっていく。毎週八ページにわたる物語が木版画をそえられて、わずか一ペニーで売られたのである。（他方、誇り高きミドルクラスを対象とした三巻本からなる小説は一ポンド以上の売値がつけられていた）。一八三〇年代以後、学校で読み書きを習得した労働者階級は文学をむさぼるように読みだしたのである。

読み物「ペニー・ブラッド」の中核世界は、過去に舞台がおかれ、現実の出来事とかそけき関係性を保っていた。一八三五年から三六年にかけて出版された『恐怖の暦』、長期にわたり人気があった『悪名高き強盗、追いはぎの生涯』などの作品も本ジャンルに属していた。両作品とも現実の事件、不可思議な出来事を含んではいたが、大部分は絵空事であった。後者の作品では本物の強盗が登場し、冒険をするわけだが、一八世紀に登場するなど時間軸が一致しないうらみが残った。

「ペニー・ブラッド」の書き手はきわめて筆が速く、出版したものに改訂の筆を入れるのは稀で、異質な材題も詰め込み、あえて剽窃も辞さなかった。奇想天外の筋運び、雑な性格造形、牢獄があり幽霊が出没する城館、沈みゆく船、荒涼とした大地など舞台設定はいずれも定まっていた。「もっと血を流せ、流血を止めるな！」と、「ペニー・ブラッド」の編集者は書き手を叱咤し檄《げき》を飛ばした。

何の薬にもならない読み物のように思えるだろうが、一世代前ならば、「ペニー・ブラッド」愛好者はそもそも文字に接する機会などなかった。この種のジャンルの読み物が民衆の活字への渇望を満たしたのである。一八四五年、出版世界の本拠地フリート街にある出版社ロイドは各種雑誌合わせて、毎週五十万部もの発行部数を誇っていた。一冊の本は数人の人々で回し読みされたので、総読者数は百万を下らなかったであろう。ロンドン貧民生活の記録者ヘンリー・メイヒューは取材した一人から「ペニー・ブラッド」が回し読みされ、話題の中心になっていた模様を聞き出している——「気持ちのいい夏の夕べ、『学を誇る』呼び売り商人が住居のある中庭で隣人仲間に大声で読み聞かせていた」と伝えている。

実は「呼び売り商人」(costarmonger)とは、ロンドンの街頭で果実、野菜など腐りやすいものを売る商売人の謂である（'monger' とは「売人」を、'costards' とは「リンゴの一種」を意味する言葉である）。出版人エドワード・ロイド（一八一五 - 九〇）はこうした人々こそがわが社のありがたい読み手にほかならないと考えていた。「知性あふれる大衆読者に、かつては有閑階層の専有とされていた想像の歓びを、比較的廉価な価格で」何とか与えられないか思案していたのである。

「ペニー・ブラッド」の作家が成功をおさめるには、絶え間ない執筆に加え、一般読者が読みたがっている嗜好を見きわめる嗅覚、考案の才能などが必要とされた。空想力を高め、芸術的霊感をあおぐような芸当は求められなかったにせよ、実際にはまさに逆であったと言わねばなるまい。たいていは経済的に困窮したあげくこうしたジャンルに手を染めざるをえなくなり、その人生もまた小説を地で行くような作家が多かったのである。

大作家チャールズ・ディケンズが偏愛した若きジャーナリスト、ジョージ・オーガスタス・サラ（一八二八 - 九六）はまさにそうした作家の典型と言えた。「ペニー・ブラッド」物を書き散らす流行作家であったが、こうした書き物で研鑽を積んだ後、名の通ったジャーナリストとなり、日刊紙『ディリー・テレグラフ』の主幹にまで登りつめた。「赤くふくれた、とっくり鼻」が顔にあぐらをかいていると面白おかしくからかわれたが、サラには別の顔があった——生活状況が芳しくなくなると、再び「ペニー・ブラッド」やポルノに手を染めていたのである。晩年になって自叙伝『ジョージ・オーガスタス・サラの生涯と冒険』を著したが、『オックスフォード英国人名辞典』は、「信頼できる記述ではない」と一蹴している。ロシア旅行、債務刑務所への入獄、南北戦争の通信記事などを人生の冒険として書き残している。

「ペニー・ブラッド」を代表する作家として、エドワード・ブルワ＝リットン（一八〇三 - 七三）の名前をあげておかなくてはなるまい。有名な冒頭の一行（「それは暗い嵐の夜のことであった」）を誰でも耳にした経験があろうかと思う。実はそれを書いたのがブルワ＝リットンその人であった。将軍の息子として生まれたが、詩人バイロン（一七八八 - 一八二四）の愛人として名が通っていた女流作家キャロライン・ラム（一七八五 - 一八二八）に若き日に誘惑された（「精神がおかしい人間で危険きわまりない」と詩人バイロンをキャロラインは揶揄していた）。エドワードよりも十八歳も年長の女性は束の間の情事のあと去っていったが、エドワードに心の傷を残した。そして家柄は良かったが財産がないアイルランド女性と結婚し勘当されてしまう。結果、自活せねばならぬ現実に陥り、雑多な小説を量産せざるをえなくなった。だが、結果として小説家として大成功をおさめ、一財産を築くことができたわけである。

なかでも小説『ペラム――ある紳士の冒険』（一八二八）（訳注2）は大ベストセラーとなり、国王ジョージ四世は愛読してやまず各王宮に一冊ずつ置くように命じたといわれる。名門の「紳士」が有閑なる時間を利用し素人探偵に姿をかえ、殺人罪の嫌疑をうけた友人の名誉を挽回しようとする物語である。『ユージン・アラム』（一八三二）はジョージ朝の殺人犯の物語で、窮地に陥る主人公の姿が同情を込めて描かれている。これもまたベストセラーとなった。

だが殺人者を主人公に仕立てるのは余りにも社会正義に背くとして、ロンドン文壇はこぞってブルワ＝リットンに反旗をひるがえすところとなった。そうした時期も時期、妻ロジーナとの仲が冷えはじめ、そして国会議員に立候補しようとした時、虐待を理由に法廷に訴えられる身となり、公然と非難がわきあがってきた。だが、作中人物の生きざまを辿るかのように、妻を精神病院に入れ、輝かしい国会議員としての道も邪魔されることなく、最後には貴族の称号まで手中のものとした。

ロンドン街路でうごめく人々の生活を記録した膨大な備忘録のどこかで、取材対象のいずれもサラやブルワ＝リットンの小説をむさぼるように読んでいる様子をヘンリー・メイヒューは書きとどめている――「絞首刑になり、火あぶりに処せられている男が版画に描かれているぞ！」と「学のある呼び売り人」がその面白さを伝えれば「他の行商人たちは、男がどのような人間で、何をしでかしたか、何が起きたのか教えてもらわなければと、騒然になった」という。

ヴィクトリア朝になると「ペニー・ブラッド」は「ペニー・ドレッドフル」と改称されるが、売り上げ部数に翳りが見えることはなかった。開示された物語は善と悪とが対比されて明瞭で、今ではもどらぬ田園への郷愁をこめながら、暴力、殺人が織りなされていく作風であった。

さてスウィーニー・トッドの物語（訳注3）は、悪魔のような散髪屋を媒介にして新しい都会生活の不安が先鋭的に押し出されたものといえよう。失くしたネックレスにちなんだ原題は「真珠のネックレス」であったという本編では、客が髭剃りしようと散髪屋スウィーニーの椅子に腰をおろすと、脇に落とし戸があり、地下牢へまっさかさまにころがり落ちてしまい、地元に住む共犯の女性肉屋の手で切り刻まれてパイにされてしまう。

職を求めて都会へ出たものの、不馴れな都会生活を余儀なくされた人間の不安をこの物語は如実に反映している。散髪屋に出入りする客は、群衆にまぎれて行方不明になってしまった知己を求めてこの場所に来ているのである。加えて都会居住者は、町で売られている美味しいファストフード（ここではパイ）の原材料が何であるかを知らない。缶詰などが未発達な時代にあって、腐肉に対する恐怖は人々のなかで深く巣くっていたのである。嬰児殺人の犠牲者、いたいけな幼児ファニー・アダムズの名前は転じて、「かわいいファニー・アダムズ」と呼称され、その意味するところは、「小さなもの、思わず見逃してしまうもの」であった。また一方では、船員用羊肉の缶詰の名称にもなった。余りにもひどい味に羊肉ではなく子供の身体だと称されたゆえんである。

さらにスウィーニー・トッドの話には、死後、遺体がどのように扱われるのか、といったロンドン市民の新たに生まれた不安をうかがえよう。もはや草しげる村の墓地で静かに休息するのは不可能であった。都会では死者の遺体が充満しているところへさらに無理矢理割り込まれるのである。バークと妻ヘアによる死体盗掘事件（訳注4）、すなわち、殺人を犯し遺体を医療機関へ売りつけるエジンバラの死体泥棒の事件などが世間では流布していたため、死体でも商取引の対象となるのだという想いが人々の間にはあった。

いわば暴力、恐怖、売春、狂気、殺人などの題材が読書界を席捲する一方、社会は逆に体裁をつくろい整然とした形態をとろうとしていた。これは相矛盾した姿ではなかろうか。物静かなヴィクトリア朝大衆が殺人に対して何ら気後れもせず喝采をおくる態度にはどうしても相容れないものがあるのではないか。

一九七二年、文化史家リチャード・オールティック（一九一五‐二〇〇八）はこうしたヴィクトリア朝人の態度を説明しようとしたが、その見解はきわめて説得力にあふれていた。独創に富む研究書『ヴィクトリア朝の緋色の研究』によれば、ヴィクトリア朝の人々が殺人に熱狂したのは、「経済的、社会的状況にがんじがらめにされていたため、知的には空虚で、情緒的には委縮していた生活をおくらざるをえなかった」がゆえであるとされた。つまり「恐怖、病的共感、自分に代わって表現された攻撃性など根源的な情感の捌《は》け口として、また興味を抱かせるもの、知的に昂揚させてくれる代価物がないために、空虚で覇気のない状態に陥りやすい精神を活性化させる格好の捌け口」を、ヴィクトリア朝の大衆は殺人に見出したと議論を展開していく。

ヴィクトリア朝時代が終焉をむかえた直後、過酷な労働で制限された生活をおくり、社会習慣、世間的体面にばかり気を配っている、といったヴィクトリア朝人像が提示された。そうした託宣は伝記作家リットン・ストレイチー（一八八〇‐一九三二）の手でなされ、その『ヴィクトリア朝の偉人たち』（一九一八）は甚大な影響力をなげかけた。ヴィクトリア朝時代を堅苦しく、尊大で嘲笑すべき時代であるとみなし、偽善的で心配ばかりしていて、偽りだらけの人間が生きていたとみなしたのである。歴史家は過去を自分が生きている時代に引きつけてことごとく語るものだが、ストレイチーとて例外ではない。ストレイチーはブルームズベリー・グループの一員で、その流派に属している作家（ヴァージニア・ウルフ、E・M・フォスターなど）や画家たち（ヴァネッサ・ベル・ロジャー・フライなど）は、教会の権威を無視して宗教問題を合理的に考察する考えの持ち主で、急進的であり、偶像破壊を信条としていた。こうした自らのイメージを喧伝するには、相違点をあげつらい他者を攻撃するのが最も手っ取り早い方法であったのである。

『ヴィクトリア朝の偉人たち』が出版された一九一八年当時、力強くヴィクトリア朝時代を描きだしていると考えるのにやぶさかではないが、いささか不均等な時代像になっているのではないか、とストレイチーを批判する声がすでにあった。ヴィクトリア朝時代を嘲笑するのは誤りであると、書評誌『タイムズ・リテラリー・サプルメント』は口火を切り、「ヴィクトリア朝の人々が現代という時代をつくってくれたゆえ、われわれ現代人はヴィクトリア朝の人々を笑うこともできよう。だが、愛することもできるのである」と批判した。ヴィクトリア朝を研究する歴史家は今日に至るまで繰り返し同様の警告を発してきた。ただストレイチーが描いた抑圧されたヴィクトリア人の姿は、歪曲されていようとも、想像以上に刺激的で力強い論調を包摂していたのである。

一九七〇年代、ヴィクトリア朝の大衆は単調な日々から抜け出すために恐怖心を偏愛するようになったと指摘するイギリス文化史家オールティックもまたストレイチーの呪縛から解放されず、自身が提示する現代の価値観を如実に反映してしまっているのである。とてつもない高い代償を支払って、産業革命の繁栄をあがなった、と歴史学者は主張してきたようだ。農村経済から資本主義経済へ、田舎から都会へ、共同体から無名社会へ、そして善きものから悪しきものへと変貌していく時代であった、という一九世紀観には、いささか一九七〇年代の時代精神が浸透しすぎてはいないであろうか。

ヴィクトリア朝の大衆は温和な表面下に秘めていた激情を沸き立たせたわけではない、と今日の歴史家なら言葉を重ねて主張するであろう。ヴィクトリア朝の人々が活き生きとして抱いていた感情、歓び、悪徳にいたるまで、現代人のそれと何ら変わりはしない。ロザリンド・クローンによれば、ヴィクトリア朝人の暴力、血に対する偏愛は、好んで拳闘や公開処刑に参加したジョージ朝の感性が隔世遺伝したものにほかならない。逆にヴィクトリア朝の人々が現代に生き返れば恐怖映画、暴力あふれるコンピュータゲームにつきぬ愉しみを見出すであろう。どうやらこうした暴力への嗜虐性は時代を選ばないようだ。形態を変えながらも、時代の工業技術、経済性に大きく依拠していく。一九世紀、識字率が高まり、印刷価格が下落したため、血への偏愛が新たなやり方でもって再生してきたようだ。かつて存在していた傾向は今日でも何ら変わらず存在しているのだ。

第7章　チャールズ・ディケンズ――犯罪小説家

「学童の頃、ニューゲイト監獄の外観を畏怖と畏敬を混じえ、仰ぎ見たのを今もって忘れられない。威圧的で重々しい壁、重厚な低い扉……入るともう二度とは出て来れまい」
（チャールズ・ディケンズ「犯罪裁判所について」『ボズのスケッチ集』〔一八三六〕）

一八四九年十一月十三日、若き小説家は友人四人とともに、バーモンジーはホースマンガー・レイン監獄近くにある建物に部屋を借りた。悪辣な殺人鬼フレデリック、マリア・マニング（一八二一‐四九）夫妻の公開処刑を、一行はじっくりと見学する予定であった。マリアの愛人を殺害し、台所の床に埋めたというのが夫妻の罪状である。絞首刑場には少なく見積もっても一万人もの群集がつめかけた、と『タイムズ』紙は報道している。

大半が感興にかられて参集した人々ばかりで、周辺の人間を観察すると、そこには人間性のかけらもない下劣さしかディケンズには感じられなかった――「見上げている顔という顔には残忍な歓喜、愚鈍さしか認められず名状しがたい不快さを漂わせていた。ただ人間という外観をまとっているだけの輩《やから》がいるだけで、悪魔の衣をつけている己の姿に思わずあとずさりをしてしまった」、と。

勇んで見物におもむいたディケンズ一行ではあったが、不快と失望が残っただけであった。殺人犯の二人を見ても、「獣のように殺された」という想いしかディケンズには揺曳《ようえい》しなかった。

ディケンズはたえず犯罪とその帰結に関心を抱いていたが、そうした想いは小説のなかに横溢している。そもそもディケンズは分類しがたい作家であり、どのジャンルに分類してもなじまない。ただ、通常、専門家から評価されない作風の一大特徴として、「ニューゲイト・ノヴェル」に入れるわけにはいかないだろうか。

この一連の小説舞台はロンドン裏世界であり、それはニューゲイト監獄の周辺や獄中で起きる。この監獄は幼少のディケンズを惹きつけてやまなかった。一七八〇年代に建造された獄舎は、犯罪者に恐怖心を植えつけ震えあがらせた。公開処刑の場であり、英国全土の処刑執行人を訓練する場であるとの悪評がたえずつきまとっていた。

一七〇〇年以降の犯罪と犯罪人にまつわる物語が『ニューゲイト・カレンダー』(一七七四年発刊)という叢書のもとで長期にわたり刊行され続けた(副題には「犯罪者列伝」とある)。当初、ニューゲイト監獄で処刑された犯罪人の記録にすぎなかったのだが、後の版になると、罪人の伝記や犯行にまつわる情報、犯行経緯までをも併載するようになった。当然と言えば当然なのだが、事件は潤色され、脚色化されていく。いつの世も変わらぬジャーナリズムの常として、残忍な事件の描写を事細かに反芻《はんすう》しつつ、表向きは犯罪の弾劾という道徳的意義を編集者は強調した。

一七七四年、五巻からなる犯罪者記録集『ニューゲイト・カレンダー』は発刊されたが、そこには耳目を集める話が満載されていた。ミドルクラスの高貴な読者層は盗賊や殺人犯が主人公として登場する小説を紐解き、胸を悪くした。だが同時に、平均的な労働者家庭では聖書、『天路歴程』（一六七八、八四）と並んで同叢書が置かれていたのであった。『ニューゲイト・カレンダー』の内容は魅力に富み、読み出したら止まらない。監獄を中心としたロンドンの犯罪物を書こうとする多くの作家にとって、叢書は契機となったようだ。同様な叢書として『ロンドン裁判所の怪奇事件』があり、一八四四年から四八年にかけて刊行され、四万人以上もの読者が予約注文したという。

ところがしかるべき作家の手になると、際物めいた「ニューゲイト・ノヴェル」が偉大な文学作品へと変貌していった。ディケンズは高尚な芸術を創作しようと意図したり、自身を自らが描く作中人物よりも社会的には上だと考えたりするような作家ではなかった。後年、つとめて口にするのを避けていたが、極貧におちいった幼少の一時期、靴墨工場で働いた体験がディケンズにはあった。そうした人生の逆境にもめげず栄光をつかんだのではあるが、一歩まちがえば、自身も「こそ泥」、「ケチな不良」に転落していたかもしれないと骨の髄までしみこんでいた。だから街にうごめくそんな悪《わる》どもと交友し、作家として功を遂げてからでも、ロンドンの街におもむき、そうした連中たちに取材をした。ディケンズ作品に人気が集中する所以である。こうした連中が法を守る人間ばかりではなかったのは言うまでもない。

ニューゲート監獄への禁断の扉

小説『オリヴァー・ツィスト』（一八三八）は出版作品としてはディケンズの二作目であるが、すでにタイトルそのものが犯罪小説であるのを臭わせている――「ツィスト」は盗人の隠語で「絞首刑」を意味するからだ。若き主人公オリヴァーが少年強盗団の一員になる話なのだが、文化史家ジュディス・フランダーズが指摘するように、小説を購読しはじめたミドルクラスの読者の胸をつかむようにオリヴァー像は造形されている。オリヴァー自身は気づいていないが、オリヴァーは親戚が彼の母親を残酷にも見捨てたため、上流階級の世界から追放され、救貧院に行き着くことになる。生まれながらの泥棒ではないが、何も知らずオリヴァーは不承不承ながらも泥棒集団フェイギンの一味に入ってしまう。「ニューゲイト・ノヴェル」の作家たちとは異なり、ディケンズは『オリヴァー・ツィスト』のなかで犯罪人を美化してはいない。犯罪人サイクス、フェイギンは明らかに悪人であり、邪悪な人間として描かれているからだ。

小説『オリヴァー・ツィスト』が「ニューゲイト・ノヴェル」に属する作品だとみなされる点は、実在の犯罪が大幅に関与しているからである。『オリヴァー・ツィスト』には売春婦のナンシー——愛人ビル・サイクスに殺害される——が登場するが、これは実在の女性エライザ・グリンウッドがモデルになっている。実生活のなかでは優雅さをただよわせ「公爵夫人」と喧伝されていたエライザであったが、実像は、ウォータールー出身の売春婦であった。齢二十五で酒もたしなまずにつつましく小金を貯えていたという。一八三八年、売春相手を物色するためウォータールーを出たエライザは、テムズ河を渡りドルリーレイン劇場街あたりで相手を拾う。エライザと部屋を共有していたのは、愛人にしてヒモであるウィリアム・ハバードであった。エライザが春をひさぐ間、ウィリアムは部屋を出て、空けることになっていた。運命の夜、エライザは「外国人風の紳士然とした」背の高い男と部屋へ入った。

翌朝、愛人ウィリアムが部屋へ戻ってみると、そこにはエライザの死体がころがっていた。それは身の毛もよだつ光景であった。死体など幾度も見慣れた捜査にあたる警官がディケンズに向って、「哀れな公爵夫人は寝室の床でのどを掻き切られて息がたえていた。その無惨な姿を目にして、様々な考えで千千に乱れ、暗澹とした気分になるような想いが脳裏を駆け巡った」と吐露した。

エライザの恐ろしい死はジャーナリスト、小説家から多大な関心をもって見られた。たとえば、推理小説家アレグザンダー・サマーヴィール（一八一一‐八五）が書いた『エライザ・グリンウッド』は扇情誌「ペニー・ブラッド」の一種で、その生と死を華やかに脚色したものである。本作品は高貴な友人たちの人柄、家柄同様に、「ペニー・ブラッド」に登場する下賤な人々、高尚な人々を紋切型に描いている――「公爵、男爵、国会議員、判事そして殺人犯を描き出して」いたからである。

ウィリアム・ハバードは、エライザ殺害の嫌疑をかけられるも実人生では刑罰を逃れた。小説のなかで街娼、堕落した女性に同情していたディケンズは、殺人犯は犯した罪を必ず贖《あが》なわなくてはならないと堅く信じていた。『オリヴァー・ツィスト』のなかでナンシーを殺害した邪悪きわまるビル・サイクスにはしかるべき懲罰がみまう――後悔にさいなまれ、怒り狂う群集に追われ途中で死んでしまうのである。

後年、ディケンズは自作品を劇場、講堂で身ぶり手ぶりを入れて朗読し、多大な好評を博したが、ナンシー殺害をいつもクライマックスに用意したという。これは宮内長官が劇作『オリヴァー・ツィスト』の上演を許可しなかったことへの抗議でもあった。検閲はロンドンの社会秩序と人々の道義心を守るために発動されたわけであるが、当局としてはもうこれ以上、エライザ・グリンウッド殺人事件を舞台にあげて騒ぎに火をつけることを良しとはしなかったのである。忘却の彼方へ葬り去り、一連の騒動を鎮静化したかったのであった。だが一方、ディケンズは小説『オリヴァー・ツィスト』や朗読を通じ、あの「公爵夫人」の残像をとどめておきたかったのである。

一八五〇年、終生ついえることのなかったディケンズの社会正義への関心は新たな局面へ向かう。同時期、ロンドン警視庁について多くのエッセイを書きはじめた。個人編集していた週刊誌『ハウスホールド・ワーズ』(一八五〇 - 五九)に投稿した一連の記事のなかで、ディケンズは刑事という新しい職業を、ミドルクラスの読者に対して、尊敬に値する輝かしい存在であると訴えたのであった。あの旧式な「ニューゲイト・ノヴェル」のなかで盗人が光彩を放っていたように、刑事も魅力的な存在と化したのである。ディケンズはロンドン警視庁の刑事を社会へ押し上げていく――捜査は、「組織的に進められ、職人並みの手腕を発揮し、いささかも騒がずに着実に社会に貢献していく。冷静なあまり、世の人々はその存在にさえ気づかず、ましてやどれほど恩恵に浴しているか理解すらしていない有様だ」、と。

「泥棒逮捕に関する近代的科学」(訳注1)と題するエッセイにおいても同様に、ディケンズはロンドン警視庁刑事部を畏敬を込めて描写する。「四十二人の刑事たちは私服で最も困難な仕事に立ち向かっているのだ」と賞賛を惜しまない。

前述したように、刑事部を設けることを、社会は諸手をあげて歓迎したわけではなかった。それどころか成り上り、出しゃばり、スパイといったいわくありげな目で見たのであった。ディケンズはまったく異なる視点から刑事をとりあげ、社会的ステータスを与えようとした。つまり、この新設の職業人を独特の技量と才能をそなえた犯罪捜査人へと変貌させてみせたのであった。

一般人とはちがい鋭い目をもつ刑事は犯行現場の痕跡を見逃さない。宝石泥棒が押し入った部屋に残された「犯行の手口」から泥棒一味を追及していく。『ハウスホールド・ワーズ』誌に寄せた一文のなかで、宝石盗難事件における刑事の活躍ぶりが描かれている。宝石を奪われた夫婦は当雑誌の裕福な読者を代表していると思えるのだが、これまでの平和な自分たちの世界へ刑事が割り込んでくるのにかなり違和感を覚えたはずだ。犯行現場を検証した直後、刑事は捜査結果を下す――

「分かった！　これは舞踊団の一味の仕業だ」

「何ということなの！」と妻が叫んだ。「でも、そんなことはありえません。八十一番地のプティトー先生のところで子供がダンスを習っているのですよ。ダンス教師として実に立派な方で、それにあそこの生徒たちは――」笑みをうかべた刑事は妻の言葉をさえぎった――「奥さま、舞踊団とは強盗の一味で、あの連中が宝石を盗んだのです。プロの強盗は徒党を組むため、連中を一味と称しているのですが」

刑事という存在に惹かれているディケンズは、一八五〇年、雑誌『ハウスホールド・ワーズ』の発行所で開かれたパーティに刑事たちを招待している。葉巻をくゆらせ、（「節酒するかのように」）ブランディの水割りをなめながら、編集者一同と刑事たちは、「過去一五年から二〇年の間に起きた重要犯罪事件のなかで、最も有名でおぞましい事件は何か？」と喋々《ちょうちょう》と論じ合った。そこに出席していた刑事のひとりがディケンズの関心をつかみ、一八五〇年代に書かれたディケンズ作品に多大な影響を及ぼすところとなる。『再録作品集』（一八五八）のなかでディケンズが「ウィールド」と呼んでいる刑事こそ、まさにその人である。実名はチャールズ・フレデリック・フィールド（一八〇五‐七四）で、一八二九年ロンドン警視庁が設立された当時からのメンバーとして、着実にその道を歩みつづけ、一八四二年に新設された刑事部の長にまで登りつめた。

小説家ディケンズは登場人物に生命を吹き込もうとして、フィールド警部の肉体的特徴を巧みに援用している――「肥満体の中年男でやや涙目だが、すべてを見抜く大きな瞳、しわがれた声、話を力説しようとする時に差し出す丸々とした人差し指、そして指をいつも目か鼻におく癖など」を活写している。

エッセイ「フィールド警部と警邏して」のなかで伝えているところだが、ロンドンの悪名とどろくセント・ジャイルズ地区で、フィールド警部の日課である夜警にディケンズも参加している。
当時、住宅がひしめき合う「貧民窟」がこの一帯には広がっていた。今日で言えば、地下鉄トッテナム・コート・ロード駅横にあるセンターポイント・ビル周辺が相当する。ヨーロッパでも最悪のスラム地帯であった。一八六〇年、ヘンリー・メイヒューは当地域を、「狭い路地が蜘蛛の巣のように走り、広場は奈落の住人である、アイルランド人の呼び売り商人に占拠されていた。この連中は汚濁、不潔を表す異名にまでなっている」と糾弾している。
ジャーナリストにして「ペニー・ブラッド」の書き手であるジョージ・オーガスタス・サラもセント・ジャイルズ地区の恐怖をあばき立てる。欲情をそそるような筆致こそ、まさにミドルクラスの代弁者と言わんばかりなのだが、みだらな刺激を求めて「スラム探訪」へ乗り出し、そこの住人を動物並みに扱い、貶《おとし》めることになる――

人間とは思えないうめき声が無数の路地からもれてくる……汚らしいボロを身にまとった人間とおぼしき連中が……蛇か蜥蜴《とかげ》のように足もとにまとわりつき、唾棄すべき害虫のごとく歩み寄ってきては、哀れっぽく訴えかけてくる。まだそうした男には我慢もできよう。残忍で嫌悪を覚える連中ではあるのだが、小銭をめぐんでやり、威嚇すると身を低くして騒々しい住処《すみか》へと引き下がっていく。だが、女の姿には戦慄が走り、限りない憐憫の情を抑えがたい。そばで見ているだけでおぞましく、男か女かも判明できない姿は、ただ破廉恥そのものだ。

幸いなことに、腫れ物を切開するように、ニューオックスフォード・ストリートがセント・ジャイルズのスラムの中央を走っている。
セント・ジャイルズ教会の鐘が九時を打つ頃、フィールド警部に同行したディケンズは探訪を開始し、近くの警察署へ到着した。即座にニューゲイト・ストリートにある家へ戻ることができない少年、酩酊した女、物乞いした科で牢獄に入れられる物静かな女、そしてクレソン売りに混じり、スリ、酔った男娼などがディケンズの目に飛び込んできたのである（＊）。
やがてディケンズとフィールド警部は夜警巡回をはじめる。何ものをも恐れぬ態度、警羅地域を熟知しており、必要なことを敢然とやり抜くフィールド警部の能力に、ディケンズは一驚を覚えている。ディケンズは「フィールド警部はどこで生まれたのだろうか」とまで考えこんでしまったほどである。「あのラトクリフ街道地域で生まれたにちがいないと確信するまでになるのだが、歩を進めるところ知らぬ所なしである」と驚嘆の念を禁じ得ない。警部はスラムの家々に押し入ってはベッドをひっくり返し、犯人逮捕にこぎつけようとする。

セント・ジャイルズ教会の鐘が十時半を打つ頃、われわれ二人は身をかがめ、傾斜が急な階段を這うがごとく降りていった。暗くて狭い部屋へとたどりつくと、炉には火があり、樅《もみ》の長いテーブルの横にはベンチが置かれていた。部屋はうす汚い若者であふれかえっており、食事をしている者もいたが、大人、子供を問わず、女性は誰ひとりとしていなかった。「鼠の城へようこそ！　有名な泥棒様のお迎えだ！」

（＊）マイケル・フェイバー（一九六〇－）のヴィクトリア朝小説に大いなる賛辞を呈した小説『いま深紅の花びら咲き静まる』（二〇〇二）の冒頭部で、セント・ジャイルズはまた舞台になっている。作品に登場する数多くの売春婦の一人と読者はその土地で出会うことになる。

フィールド警部が部屋を眺めていると、若者が次から次へと席を立ち、恭《うやうや》しく帽子を取った。警部はその一人ひとりの職業まで知り抜いていて、「同席した半分の者はしょっぴいたことがあった。そしてその身内や友人を情け容赦なくオーストラリアの流刑地へ送っていた……フィールド警部はこの部屋のなかで、まるで専制君主のように全員を睥睨《へいげい》していた」という。

ともにセント・ジャイルズのスラム街へ夜警巡回に出た翌年、ディケンズは友人フィールド警部を虚構化し、「バケット警部」という名前でもって、小説『荒涼館』（一八五二）のなかへ登場させた。そしてバケット警部は殺人を犯したメイドを逮捕することとなるのだが、そのメイドはマリア・マニングが祖型となっている。

『荒涼館』の主要テーマは、重苦しく遅々として審理が進まない、不正にまみれた巨悪の大法官裁判所を非難することであり、殺人者や警官は小さな存在にすぎない。それでもディケンズは作品のなかへ最初の探偵小説ともいうべき要素を盛り込んでいる。メイドであるフランス人オルタンスは弁護士を殺害し、雇用主デッドロック夫人に罪を着せようとする。デッドロック夫人を調べるべく雇われたバケット警部であったが、解決の糸口を見出し、オルタンスを逮捕するにいたる。

ただ実在のフィールド警部をモデルに、バケット警部を創りあげたと主張したら、小説家ディケンズは言下に否定したであろう。ジャーナリストの観察眼よりも小説家としての想像力を重要視するからである。だが、人差し指を上げる癖は両者の密接な関係性を示唆している。バケット警部の「丸々とした人差し指は、身近にいる犯人の核心をついているようだ。指を耳においては情報をふきこみ……その指で鼻をこすっては、嗅覚を鋭くしようとしている」――まさにフィールド警部と瓜二つではないか。

ド・クインシー文学のなかでジョン・ウィリアムズが華麗な殺人犯に変貌したように、どうやらフィールド警部はディケンズ作品において最初の探偵に変身したようである。

第8章　マリア・マーティンのバラッド

「結局、殺人事件の刺激に勝るものなし」
（最高の売り上げを果たしたバラッド売りの言葉）

喧騒あふれるセント・ジャイルズのスラム街から遠く離れた、平和を絵に描いたようなサフォークの村ポルステッドは静寂につつまれ絵に描かれたように美しく、周辺には草地、森が広がっていた。

丘の頂には愛らしい中世風教会があり、羊たちが草をはむ牧歌的な緑地、池があり、コック・タバーンという名の居心地のよさそうなパブもそこにある。だが一八二八年、残忍きわまり胸が悪くなる犯罪が当地で起きてしまった。教会墓地には木札が下がっていて、近くにマリア・マーティン（一八〇一 - 二七）の遺体が埋葬されている旨を来訪者に告げている。人口に膾炙した「赤い納屋殺人事件」の哀れな犠牲者こそマリアであり、齢わずか二十五であった。墓石があるにはあったのだが（埋葬後すぐに）消えてしまい、そのため木札が必要であった。

今日のポルステッドの住民は地元で起きた殺人事件にそれほど興味がないようであった。むしろ忘れたい想いにかられているのだろう。この村に滞在した私に、出会った家族は、「村人はこれ以上マリアの噂をしたくないのだ」と訴えた。「もう話題にはしたくないとすぐにお分かりでしょう」とその父親は語った。だが、マリアの面影はまだ揺曳しているようだ――村の教会に記念標が、また住んでいた住居には名前が明記されている一方、殺人犯ウィリアム・コーダー（一八〇四‐二八）の住居にも「コーダーの家」と表示されている。同じ日の午後、赤い納屋の名残りなどどこにもないからあきらめた方がいいよ、と村人は促した。そんな遺物などことごとく消失してしまっているのは先刻承知であった。

マリアはネズミ捕獲人の娘で、不義の子供二人をもうけていた。それぞれ父親はちがう。時がたつにつれて、噂が噂を呼び、マリアにまつわる話は尾鰭《おひれ》がつき、どうやらこの不名誉な物語が生み出されたようだ。後年になると、マリアは村の生娘であり、無垢で純粋そのものの女性へと変貌していく。ところが一八二七年にマリアは三人目の子供を産み落とした。父親はウィリアム・コーダーで、池の隣にある壮大なエリザベス朝様式の大邸宅に住んでいた。裕福な自作農の息子コーダーにはいささか芳しからぬ悪評がつきまとい、ロンドンの犯罪者連中とも関係があるという噂であった。だが、話が美化される過程で、コーダーも実直で、皆から認められている村の名士へと変貌を遂げていった。

どうやらコーダーはマリアに結婚しようと、少なくとも駆け落ちをしようと約束していたようだ。そこでマリアの家裏にある丘の上にあった「赤い納屋」で逢瀬を重ねた。後年、虚実入り乱れるこの赤い納屋は、屋根が赤い半円筒形の瓦で葺《ふ》かれていたため、かくの如く命名されたのであった。また一説には沈みゆく赤い夕陽に染まるゆえ、とも言われている。ともあれ、夜の帳《とばり》が落ちると血のような不吉な赤色へと姿を変えていった。

コーダーと会うために家を出たマリア――変装のため男装していたと証言する者もいた――は生きて二度と姿を見せなかった。同時にウィリアム・コーダーの姿も村から消え去った。やがて数通の手紙が間隔をおいて、マリアの家族のもとへ届いた。手紙によれば、二人は最南端のワイト島で幸福に暮らしていると認められていた。また同時にマリアは手に傷を負っているため手紙を書くことができないので代筆した、とも記されていた。

神のお告げ、超自然的前兆が、ご利益《りやく》めいたものをもたらしてくれる、とヴィクトリア朝の人々はかたくなに信じていた。マリアの義母が夢を見て、娘マリアはワイト島に滞在していない、と告げられたのであった。その夢こそが赤い納屋殺人事件を語る上での呼び水となり、本殺人事件の評判を支える要となったのであった。目覚めた義母は、娘は当家からごく近所にいる、家裏にある納屋に埋められていると確信するまでになった。妻に促されたマリアの父親は仕方なく重い腰をあげて納屋を調べに行ったところ、実際にそこで娘の遺体を発見してしまったのであった。いくつかの特徴から（手足を切り取られていたが）遺体が娘であると即座に理解できた。そしてウィリアム・コーダーの緑色のハンカチが首には巻かれていたのである。

マリア殺しの犯人コーダーを逮捕するのにはさほど手間はかからなかった。ポルステッドを去り、新たに妻とした女性とロンドンで暮らしていたからである。（『タイムズ』紙の結婚紹介欄を通じてという、意外とも思える方法でその妻を娶っていた）。コーダーはサフォーク、ベリー・セント・エドマンズへ引き戻され公会堂で裁判にかけられることになり、膨大な数の人間が当地へ集結した。メディア陣はコーダーを有罪と決め込み、本裁判に予見をもち込みすぎている、とコーダーの弁護士たちが異議申し立てをしたほどであった。それが事実であったかどうかは定かではないが、弁護士たちは結局のところコーダーを弁護できなかった。コーダーは無実を主張したが、いささかの説得力もなかった。死刑宣告を言い渡されるとコーダーはようやくすべてを告白したのだが、その期に及んでも、あれは事故だったのだと主張した——銃でマリアを脅かすつもりだったが、指がふるえ暴発してしまったのだ、と。

コーダーの判決文には、絞首刑に処すこと、そして遺体を切開して「解剖」に付すこと、という二点が記載さ

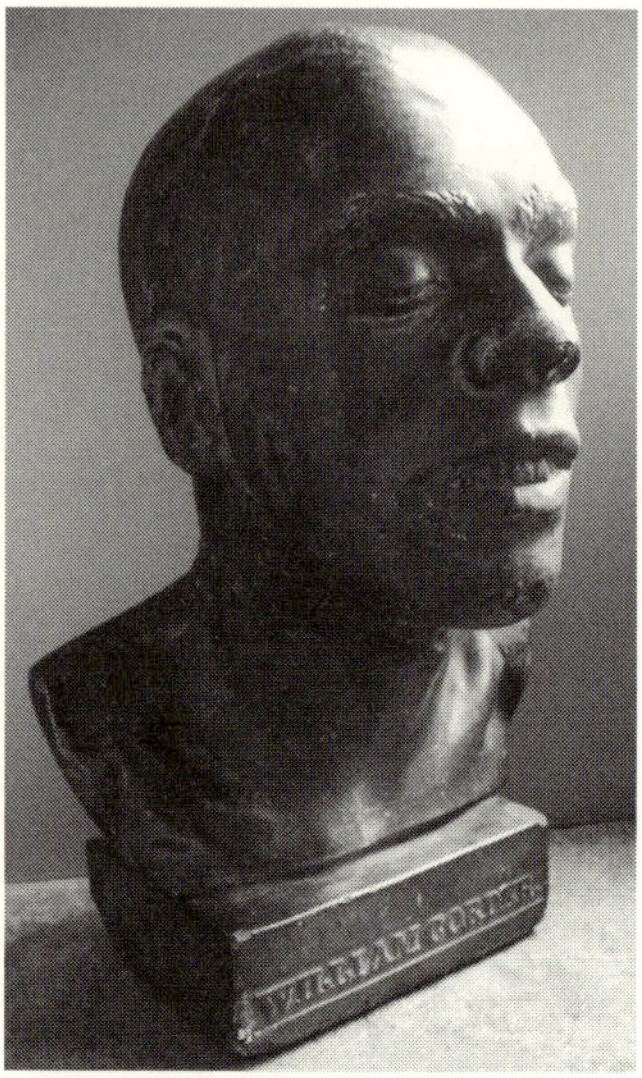

死刑直後のウィリアム・コーダーの頭部模型。絞首刑の影響で唇と鼻がはれあがっている。

れていた。絞首刑は十分間もかけて行われ、執行人がコーダーのつり下がった両足を引っ張ったりした。新妻が夫の遺体を手元へ返して欲しいと願い出たがかなわず州公会堂へ戻され、皮膚を切り開き身体からはぎ取ったうえで、テーブル上に安置した。新聞各紙によれば、五千人を下らぬ野次馬が、遺体を一目でも見ようと列をなしたという。

翌日は見物人よりも科学者が優先された。ケンブリッジ大学から派遣された若き医学生に開示するため、入念に遺体は切開されたのである。医学生たちは当時、流行していた骨相学という新しい「科学」の視座から遺体を研究しようとした。それゆえ将来の知見に生かすため、頭部は入念に計測されたのであった。頭部モデルが今日でもベリー・セント・エドマンズにあるモイズ・ホール・ミュージアムに所蔵されている、と学芸員アレックス・マックファーターが案内してくれた。不快きわまる光景だ。鼻、唇は著しく広がっている。首を吊られたとき、血管が膨脹した結果である。

赤い納屋殺人事件はヴィクトリア朝のイースト・アングリアですさまじい騒ぎを惹き起こした。その影響は歴史家のいう「物質文化」に異常なほどまで長い影を落としている。まず装身具、絵画、楽譜、工芸品といった日常品として姿を現すのだが、同時に、裏切りと暴力に満ちた胸がふさがれる田舎の話がイギリス国民の心の琴線を打ち、国民一人ひとりがこの物語を偲ぶため、何か思い出すことができる記念品を手にしておきたい、と願ったからであった。

処刑そのものを報道した瓦版ブロードサイド売りは、ウィリアム・コーダーこそ金のなる木にちがいないといつまでも記憶にとどめた（訳注1）。コーダーの「最後の懺悔」こそ最大の呼び物であり、処刑前夜に立ち会った者から仔細が伝えられていた。ひとりの「売り子」はベリー・セント・エドマンズを吹き抜けた熱狂ぶりを喜々として語った――「帽子は小銭であふれかえった……ある紳士の執事がやってきて、主人のために六部、自分自身のために一部所望した」、と。

コーダーの出版物「今際の言葉と全告白」が発行されるとすぐに歌謡「マリア・マーティン殺人事件」が並んで発表された。一八二八年、唄は誰ひとり知らない者がいないほど有名な歌となった。それは事件が起きた地方周辺だけではなく、はるかロンドン、ウェールズはおろかスコットランドでも唄われ、今日もなお口ずさまれている。人気、波及力において、今日の第一位におどり出たシングル盤のようなものであろう。

ウィリアム・コーダーが裁判にかけられた時、少なくとも四篇の異なるバラッドが書かれ印刷されたのはよく知られているが、「マリア・マーティン殺人事件」はそのなかでもっとも有名な曲である。人々は歌詞が書かれた一枚ものを購入し、バラッド売りやすでに歌を熟知する友人が歌うのを聴いて曲を知ろうとした。「曲の最新版を知ろうとして……、うちの雇用人たちが道草を食って困る」とジョージ朝末期のジャーナリストが嘆いている。「貧乏文士が集うグラッブ・ストリートから湧き出てくるこうした曲にメイドたちが金に糸目をつけず買いまくる様には腰を抜かされる」と驚きをつつみ隠そうとはしなかった。

また他方、既知の身近なリズムに合わせて「マリア・マーティン殺人事件」が口ずさまれた。曲はたえず入れ替わり、この歌詞は繰り返し歌われたのである（逆に歌詞が入れ替わり、歌われた場合もある）。

民謡研究家ヴィック・ガモンから歌について教示をうるため面会した時、一八二八年に起きた殺人事件を歌った曲のメロディなど知る旨もないと私は心の奥で思い込んでいた。ところが曲の冒頭を聴いただけで、ああ、あの曲だと思い当たった。それは作曲家レイフ・ヴォーン・ウィリアムズ（一八七二 - 一九五八）がイギリスのフォーク・ソングを主題にした幻想曲であった。「ハープと弦楽によるダイヴェスとラザラスをめぐる変奏曲」のなかの一節であったからである。ヴォーン・ウィリアムズはイギリス中をかけめぐっては、失われゆくフォーク・ソングを採譜し、懐かしいメロディを書きとどめていた。ブリティッシュ・カウンシルの命を受けて、フォーク・ソングをめぐる幻想曲を書きあげ、一九三九年、ニューヨークのカーネギー・ホールで初演されていた。それは赤い納屋の事件から一世紀もの時をへだて、ポルステッドから五百マイル（八百キロ）もの距離が介在した出来事であった。人口に膾炙したメロディが流れると「マリア・マーティン」の歌詞が曲にのって流れたのである。「マリア・マーティン殺人事件」のようなバラッド群は、コヴェント・ガーデンの交差点あたりに群生する印刷屋に活況をもたらした。かの地は廉価出版の中心地であった。いずれのバラッド内容も大同小異で歌手自らを紹介し、聴き手の注目を集める言葉（「さあ、皆さん！」）で歌い出される。「マリア・マーティン」の場合も例外ではなかった――

さあ、無謀な若者どもよ、ひとつ警告しておこう
木につるされた哀れな奴の運命を思え

歌詞の最後は哀切きわまる別離の決まり文句で締めくくられる。殺人犯がこの世から去っていくのである――

わが愛しき者たちよ、さらば、もう時間はない
来週日曜日、死刑が執行され死をむかえる
通りすがりの若者よ、哀れに思ってくれ、この俺を

マリア・マーティンを殺した酬《むく》いで木に吊るされるこの俺を

犯罪の残忍さ（「凶行が及んだ後、マリアは血まみれで倒れた。血潮にいろどられた死体を赤い納屋の床下へコーダーは埋めた」）から楽曲は多大な着想を得ていた。一八二八年、誰もが口ずさんだ曲は恐怖のなかに宿る歓喜とともに、聴く者に強い道義的メッセージを発していたのである――汝の野獣じみた本能を戒めよ、と。

言葉、音楽だけが事件の記憶をとどめているのではなかった。バラッド、ブロードサイドと同じような恒久性のあるものに――そして誰でも買えるものに――スタフォードシャーで製作された、主人公二人と納屋を型どり色彩をほどこした、廉価な陶器製模型があった。それは英国中の暖炉上を飾るべく作られたものであった。陶器像マーティンとコーダーは二人が知り合ったばかりで、手と手を取り合い、納屋で逢瀬を重ねようとしているところである。この場面には強烈に訴える力がある。一見、幸福そうな二人に切迫した運命と死が降りかかってくるのだが、それは背景に通じた人ならば即座に真の意味を解読できるはずだ（事情通ならば思わず、「マリア、逃げろ！」と叫ぶにちがいない）。こうした陶器製人形は背景的な知識なくしては意味をなさないため、格好の話題や社交の契機を提供したようだ。

実のところ今日でも魅力に富むこうした陶器像は、ヴィクトリア朝の文化生活における抜き差しならない局面を示唆しているのである――美術品は労働者階級が所有するものではない、といった概念を完膚なきまで粉砕してしまったからである。一七世紀にあってはわずかな富裕者にしか絵画、彫刻でもって家を装飾するのは許されていなかった。一八世紀に起きた室内インテリアの大変動のため、一七世紀的概念は除去されるまでになった。

産業革命がもたらした交易の帰結として多くの人々に余剰金が分配されるようになり、控え目な家具、人形を購入できるようになったのである。こうした変遷に呼応して、ジョージ朝に「趣味《テイスト》」という概念が生まれてきたのである。社会におけるミドルクラスの一員であるならば、高額な費用を犠牲にしても住居を飾ることが求められたのであった。そうした装飾の一環としてアンティーク、歴史、流行などに熟知していることを示唆する必要があったわけである。

だが、ジョージ朝の労働者階級にはそれほど余裕がなかったので実用品をそろえるのがやっとであった。ヴィクトリア朝になってようやく、初めて目に見えるかたちで室内装飾における一大変革が生じたのであった。つまり実用的機能をもたない装飾品で趣味や嗜好、個性があらわれる品を初めて購入できるようになったのである。そうした暖炉上には安物っぽい、欲望だけがみなぎっている個人のモノがあふれるようになった。陶器製人形はそうした一品であった。つまり人形は所有主の自己満足のために買い求められたゆえ、所有者の世界観の一部が垣間見えてくるのである。こうした人形は話の種になり、ほぼ誰もが知っているモデル——たとえ殺人犯でも——が使用され、遊興の一具となり、好奇心をくすぐり日々の憂さを忘れさせてくれる対象となったわけである。だが、赤い納屋の材木を使用して製造された木製人形は、陶器製以上に高価であった。納屋の建物の一部であった材木もはがされ、売却に付されたのである。「納屋の材木を束ねて馬車がポルステッドの村を発っていく光景を目撃した……こうした材木をロンドンへ運び込み、「珍品」として加工して売り出すつもりだろう」と地元新聞の記事にはある。こうした一品として靴型をした小さな嗅ぎタバコ入れが今日、モイズ・ホール・ミュージアムに収蔵されている。マリアの墓石も納屋の材木と同じ運命をたどった——詐欺まがいの略奪があったからである。

事件を連想させる品で最も人気が集中したのは、本人しか所有できない一点モノであった。そうした逸品のな

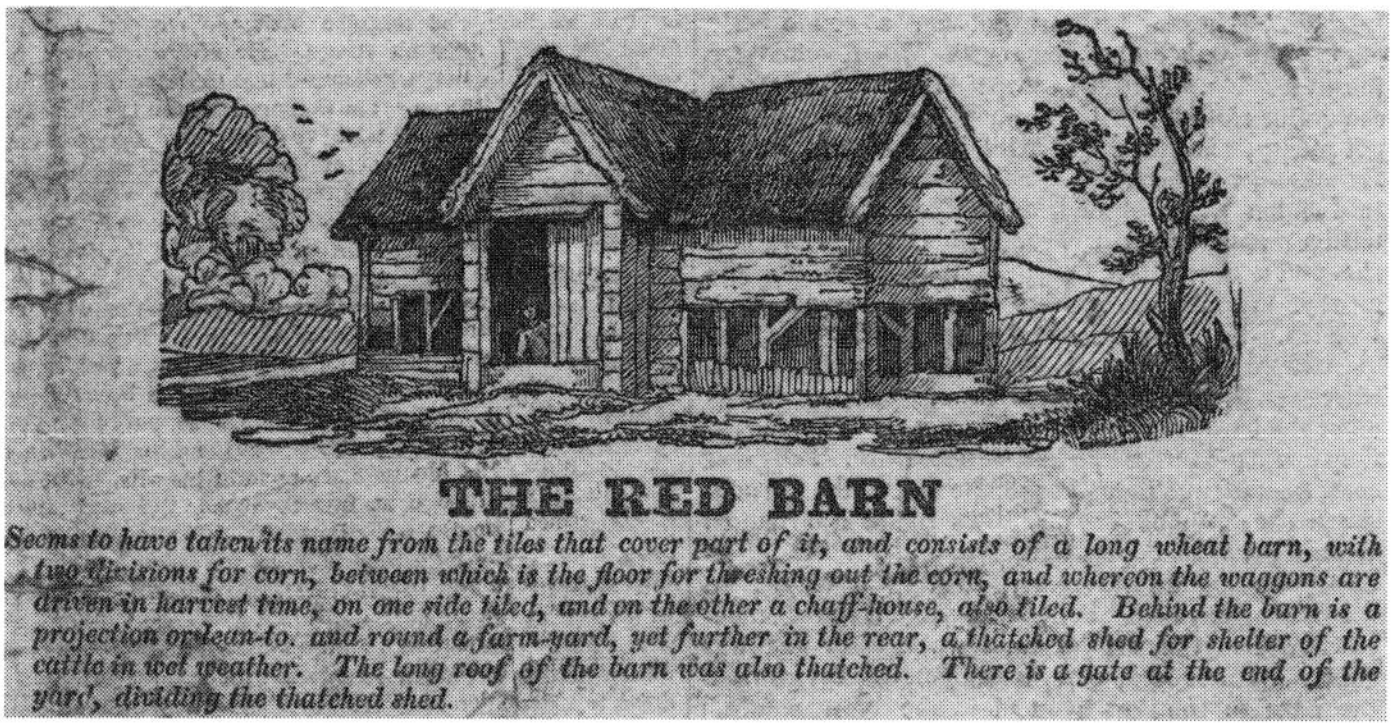

建材の一部が記念品として売られたため、下部の板材がなくなった「赤い納屋」の現状を示す新聞の挿し絵。

かに博物館に展示してあるランプが入るかもしれない。マリアの父親が娘の死体を照らし出した、あのランプである。学芸員《キュレーター》アレックス・マックファーターによれば、ランプは父親が実際に使ったものかどうか、疑わしいという。だが、この逸品からどれほど豊かに殺人事件の連想を引き出すことができようか。好奇心を最大限に揺らすのは、これも博物館の所蔵品になるのだが、コーダーがマリアを殺害した銃である。これは正真正銘の本物だ。

最も胸が痛む記憶をとどめているものとして、殺人犯コーダーの身体から採ったものをあげることができよう。モイズ・ホール・ミュージアム最大の呼び物は「コーダーの皮膚を用いて装幀した本」である。一見、これはコーダーの伝記と死を記したありふれた本に見える。だが、本を開いて表紙の内側に注目すれば、装幀に用いられた皮こそ「殺人犯の皮膚」を直接はぎ取ったものと判明するであろう。それは地元病院の外科医が公開解剖の後、殺人犯の皮膚をなめして加工したのであった。

さらにコーダー自身の実物の頭部もあげておかねばなるまい。見世物師たちの手から手へ移り、多くの人々を楽しませ膨大な収益をあげた。さる露天商がロンドンで年に二週間、開催されるバーソロミュー・フェアに展示したところ、百ポンド以上の稼ぎをあげたという。その売り上げは商店主か店員の年収二倍に相当する額であるが、人体の一部を展示して換金する行為は当時はとりわけ珍しいことでもなかった。一八五六年、殺人者の遺体を遺族のもとへ返却するか、否か、警察内でも議論が渦巻いた。その時、「金儲けのために遺体を見世物にしてしまう恐れがある」と検視官から反対意見が出たという。

ウィリアム・コーダーの頭部はやがて故郷ベリー・セント・エドマンズへ返却され、町の博物館の最大の呼び物のひとつになっている。収納されている所から、頭部を取り出して、私はこの手でさわり点検してみた。背筋が凍るような陶酔感と人間の身体を弄《もてあそ》んでいるという罪悪感がせめぎ合った。コーダーの頭部は現在では、黒ずんでしまい皺だらけで、縮んでしまっているが、細部をよく見るとコーダー自身の、生姜色した短いちぢれ毛を認めることができる。そして丸くなってしまった小さな耳も片方だけが残っている。

解剖のあと、ウィリアム・コーダーの骨は何年もの間、王立外科病院に安置されていた。だが二〇〇四年、展示を中止して焼却された。こうした骨の処理はより理性が働いた結果かもしれない。とは言え、コーダーの委縮した耳は、地方ミュージアムの来館者数を伸ばしつづけた。幼少の頃、この耳を見たというおぼろげな記憶をたどり地元の人が必ず毎週、わざわざ訪れて、あの耳は今でもあるのか、と質問してくるらしい。これは学芸員たちが私に語ってくれた実話である。

第9章　恐怖の舞台

『ハムレット』については意見が分かれるところだが、ほぼ誰もが……幽霊、葬式場面、そして最後の場を好むはずだ。『マクベス』も決闘と魔女だけなら人気がもっと出るのだが……」（ヘンリー・メイヒュー「ロンドンの呼び売り人の言葉」〔一八六一〕）

「赤い納屋殺人事件」は土産物、収集家アイテムを数え切れぬほど生み出したが、舞台にかけられ、どうやら事件はさらに活性化していったようだ。一八三〇年代のロンドンでは、中世から開市されているバーソロミュー・フェアを訪れると、マリア・マーティン殺害が覗きからくりで幾種類も楽しめたという。覗きからくり業者にとって殺人事件は大いに収益につながった――「戦は万人好みなのだが、どんな戦をもってしても有名な殺人事件には及ばない」とは、業者のひとりがジャーナリスト、ヘンリー・メイヒューに語った言葉である。

覗きからくりや、それに類する人形劇は今日の舞台で演じられるような子供のための軽いコメディなどではなかった。多くは悲劇そのもので胸をしめつけられた。実際、人形劇は、ロンドンで上演された最上の劇を地方人が味わえる媒体であったわけだ。だから大人を対象にした本格的な人形劇は人々が熱中する娯楽であった。

ヴィクトリア・アルバート・ミュージアムにはウィリアム・コーダーとマリア・マーティンの見事な操り人形《マリオネット》が保存されている。人形は元々、舞台上で殺人を再現するために作られたもので、ティラー＝クローズ劇団が全国津々浦々まで巡回して上演した三十五体のマリオネット・コレクションの一部である。説明書によれば、表情に富む「マリア」人形は「髪の毛の着脱」が可能である。特別な糸を操作すると髪一房がはずれる仕掛けであろうか。この仕掛けがあるため、殺害場面でウィリアム・コーダーがマリアの髪の毛を引っぱり、恐怖で凍てついたマリアの髪を逆立てるのも容易であった。「マリア・マーティン」人形には「血に染まった一本の糸」がついている。マリアが息を引きとる時、身体から引き出す一片の赤い布は壮絶きわまる苦悶を示唆する表現になっている（*）。

学芸員キャシー・ヘイルの指導のもと、ウィリアム・コーダー人形を操ってみたところ、愛人マリア殺害を舞台上で再現する名状しがたい歓びに、私はどっぷりとつかってしまった。今日、コーダーのような人形が喜劇ではなく、悲哀、恐怖を表現する対象として用いられた心的傾向など、とうてい理解しがたいものがあるが、それがこの人形の本来の目的であった。

ティラー＝クローズ劇団が上演したこうした人形劇は持ち運び可能であった。舞台正面は木製、両サイドは布地がついていて、馬車（後には有蓋貨車）で移動ができた。そうした劇場を立ち上げると、場内には二百名もの観客を収容でき、大規模な人形劇場になると六百席もの座席が用意されていた。舞台の上にかかるアーチ型の幕の内側にマリオネットは登場してくる。人形の容貌は誇張されていて「紋切型」人物で、五、六体ほど種類――老女、警官、悪人、美貌の若者そして女主人公――があるが、一目で見分けることができた。私が操ったウィリアム・コーダーは、悪人っぽい口髭をたっぷりたくわえ、加えて眼球が飛び出た光輝く青い目は濃い黒色の線で縁取られている。そして両目ともその目頭が一点が赤く塗られていた。これは初期の化粧法指南書のなかで、俳優の目を白く活き活きとする化粧法であると説明されている。他方、まがまがしい純白ドレスに身をつつんだ「マリア・マーティン」人形は髪を黄色いリボンで結び、愛らしいピンクの頬をしている。

ティラー＝クローズ劇団が用いた人形劇『マリア・マーティン――赤い納屋殺人』の脚本は、一般の演劇台本と比べて何ら遜色はない。人形劇の観客も同じく、劇舞台と何ら変わらない悲劇や戦慄につつまれ興奮していたのである。「おお、ウィリアム、お願いだから跪いているこの私をみて！」とマリアは哀願して命乞いをする。そして「ウィリアムの魔手から逃れようとするマリアは捕まえられ、身体を左右にはげしくゆすられる」。ついに、「ウィリアムはマリアを押し倒し、刃を向ける。悲鳴をあげるマリアは事切れる。ウィリアムは身じろぎひとつしない。やがて幕が下りる」と舞台上のト書きが続いていく。

一九世紀を通じて人形劇は上演されていたのであるが、それも公共交通の発達と映画の出現で終息へと向かっていった。隣町へ容易に移動できるようになると、移動劇場など関心の外になってしまうものだ。映画館の発展も人形劇の衰退を加速した。そして第一次世界大戦が昔なじみの人形劇興行に止めを刺すことになる。若者を戦場に取られてしまい、人形を彫像し、上演する者、移動車を運転する者までもがいなくなった。戦後、再び上演されるようになるのだが、その時には子供向け娯楽になり下がってしまっていたのである。

だが、大人気を博したマリア・マーティンの話は、衰退していく一九世紀末人形劇業界でも光彩を放っていた

（＊）この殺害場面を見るだけでもヴィクトリア・アルバート・ミュージアムのウェッブサイトを訪れる価値がある。殺害のクライマックス、歴史的に貴重な操り人形に合わせて俳優ビル・ナイとダイアナ・クイックの声も聞くことができる。（www.vam.ac.uk/content/videos/m/video-maria-marten-or-murder-in-the-red-barn）

のである。この物語には「メロドラマ」になる要素がことごとく具備されていたからであった――非現実的で、何もかもが過剰で、紋切型ではあるが生彩にとみ、観客ともに一体となり楽しめる劇であった。舞台では略式であれ、形式的であれ、人形であれ生身の人間の俳優であれ、どんな舞台でも人気を博したのである。

ロンドンの劇場街では、赤い納屋殺人事件は時代をいろどる最も有名なメロドラマ作品であった。作品において「運命」をどのように描くかが、メロドラマの一大特徴となるわけだが、「赤い納屋」という名称を生んだ、運命づけられた血に染まった日没こそ、周到なまでの照明効果によりメロドラマ性を高めていったのである。

ヴィクトリア朝のメロドラマは残忍そのものであった――リアリズムを完膚なきまで排除しようとしたため、暴力場面が延々と続き、誇張の限りがつくされた。現代人の目からすれば、当時、メロドラマが真剣に受け止められたのは信じがたい。事実、ヴィクトリア朝の観客は、ありふれた冗談などとはつゆも考えていなかったのである。観客の反応こそがメロドラマの抜き差しならない一部を形成していた、と歴史家ロザリンド・クローンは指摘している。悪党に罵声を浴びせ、殺人犯が逮捕されると罵りの言葉を叫ぶ。幕が下りると悪がいさめられ、人々の傷は癒やされていく。これこそが劇場で殺人事件を鑑賞する重要な要素なのである。つまり観客に日頃の鬱憤《うっぷん》を晴らさせることこそがメロドラマの効用にほかならない。

人が殺害され犯罪が繰り広げられる芝居のなかで、実在の殺人事件にふれることはほとんどない。だが、ロンドンでは、上演目を宣伝するビラ、ポスターなどは、実在の事件を報道しているブロードシートの横に貼られていたのである。これでは虚構と事実を隔てる壁も実際上はあってないようなものだ。一八四六年に上演された『ルース・マーティン――救いがたい夢想者』は明らかにマリア・マーティンと母親の夢に基づいているが、事実関係は一切無視されている。それは『赤い納屋』という続編についても当てはまることである。

だが、真のメロドラマは専門化した劇場でしか見られなかった。ヴィクトリア朝の劇場形態は二分化されていた。王宮のあるウェストエンドには勅命による正統な劇場があった。つまり王立劇場がそれにあたる。認可のもと戯曲、悲劇を舞台にのせるのだが、メロドラマが演じられることはまずなかった。宮内長官が許認可権を握っていたのである。一方、未許可の「不法な『群小』劇場」も繁盛していた。認可を受けた正統な作品の上演は禁じられていたので、こうした劇場は勢い、喜歌劇《ミュージカル》、茶番劇《バーレスク》、無言劇《パントマイム》、殺人劇などへ走ったのである。つまり相交わらない二形態の劇場が両輪となっていたといえよう。だが一八四三年、劇場法が成立し、免許さえ取得すればどのような演目でも上演できるようになったのであった。

一九世紀末、劇場は富裕者層のみを対象にして存在するものではなくなっていたが、同時代のミドルクラスの人々は劇場を下品ゆえに、軽蔑的態度をとった。とは言え、劇場支配人は劇場を安全で、尊敬すべき整然とした場であり、加えて廉価で入場できる場であると考えていた。一八四八年十一月、わが劇場の顧客は「額に汗する職工たち」であるとヴィクトリア・シアター支配人は声高に主張する——「給料からわずかばかりの額を捻出しと、いささか気取った調子で、「このすばらしい娯楽に興じ、英気を養い翌日の労働に勤《いそ》しむのだ。そして心のなかでは、それほど高くはなかった、とつぶやいているのである」と吐露している。

千名を超す観客に舞台から物語を届けるためには、メロドラマでは形式化された特別な演技力が求められた。たとえば、一九世紀に出版された演劇手引書によれば、「絶望」を表現するためには、俳優は「目をぐるぐると回転させ、時には唇をかみしめ、歯ぎしりをして……［身体］を堅くして激しく動かす。内面の苦しみをしぼり出し、苦悶のうめきを発しセリフを続けること」とある。

よって諷刺雑誌『パンチ』誌がメロドラマを演じる俳優を揶揄したのも当然といえば当然と言えようか。つまり「週二度までも殺害され、年間に親殺しを数度犯し、毎晩九時になると後悔に身を裂かれるようなことをする」のは何事か、というわけである（＊＊）。

メロドラマ脚本作家たちが物語の粗製濫造をくりかえす羽目におちいったため、話の筋は大同小異で重複するのも少なくなかった。安っぽい犯罪小説と同様、観客と同じような一般人に扮した登場人物が劇的な出来事にまきこまれてしまい、最後には勝利を収めることを示すのが、メロドラマの大きく意図するところであった。そして、さらに重要なことをロザリンド・クローンが指摘しているのだが、「腐敗が横溢する個性なき都会より、無垢、純真にあふれる田園の姿をとどめていたあの黄金時代をたえず回顧するノスタルジックな物語をメロドラマは紡ぎ出さねばならない」のであった。

安っぽい刺激を「非合法な」劇場で上演していたわけだが、娯楽としてのメロドラマは、反体制的な娯楽ではなかった。無垢な少女を誘惑する邪悪な主人には必ずや天誅が下った。劇『マリア・マーティン』では諸事実が単純化されてしまっている――マリアが生んだ不義の子供については一切言及がない。また、ウィリアム・コーダーは徹底したごろつきで、悪の化身そのものに描かれている――「みすぼらしいうえに腹黒く、醜悪で陰々滅滅とした下卑た野郎だ」、と。交わされる対話は直截的である――たとえばマリアが命乞いをすると、「駄目だ、……無駄だ。計画を実行するのみ。早く血がみたい」とウィリアムは応えている。脚本のト書きは以前に述べたような指示となっている――ウィリアムは「もう一度身体をナイフで刺そうとした。マリアはウィリアムの首にすがろうとする。ウィリアムはマリアを押し倒し突き刺す。マリアは悲鳴をあげて倒れる。幕が降りるまでウィリアムは身動きしない」、と。

観客の感情は高揚し絶妙のオーケストラがさらなる高みへと導いていく。異なる台本には音楽の指示が与えられている――マリアが納屋へ着く前、ウィリアム・コーダーが死体を埋める穴を掘っている場面では「悪漢にふさわしい音楽」が奏でられる。またマリアが命乞いをする場面では「不吉な音に満ちた弦楽器」を演奏すること、殺害される最終場面では「雷鳴と稲妻」をとどろかせること、等々と細かく指定されていた。

一八六七年の上演記録によれば、メロドラマのなかに登場する殺人の瞬間は観客の要望により、時には繰り返されることさえあった。俳優「ブリックス」は殺害されるのが十八番であったという。ブリックスは見事な芸でもって息を引きとるところを、あたかもスローモーションで撮るかのように演じてみせたのである。

> 感きわまった観客たちは万雷の拍手でブリックスをつつみ、熱演に引きこまれた観客のひとりが思わず座席の上に立つと……あらんかぎりの大声をふりしぼり、「ブリックスよ、もう一度死んでくれ！」と叫んだ。たちまち他の観客も賛同し、万感きわまったブリックスは立ち上がり、みごとに「もう一度、死んでみせた」のであった（トマス・ライト『労働者階級の風習と習慣』［一八六七］）。

こうした記述からすると観客と舞台はみごとに「一体化」している。優れたメロドラマは観客全員から感情を引き出そうとする。現代に相当する同じような催し物を求めれば、サッカーかロック・コンサートくらいだろうか。つまり演劇自体は入場料のごく一部でしかない。観客が代価を支払っているのは抑えがたい情感を身体全体で味わい、またそれを放出できる機会に対してなのである。劇『オリヴァー・ツイスト』のなかで、ビル・サイクスがナンシーを殺害する場面で起きた舞台と観客の一体感を、ひとりの観客はよく記憶していた――

> ナンシーは舞台狭しと、髪の毛をひっぱられ、ひきずりまわされていた。この動作を止めてサイクスは観客

（＊＊）劇場へ頻繁に通ったチャールズ・ディケンズは、メロドラマの俳優が発するわざとらしいセリフ回しに注目している――「奴をあ‐や‐め‐たので恐ろしくてふ‐る‐えが止まらない！……乞食に身を落とし、放浪生活をしている。でも、この方、は‐ん‐ざ‐いでこの手を汚したことなどない」、と。

席を見上げた……恐怖があふれる大声にサイクスはいつも応えてくれるのだ。それはヘンデル・フェスティバルでわき起こる全観客がふりしぼる声と似ていなくもなかった。……現代のアナキストが発明したダイナマイト、ベドラム精神病院の耳をつんざく悲鳴でも、これほどの起爆力はなかったであろう。

実在の殺人事件が舞台にかけられるのに宮内長官は困惑を隠せなかった。一八六二年、「実際に起きた殺人事件を舞台で演じるのは望ましくない」と、長官は危惧していた。それは「世の大衆に病的感情を植えつけ、邪悪さを助長させる」からであった。

ところが宮内長官の見解は誤っていた。メロドラマ公演は犯罪を支持するどころか、犯罪そのものを憎む糸口を観客に与えていたのである。悪が滅びる結末に観客は満足し、もうこれで大丈夫だと安心感に胸をふくらませながら劇場をあとにしたからであった。

だが一八六二年、メロドラマは衰退の一途をたどりだした、という宮内長官の指摘は正鵠を射ていた。大胆なだけで繊細さが微塵もうかがえない演劇と、人々の好みとが乖離していったのである。劇場の構造に変化が起きたのにも要因の一端を求めることができよう。かつて観客は平土間に腰をおろしていたが椅子に座るようになった。また以前よりも照明が暗くなり、(かつてはありえなかったが)観客は静粛にするように求められたのである。仕事夜九時になると入場料が半額になる制度も廃止された。メロドラマはこの時刻に上演されていたのである。仕事の都合上、それより以前には観客は劇場へ足を向けることができず、だからと言って倍の入場料を払えるほど余裕があったわけではない。とどのつまり、メロドラマに手が届かなくなってしまったのである。

以後、メロドラマに熱狂していた労働者層と劇場との縁は断絶してしまった。そして劇場の観客はミドルクラスの人々が占めるようになっていった。上演中でも喫煙ができ、飲酒や食事も摂れるような新しい娯楽が出現し、観客を集めるようになった。つまりメロドラマはミュージック・ホールへと代替わりしていったのであった。だが、そこで殺人事件が演目に加わることはもう二度となかったのである。

第10章　バーモンジー殺人事件

「フレデリック・マニング夫妻の
運命の朝を思い
男性よ、戒めとせよ
女性よ、徳をもって生きよ」
（フレデリック・マニング夫妻の処刑場で歌われたバラッド）

ヴィクトリア朝における一連の殺人事件のなかで最初の絶頂期は、一八四九年にめぐってくる。世に「バーモンジーの恐怖」として知られる殺人事件こそ「魅惑的な」殺人が放つきらびやかさをことごとく備えていた。そして本殺人事件は、群がる大衆の前で絞首刑を見せ物にする最後の一例となったのであった。

一八四九年、酷暑のロンドンを襲ったコレラ禍に比べれば三角関係のもつれから起きた、下卑た殺人など物の数ではない。九月にはこの疫病が猖獗《しょうけつ》をきわめ、ロンドン市民が一万人以上も犠牲になっているが、そうした死者のなかにマニング夫妻が犯した殺人事件で証言する予定であった証人二人も含まれていたのである。

だがこの殺人事件の詳細をつまびらかにしていくことで、人々は疫病の脅威への不安を紛らわせようとし、英国全国民が本事件に釘づけになった。諷刺雑誌『パンチ』（一八四九年九月）は「この殺人が起きるや、文明の頂に君臨し洗練された、人徳あふれるロンドンがバーモンジー殺人事件の汚らわしさに染められてしまった」と嘆いた。コレラはいつ何時、誰に襲いかかるか分からない。殺人事件よりもはるかに戦慄をおぼえる恐怖であった。だが、少なくとも、台所の床下に埋められるような憂き目に遭うのは、マニング夫妻のように不道徳で人間の名に値しないような人物だけだと考えることで、世人はなにやら安堵の感をおぼえたのであった。

この殺人事件には魅力的な役者がそろっていた。（夫は妻がすべてをやったと詰《なじ》ったのであるが）夫と妻が力を合わせて、つまり共犯で人を殺したのである。妻マリアは驚嘆すべき行動を示し、その急転ぶりや、マクベス夫人の再来だと喧伝された。

かの女性殺人者はスイス生まれで、マリーと名のっていたが、後に英語読みをしてマリアというようになった。公爵夫人につかえるレディ・メイドとなり上流階級の生活に身をおき、諸国漫遊をくりかえし、壮大なカントリーハウスで女主人とともに同居した。こうした上流階級での生活がミステリーの誘因となっていったのである。また女主人が着捨てた衣服はマリアの衣裳棚に壮麗さを添えた――逮捕後、ペチコート十一枚、ガウン九着、ストッキング二十八組、下着七組、小鹿皮の手袋九組が残されていたという。そして召使いにしては身分には不相応な衣服を身にまとっていたのである。とりわけ彼女の体型を際立たせる黒サテンのガウンは、人目を惹きつけて離すことがなかった。

やがてマリアは年上で金満家のジョゼフ・オコーナーと結婚したいと願った。オコーナーは人に金を貸して蓄財し、税官吏として働いていた港湾で巧妙に商売の手を広げていたのである。ただオコーナーはマリアを弄《もてあそ》んだだけで妻にむかえる意思などはなかった。そこで夫として意識はしていなかったフレデリック・マニングへとマリアは乗りかえるようになる。フレデリックはかつて鉄道保安員で、失職後、居酒屋を経営するも失敗した。マリアは針子で家族を支える羽目になり、結婚を悔いるようになる。マニング夫妻はミドルクラスにおける底辺の生活を踏んばり、何とかして世間の目をしのごうとしたが、そうした努力もやがて尽きようとしていたのである。

だが一方で、金満家オコーナーとの縁が完全に切れていた訳ではなかった。男二人はマリアの関心を買おうと鎬《しのぎ》を削り、オコーナーはマニング家に足繁く通っていた。そして二人の家庭であるバーモンジー、ミニヴァー・プレイス三番地が現場となる。つもる殺意はふくれあがった。八月九日、マニング家でロースト・チキンの夕食をすませたオコーナーは宿舎にしていた場所へ戻らなかった。マニング夫妻は銃でオコーナーを撃ち、頭部を事切れるまで撲《なぐ》った。警察検視官によれば、鑿《かなてこ》で十七回も打ち抜かれていたという。オコーナーの死体は腐敗をはやく進めるべく、生石灰でおおわれ、台所の暖炉近くの石板の下に埋められた。死体が発見されるといともたやすくオコーナー自身だと判明した。口のなかに残っていた義歯を歯科医がオコーナーのものに間違いないと断定したからである。だからマニング夫妻はつくづく不器用な殺人者であると言わねばなるまい。

さて、事が露見するや、マニング夫妻の間で軋轢《あつれき》が生じた。逃走した二人は別々の道をたどる。沈着で冷静なマリアはオコーナーの家へとって帰り、債券を盗み、さらに夫と自分との共有財産も持ち出して、列車へ飛び乗り、エジンバラへ逃亡した。他方、フレデリックはチャネル諸島のジャージー島へ逃げたのである。

ロンドン警視庁が捜査にのりだし、早期解決したため、大いに面目をほどこした。オコーナーの失踪後、警官二人がミニヴァー・プレイス三番地へと急いだ。警官たちが家のなかへ踏み込むと蛻《もぬけ》の殻であった。つまり「巣は見つけたのだが鳥は飛び立った」状態であった。ところが台所に異変を感じ掘り起こしたところ、オコーナーの死体が出てきたというわけである。遺体は青白く変色し、腐敗が進みだしたところであった。

警官の上司たちが犯人二人の跡を追った。マリアは荷物を別送して足どりをくらまそうとしたが、警察はその手には乗らなかった。エジンバラ行き列車に乗り込むマリアをユーストン駅まで送ったタクシー運転手をたちどころにつき止めたからである。スミス夫人という偽名を使い午前六時十五分発のエジンバラ行き列車の人となっていた。ロンドン警視庁はエジンバラ警察の警視に電信を送り、容疑者確保を要請したのであった。

株式取引場で盗んだ株券を現金化しようとした際、たちどころにマリアへ疑惑の目が向けられた。グラスゴー在住であると主張したが外国アクセントを隠せなかった。時たたずロンドンへ照会された電信は、殺人容疑者の特徴がことごとく一致したことを裏づけたのである。電信の威力により事件は効率よくかつ迅速に解決した。まさに情報技術発達の賜物であった。四十年前のラトクリフ街道殺人事件とまさに好対照と言えよう。

妻が逮捕されたとき、不幸なマリアの亭主はジャージー島で落ち込んで酒をあおるばかりであった。逮捕されロンドンへ送還された。「あの卑劣漢は捕まったか？　……すべてあいつが悪いのであり、この私は潔白だ」というのが、吐いた最初の言葉であった（フレデリックのことをこのように一流新聞が伝えているが、「卑劣漢」よりもおぞましい言葉を口にしたであろうと思われる）。ロンドンへ送還されるとき、下車予定のウォータールー駅より一駅手前のヴォクソール駅で降りた。殺人犯をひと目見ようと詰めかけた大群衆を避けるためであった。

『タイムズ』紙には七十二もの違った話がこの殺人事件については報道された。また公判中、女性らしからぬ振る舞いでマリアは世間をにぎわしたのである。殺人だけでなく金品を奪い、夫を二重にも裏切っていたのであったから。つまり殺人、窃盗といった法にそむく「犯罪」のほかに、「違法行為以外の罪」をも犯していたことになる。法廷では冷血無比そのもので取りすました様子をつらぬいた――「彫像のように瞬きひとつせず、二十四時間、夫へは一瞥もくれようとはしなかった」のである。傍聴人はそうした振る舞いに立腹し、記録には「いささかの感情ものぞかせない」と認められている。

やがて判決が下ると、夫フレデリックは法廷で願い出る最後の哀訴をもらそうとはしなかった。だが、好機と見たマリアは法制度をはじめ判事そして英国民に対し、罵詈雑言の限りをつくしたのであった。ひときわ人目を惹いた服装――「喉もとまできちんと止めた黒い服」――も男まさりの女性という印象をぬぐいがたいものにしただけであった。「イスラエルの放埒な王妃イザベル」とか「バーモンジーのマクベス夫人」などと噂されたマリアであったが、性的奔放さが悪名をゆるがないものにしたようだ。二人の男と同衾し、あまつさえ同時期に関係を結んだため、男性殺人者よりも極悪に見えた。夫側の弁護士は、「徳のうえで女性は男性よりも高見に立てる、とは歴史の教えだが、悪徳に身をそめてしまうと、どうやら男よりも留まるところを知らないようだ」といみじくも指摘している。

ヴィクトリア女王の治世のもと、品性、高潔さ、慈悲という価値観がことごとく重視されてはいたが、どうやらマリアはこれらすべてから逸脱したようだ。

ホースモンガー・レイン監獄の屋上で、マニング夫妻の同時処刑が執り行われたが、それは一九世紀最大の呼び物となった。死刑執行の十一月十三日の三日前から、ほぼ三万人にも上る見物人がつめかけると予想され、付近の道路は封鎖され、バリケードがはられたのである。治安維持のため五百人もの警官が動員された。

公開処刑に出掛けるのと、劇場で悲劇を鑑賞するのと何ら差はなかった。群衆ばかりか、飲食店は懐に余裕がある人々に提供する席まで設けたのである。刑場近くの家屋所有者は、一望できる窓のそばに椅子を設置したばかりか、一人でも多く収容しようとして立ち見台を増設したほどである。同時代の記録では、公開処刑に詰めかけた群衆を、低俗な下級階層の者たちばかりであったと強調している。だが、実際には多くのミドルクラスの人々、いや貴族までもが見物を楽しんでいた事実を上品ぶった時評家は削除してしまっている。

処刑場でブロードサイドを手にした販売人は、まるで芝居のプログラムを売るように、大声でブロードサイドの名称を連呼する（＊）。期待に胸をふくらませ、プログラムを手にした群衆が参集しだすと、必然的に語りが続き、絞首刑が実施される――死刑囚がおごそかに絞首台へと登っていく。胸をさわがせずにおられない最後の言葉、悲痛の声が発せられ、やがて死が近づいてくるとサスペンスは一気にもりあがってくる。一度で身体が上手く落下するか、否かを群衆は固唾をのんで見守る。やがて身体がぶら下がり大団円をむかえるのである。

マリア・マニングは半ば芝居がかった振る舞いで、観客を失望させなかった。女性らしからぬ自信をみなぎらせ、最後まで嘲笑《あざわら》っているかのようであった。（真偽は別にして）伝えられるところでは、最後の盛装として真新しい絹のストッキングを着用したいと主張したという。運命が逆転する最後の場でもマリアは「自らの運命に向かってしっかりした揺るぎなき足どりで歩を進めていった」という。それに対して夫は「両足とも萎えてしまいよろめき」歩けず、二人の看守の手を煩わさねばならなかった。

マリアの死の光景はその場に居合わせた多くの人々にぬぐいがたき印象を与えたようだ。その場にいた小説家チャールズ・ディケンズによれば、マリアの遺体は「コルセットをしっかりと着付けているためくずれず、また左右にゆっくりと揺れても整った外観はいささかも変わらなかった」という。マリアは人々の想像のなかに宿り、ディケンズの小説『荒涼館』では殺人をおかす奥方付き侍女オルタンスとして登場している。オルタンスはマリアに負けないほど厄介で、とげとげしい性格だが、雇主デッドロック夫人の秘密を暴くべく弁護士タルキングホーンを手助けする。「オルタンス嬢は狂っているとしかいいようがない。そうでなければ、何を欲しているのか、何を考えているのか理解不可能だ」とタルキングホーンは言う。そしてオルタンスを解雇し、別の職業すら与えようとしないタルキングホーンの態度を見て、オルタンスは射殺してしまい、デッドロック夫人に殺人の罪をかぶせようとする。

マリア同様、恐怖、社会的無秩序、未知などをオルタンスは表象している。『荒涼館』の語り手エスター・サマソンはオルタンスを、「恐怖政治下のパリ街頭から抜け出てきて、私の前に現れた女性」とみなし、さらに不穏当なことに、どうやら同性愛者であり、男性の性支配が及ばない存在として暗示されているようだ。またディケンズはオルタンスを「狡猾な口」をもつ野獣として描き、雌虎のようにあえぎ、うろつき、「馴致されていない雌狼」の化身そのものであった。（オルタンスに殺められた者は「雌キツネそのものだ」と罵っている）。オルタンスはディケンズが描いた成熟した大人の女性のひとりであり、同じ屋根の下に住む信頼するにたる召使いでも殺人鬼に変貌してしまいかねないというミドルクラスの恐怖心を体現した存在なのである。

マリア・マニングもまた蠟人形となって永遠の生命を得たようだ。マダム・タッソー蠟人形館では、マリアは「絹の服に身をつつんで立ちつくし、六ペンス硬貨が絶えまなく捧げられるほど美しい存在」であると『パンチ』誌は讃えている。さらに展示から放たれる不道徳の毒気は、「恐怖の館から滲み出て、ベーカー・ストリートを飛び越えロンドンの隅々まで浸潤していく」かのようである、と筆を進めている。背徳行為にもかかわらず、と言うべきか、背徳行為ゆえであるのか、マリアの蠟人形は「不朽の名声」をえた像となり、一世紀以上も間断なく展示されている。一九七〇年代、私は初めてこの蠟人形館を訪れたが、すでにマリアは立っていた。さらに細部にいたるまでみごとに再現された、バーモンジーの殺害現場であるマニング家の台所までも展示されていたのであった。

（＊）一八六六年、ロンドン警視庁の捜査官が絞首刑と芝居の類縁性を明確にしている――「劇場やそれ以外の場所でも群衆によくまぎれ込む」ことこそが仕事である……、「舞台を見上げる視線も処刑を見守る視線も何ら変わりはないように思えてくる」、と。

マリア・マニングの像は有名な黒い絹ドレスを着て、マダム・タッソーの蠟人形館に収蔵されている。

これまで瞥見してきたように、マニング夫妻公開処刑に並々ならぬ関心を抱いたディケンズは、処刑を見物するために部屋を借り、友人たちを招き、軽食まで用意した。だが、処刑はディケンズに不快なわだかまりを残し、ディケンズを公開処刑反対論者へと変貌させていく。ディケンズによれば、血に飢えた群集は粗野で恐ろしく、驚くべき「邪悪さと軽率さ」がにじみ出ているという。

マニング夫妻の公開処刑に臨んだディケンズは、その翌日に公開処刑に反対する旨を認め、『タイムズ』紙へ投稿している――

泥棒、下卑た売春婦、悪漢、やくざ者などがことごとく処刑場へ参集し、野卑な狼藉をはばかるところなく繰り広げている。喧嘩がたえず、卒倒する人間もあとをたたない。警笛が耳をつんざき、人形芝居『パンチ』の暴力沙汰が起こったのかと思うほど、耳を覆いたくなるジョークがあふれていた。女性たちが気を失い、服も乱れたまま群集から警官の手で引きずり出されていくと下品な歓声が一斉に沸き上がり、この乱痴気騒ぎが一層盛り上がるのだ。（一八四九年十一月十四日付）

ディケンズ自身の見解は以下のように要約されるだろう――

人々の好奇心を惹いてやまない二人の惨めな身体が空中に揺れたとき、何ひとつ情感や憐れみなど起きず、またふたつの魂が天に召されたという思いすらなく、自制のかけらもなかった。まるでこの世でキリストの御名など、一度も耳にしたことがないかのようであった。

即座にディケンズは公開処刑反対運動に向けて立ちあがった。だが、すでに「公開」処刑そのものは下火になっていた。つまりマニング夫妻処刑に大衆が集まってきたのも公開処刑の珍しさにひかれるところ大であったのだ。

一八二三年以後、変革は避けがたいものとなり、「血の法」として今日では知られている一連の法律が廃止されていった。一八〇〇年までは、死刑に処せられる罰が二百種類以上にわたって取り決められていた。その多くは一八世紀の間に法案化された財産に対する犯罪に対処する法律が主であった――たとえばわずか十二ペンス相当の品物でも盗めば絞首刑に処せられる、というように。

「死刑法」が成立したのは一八二三年であるが、この法により死刑の数は著しく減っていった。死刑に相当する犯罪が反逆罪、殺人に限定されたからである。代りに財産法を犯した者は流刑に処されるようになった。こうした法の推移を、歴史学者は法制定者の精神構造が人道主義に帰結したゆえ、とみなしてきた。だが歴史家V・A・C・ガーテルは感傷的すぎるとして、こうした論を一蹴し、絞首刑の膨大な数に法が対処しきれず、減刑することで然るべき正義を再び機能させていったのである、と反駁している。

いずれにせよ、絞首刑数が減少していくと、処刑の対象とされる犯罪に変化が生じてきた。一八世紀にはごく一般人でも絞首刑に付されていた。つまりわずかな金額の物品を出来心で盗み、運悪く捕まったような人がそれに該当する。だから誰もが罪人になる可能性があったわけである。どのような人間にも罪を犯してしまう弱点がひそんでいるものだ。そこで「愛すべき盗賊」、「ロビン・フッド」、義賊などがジョージ朝の文化を彩るようになってくるのである。

ところが一八二三年以降、絞首刑に処せられるのは極悪人だけとなった。処刑される人間はぬぐいがたい悪が巣くっており、処刑を見物する人間とは根本的に異質な人間であるとみなされたわけである。一般人とは相容れない、対極的な他者性こそ、トマス・ド・クインシーが想定した華やかで魅いられてしまう殺人の要諦にほかならない。

常に世論の指標であり続けたディケンズは一八四九年に公開処刑反対運動の声をあげた時も世論の声を反映していた。つまり、ディケンズが公開処刑を不快に思うようになると、ディケンズの膨大な読者も右へならえ、というわけだ。自らを教養人と疑わない人々は、もはや罪人の処刑に立ち会いたいとは思わなくなっていた。こうした人々は処罰を適切に遂行してくれる機関に信頼を寄せはじめていた。

法の整備には時間を要したが、ついに変革の波が押し寄せ、一八六八年に行われた公開処刑が最後のものとなった。死刑は依然として存続していたが、非公開のかたちで監獄内において執行されるようになった。そしてこうした変遷こそが、古典的探偵小説が出現するための苗床となったのである。メロドラマ、「ペニー・ブラッド」という扇情的な小説とは異なり、探偵小説は懲罰など関心の外で、犯罪の「解決」という一点のみに集中していったのであった。

殺人者、殺人者を追う探偵、その過程を虚構化していく作家——これら三者が力を合わせ新たな形を生み出そうとしていたのである。

第Ⅱ部

探偵、登場す

第11章　ミドルクラスの殺人者と医師

「毒殺者に呪いあれ。伝統的で誠実な喉を掻き切る殺人のやり方を遵守できないものだろうか」
（トマス・ド・クインシー『芸術作品として見た殺人』）

ラトクリフ街道殺人事件はロンドン造船所の高い壁の下で起こり、マニング夫妻はコレラが蔓延するスラムの街バーモンジーに住んでいた。ラトクリフ街道殺人事件の主犯ジョン・ウィリアムズは船乗りで、「赤い納屋」殺人事件の被害者マリア・マーティンはネズミ捕獲人の娘であった。この二人が上流社会と接触することなどありえなかった。本書の第一部で取り上げた事件、登場人物は、優雅な屋敷が立ち並ぶウェスト・エンドから遠く離れた危害など及びようがない、世界に属していた。だが一九世紀初頭の「偉大な」殺人者たちが、身の毛もよだつような殺人趣味を読者に植えつけるのに成功すると、殺人事件を愉しむ風潮が次第に上層階級にも受け容れられていった。つまりヴィクトリア朝の殺人事件はミドルクラスが享受する娯楽の一環と化し、社会的尊敬を集める家庭という平和な天国の中心で、現実にせよ、架空にせよ、容認されるようになっていったのである。
確認できる限りにおいて、一九世紀後半の殺人率は再び下降をたどりはじめた。すなわち、一八六〇年代では、十万人につき、一・七人の割で殺人が起きていたが、一八九〇年代になると一人までに下った。犯罪のほとんどは貧困にあえぎ自暴自棄になった者が犯したもので、強盗をくりかえすのは若者と相場が決まっていた。だが、ジャーナリストや作家は、裕福な家庭での殺人により強い興味を持つようになっていく。「刺す」、「棍棒で打つ」、「喉をかき切る」などのどぎつい言葉が耳目から離れていき、「精神錯乱」、「重婚」、「毒薬」といった言葉がより多く耳に入るようになってきた。殺人手段として選ばれたのは、ヴィクトリア朝の家庭ならばどこにでも見出せる品であった――砒素である。
ワシントン医科大学名誉教授で薬学史専攻のジェイムズ・ホートンは、砒素を嚥下した死亡率について次のように言及している。

（通常三十分から六十分で消化されると）胃、食道が激しく燃える痛みが襲い、何時間も強烈な嘔吐と下痢をくりかえす。砒素毒は心臓と内臓を最後に犯し、半日か一日後、死に至る。一八〇〇年代の統計によれば砒素中毒におかされた者のほぼ半数が死亡している。（『毒の世紀』〔二〇一二〕）

ヴィクトリア朝の人々の健康には有害であっても、砒素は有益な化合物として役立つ側面もあった。殺鼠剤、緑の壁紙の染色剤、そして一九世紀半ばのファッションを明るく染め上げる染色剤として用いられたからである。自宅寝室の壁紙から発散される砒素の毒気を吸い込み、知らず知らずのうちに住人が衰弱していくこともあった。こうした場合、病人が海岸へ転地すると、毒気を吸わずにすむので、症状が好転した。

また砒素は手軽に入手可能であった。一八二九年、砒素中毒を研究している毒物学者が述べているように、「簡便なうえに英国では野卑な下層者でも調達できるがゆえに、殺人をおかす目的で最も選択されたのはこの砒素であった」。無臭ですぐに食物、飲料に溶けたからである。フランスでは砒素は「身体に内在するもの」として知られ、一八三六年まで死体から砒素を検知するのは不可能であった。また症状たるやコレラと酷似していたからである。

だが同年、科学者ジェイムズ・マーシュ（一七九四‐一八四六）は雑誌『エジンバラ・ニュー・フィロソフィカル・ジャーナル』誌上に「混合物からの砒素抽出法」と題する論文を掲載した。これが砒素検出法というべき「マーシュ・テスト」（訳注1）であり、当該論文は広く、深い影響力をなげかけた。この発見はもの言わぬ静かな殺人鬼に対する人々の認知を深めることになった。

一八四〇年代は毒殺という新しい恐怖でいろどられた十年間であった。ディケンズが編纂した雑誌『ハウスホールド・ワーズ』によれば、一八三九年から一八四九年まで二百四十九名もの人間が毒殺されたが、殺人罪に問われたのはわずか八十五人でしかなかった。毒殺はどんな疫病よりも恐ろしい「道徳的な伝染病」であると雑誌『薬学ジャーナル』は訴え、『タイムズ』紙は毒殺犠牲者の多くが医師に一顧だにされなかったと認め、ある記者は毒殺の恐怖にふれ、「家庭の反逆者」の存在を暗示しつつ、毒殺者は婚約者、友人、医者の笑顔をよそおいながら近づいてくる、と警告を発した。

砒素の大量投与は人を殺める残忍なやり方であったが、マーシュ・テストが確立すると、死体の検査から殺人者が同定できるまでになった。そこで使用法に工夫をこらし、一滴ずつ砒素を投薬し、徐々に衰弱させていき、とどめの一滴を加えても何ら疑われないという、より高度な方法がとられるようになった。つまり『薬学ジャーナル』によれば、「大量の砒素投入というぎこちない殺害方法」よりも適量で徐々に毒殺していく、まさに「科学的殺人」が編み出されたのである。

ヴィクトリア朝において、最も多くの人間を殺めた毒殺者のひとりにメアリ・アン・コットン（一八三二 - 七三）がいる。三人の夫、十五人の子供、義理の子供、一人の同居人すべてを毒殺したという。殺人動機として、被害者の名前で掛けられた保険金受領を指摘できる。ある子供が亡くなったとき、医者にかけつけず先に保険会社を訪ねてしまい、殺人疑惑が生じたのである。有罪に問われ、一八七三年三月二十四日、ダラム監獄で絞首刑に処せられた。

（確固たる証拠がなかったにせよ）、一般大衆は生命保険業が盛業をきわめているのと、砒素の売り上げとが密接に比例しているとかたくなに信じていた。こうした懸念が深まった結果、一八五〇年、三歳以下の子供に三ポンド以上の保険金を掛けることを不可能にする法案が国会で議決されたのである。

だが、一九世紀で最も悪名をはせた毒殺者は、スタフォードシャー、ラグリーのウィリアム・パーマー（一八二四 - 五六）であった。富裕層の新聞読者が震えあがったのは、自分がいつ犠牲者になるかもしれないという恐怖心が芽生えたからであった。と言うのもパーマーは医者を職業としていたからである。そう言えば最低でも二百十五人を殺害した二〇世紀のハロルド・シップマン（一九四六 - 二〇〇四）もまた医師であった。

一八二四年、スタフォードシャーで生まれたパーマーはリヴァプールで薬剤師の徒弟となり、ロンドンで医学研修し、一八四六年、イングランド王立医師会から医師免許を交付された。その後、故郷ラグリーに戻り開業した。パーマーは医師の収入で何とか生計を立てようとしたが家庭生活では不幸の連続にみまわれていた。結婚すると義母と同居をはじめたが、その母親が不自然なかたちで亡くなり、パーマー自身の子供四人も次々と「痙攣を起こして」死んでいった。当時、幼児の死亡はごくありきたりであったため、最初四人の死は不自然視されなかった。だが、二十七歳の妻が息を引きとると、パーマーは近親者を次々と殺していったのではないかと疑惑視された。自分の妻には一万三千ポンドもの保険金をかけていたからである。

さらにパーマーはアルコール依存症の弟に生命保険をかけようとしたため、この一連の行為には疑惑を招くところとなった。保険会社はディケンズの友人で小説『荒涼館』に登場する探偵バケットのモデルであった、ロンドン警視庁のフィールド警部を雇い事の真相を確かめるべくラグリーへ派遣した（ロンドン警視庁の探偵は費用を出せば私立探偵として雇用できたのである）。パーマーが死ぬまで弟に酒を飲ませていたことをかぎつけたフィールドは、保険会社に対して保険金を払わなくてよいと提言した。やがてパーマーはメイドと関係し私生児をもうけ、生活の歯車は音を立てて狂いだした。

パーマーが企てた、友人ジョゼフ・パーソンズ・クック殺害の最後の筋書き通りに事がうまく運んでいれば、保険金を入手していたかもしれない。クックは金には不自由してはいなかったが意志薄弱な若者であり、パーマーの賭博仲間でもあった。一八五五年十一月十四日、競馬で持ち馬が優勝すると、クックの手元には三千ポンドもの大金がころがり込んできた。だが、勝利を祝ったのも束の間、気分がすぐれず「あのパーマーの野郎に一服もられた」ともらすようになった。ラグリーにある旅籠「タルボット・アームズ」へ運び込まれ、体力回復につとめた。幸いにも旅籠はパーマーの診療所の前に位置していたため、クックの友人にして医師であるパーマーは治療に手をかすところとなった。しかし、クックはパーマーが所用でロンドンへ行っている間のみ、わずかに小康をえただけであっ

ラグリーの毒殺魔ウィリアム・パーマー医師

た。
　パーマーがラグリーへ戻ってくるとクックも再び悪化しだした。主治医パーマーの手でブランディ、コーヒー、スープなどの飲み物をほどこされた直後に限りクックの健康は衰えていった（親しい友人に酒をすすめるときに使う英語の新しい口語表現「酒［毒《ポイズン》］は何にするかね？」を加えた人物であるとパーマーは目されているが、残念ながら表現の初出例はパーマーの死後かなり後になっている）。哀れなクックは嘔吐をくりかえしもだえ苦しみながら、事切れた。断末魔の苦しみが全身痙攣となって襲った。

　後に判明したことではあるが、パーマーはストリキニーネもよく購入していた。もっともパーマーに薬を売った薬剤師の二人は法律で義務づけられていたにもかかわらず、店にそなえていた「毒薬管理簿」に販売記録を残していなかったという。さらにパーマーは医師たる立場を最大限に利用した。クックが今際の苦しみのなかで、毒をもったのはパーマーだと訴えても、医師の権限でもって検死に立ち会うことすらできたのである。

　捜査は最初から最後まで不備がつきまとっていた。まず検視官助手チャールズ・ニュートンは酩酊状態にあり、パーマーは現場の混乱に乗じクックの胃を取り出そうとしていた担当者にぶつかり、胃の内容物を床にこぼしてしまった。加えてパーマーはロンドンへ列車で胃を運搬する検視官を賄賂で買収し、胃を紛失させようとさえした。クックの胃が病理検査のためロンドンに到着した時、胃を収納した瓶には手が加わっている痕跡が見つかった。瓶の封が切り開かれていたからである。パーマーはクックの死を自然死とするように、検視官へ懇願状を送りつけたが、封書のなかには十ポンドの現金が賄賂として同封されていた。

　パーマーの裁判ですべてが明らかになり、事件は世間の注目と人々の熱気につつまれた。「一九世紀における最大にして最長の、かつ無視できない犯罪裁判」と司法雑誌『ロー・タイムズ』は本事件を呼称した。この裁判により、世間の人々は、毒は容易に入手でき、毒殺者はつねに偏在しているという思いを新にした。そして科学分析官という医学専門家がにわかに注目されるところとなった。

検察当局はパーマーの毒物使用を明らかにしようとした。専門家の膨大な証言が法廷で開陳され、証拠として採用されたかと思えば、また不採用となった。こうした専門家の陳述は一般読者には無縁の話であったが、事件を書きたてた新聞をこぞって求め、むさぼり読んだのである。「科学分析官」の挿絵が新聞、雑誌を飾り、分析方法が逐語的に再現され、英国中が朝食のテーブルではその話題に熱中したという。

早くも一八世紀には毒物学の「専門家による証言」が法廷で述べられていたと言うが、殺人事件に科学専門家が威力を発揮するようになったのは砒素に対するマーシュ・テストを嚆矢とする。検査法が確立した一八三六年以後、検査は検視官ではなく有資格の科学者の手にゆだねられるようになっていった。それは検査自体が危険をはらんでいたからである。事実一九〇〇年まで、八人もの科学者が、検査中に蒸発気体を吸い込み亡くなっている。過熱する報道合戦のさなか、ロンドンのガイ病院のアルフレッド・スウェイン・テイラー（一八〇六 - 八〇）、ブリストルのセント・ピーターズ病院のウィリアム・ヘラパス（一七九六 - 一八六八）などの毒物学者が注目をあびる職業の新しい顔となったのである。

こうした医学界の星「メディカル・ジェントルマン」は野心に満ちていた――死体に証言させてみせるというわけである。彼らは検査室で死体から目に見えぬ証拠を読み取って犯罪のいきさつを語らせてみせると主張した。同時代の毒物学者について、ある記者は「大量の混在した摂取物からでも微量の毒を検知できる。神秘的でさえある技をみれば一般大衆は驚嘆するであろう」と書いている。

だがパーマー事件にたえず疑念がつきまとい離れなかったのは、近代の技術者の力をもってしても、クックの胃にストリキニーネがあったことを証明できなかったからである。検察側には当代切っての毒物専門家、テイラーがいた。しかしクックの死体からはストリキニーネを検出できず、金属のアンチモンを微量見つけただけにとどまった。アンチモンには毒性があるものの、同時に多くの薬の成分にもなっていて、アンチモンが検出できても殺人には直結しない。ストリキニーネ検出は至難であった。テイラーも指摘しているように、「成分が血液中に迅速に溶け込んでしまうため、摂取後一時間たてば、現在の科学検査法では検知できない」のであった。

専門家として法廷で証言し有名人となったテイラーはまた『法医学教本』（一八四四）の著者でもあり、法知識と判決例を化学にみごとに融合させていた。他の専門家とはちがい、法廷が要求する「証拠」と医学が根拠にする「証拠」が異なることをテイラーは熟知していた。「法にもとづく法廷では、砒素が存在していて死亡原因になっているか否かのみが求められる」とテイラーは指摘し、「そこに蒼鉛《ビスマス》や鉛が混入されていて化学的にいかに興味深いものであっても、法医学には無関係なのである」とまで看破している。

パーマーの裁判では砒素検出法の先駆者ウィリアム・ヘラパスがテイラーに有力な忠言をしている。ヘラパスとテイラーはともに、地位と成功を求めてしのぎをけずる仲であったが、ヘラパスは十人の医学者を率いて弁護側に立ち、ストリキニーネを検出する過程で生じた不備を異口同音に申し立てたのであった。

ストリキニーネが証拠として検出されなかったにもかかわらず、パーマーは有罪判決を受けた。毒物の購入、文無しの経済状態、クック死後の疑惑を呼ぶ一連の行動などがパーマーに不利に働いたわけである。検察側のためにテイラー側が行った努力を補強するものとして旅籠のメイドの証言があった。メイドはクックの死際を生々しく証言した――息を引き取ろうとするとき、背骨に激痛を訴え手足を硬直させ、異様な目つきになったという。こうした一連の症状は毒物反応とことごとく一致していたからである。

一八五六年六月十四日、パーマーはスタフォード刑務所で三万人の群衆の眼前で絞首刑に処せられた。絞首台の上から審理にかかわった者たちに向い、「俺はストリキニーネでクックを毒殺していない」と冗談とも嘲罵ともとれかねない言葉をあびせたのである。果たしてパーマーは潔白を訴えているのであろうか？　はたまた他の

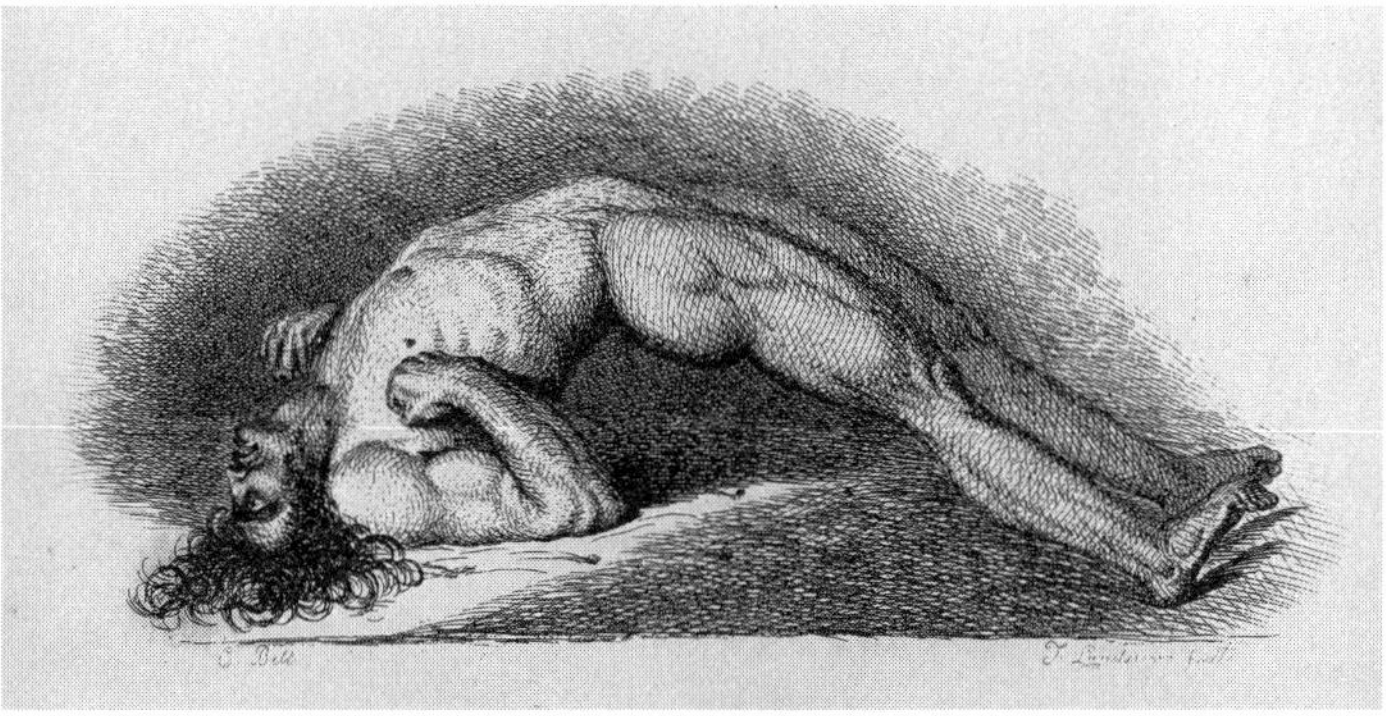

ジョゼフ・クックの死の苦悶は大いに議論された。体のそりは破傷風のせいか、ストリキニーネの毒によるものであった。

毒物を使用したと主張しているのか。実に感興そそられる瞬間である。パーマーの故郷ラグリーの住民には、地元の英雄パーマーが無罪であると信じて疑わない者が今日でもいるという。

テイラーは毒物学者との争いで勝利をおさめたかのように見えた。だが、法医学界の第一人者テイラーをもってしても、クックの死体からストリキニーネを検知できなかったため、その名声に一斑の汚点を残すところとなった。パーマーの裁判以前に出版された『法医学教本』が版を重ねると、自己の正当性を訴える一節を加筆している。後年、ヘラパスはテイラーに復讐する機会を狙っていた——一八五九年、テイラーはトマス・スメサーストという人物の裁判でありえない誤りを犯してしまった。テイラーは一種類の砒素検出しかせず慢心してしまい、数種類の検査を試みて結果を出すべきであったのにしなかったからである。ヘラパスは『タイムズ』紙に投稿してテイラーの「不手際」を難詰し、「どんな有能な化学者」でも「このような分析では砒素を検出できるわけがない」となじった。尊敬すべき科学者たちが誹謗中傷し合うのは心ふさがれることかもしれない。しかし、こうした相克こそ、科学をいかに考究し、異なる手段で真理を見きわめようとする不断の試みの一面であるのを忘れてはならないであろう。

歴史家イアン・バーニーによれば、毒をもることはヴィクトリア朝大衆の想像力をふくらませていった犯罪であるという。毒殺は同時代社会の新奇な側面にうまく合致する殺害法であった。人々は親戚、友人から遠く離れて、都会で見知らぬ他人と隣り合わせに暮らすようになった。見知らぬところで、何ら感情を交えずに毒はもられる。毒殺は激情に駆られた犯罪ではなく、まさにヴィクトリア朝の特質を体現した犯行なのである――犯罪を犯す前、詳細に綿密に殺害計画を立て、よく練る、という点において。

　過去に比してヴィクトリア朝社会をはるかに至便、安楽にするのに役立った他の化学化合物と同様、毒物は自然に存在しない不可視な対象であった。ゆえに、毒検知には技倆《ぎりょう》と細心さが必要とされ、緻密な医者にしてのみ可能となった。そして毒殺者自身も同様な新取的能力をそなえていたのである。一八四〇年、検視官ウィリアム・ベーカー（一七八四‐一八五九）が発した警告に耳を傾けてみよう――「かつて粗野な時代には……犯罪の手口は大胆かつ暴力的であったが、今日では悪行は洗練され……とりわけ犯人はまず見つかる痕跡を残すことなどない」、と。

　ヴィクトリア朝の理想を体現する裕福な家庭――人々から敬仰される大邸宅に妻、召使をはべらせ――を営む父親は、ウィリアム・パーマーのような毒殺者の話にとりわけ動揺した。外観がいささか似ていたからだ。パーマーの姿はまさに典型的なイギリス人像「ジョン・ブル」と瓜ふたつであった――赤ら顔ででっぷりと肥え、腹が突き出たイギリス人の原型そのものであった。

　だが、同時にパーマーには膨大な借金があり、競馬の賭けにのめり込み、放埒でとどまるところを知らない性欲をたぎらせていた。成功した人間の内奥には人知の及ばない闇が広がっていたのであった。パーマーの頭を調べた骨相学者ウィリアム・バリー（一七九九 - 一八五六）は、殺人鬼の骨相から「その人となり」をいみじくも指摘している――「この人物は人から尊敬を集め、礼儀正しく、慈悲心さえあふれている。だが同時に胸内に秘めているものを得るにはどんな手段もいとわず、人知れずに遂行する。その行動には名誉とか真理の一片たりとも付随しない」、と。

ミドルクラスの新聞読者にとって、尊敬すべき医師ウィリアム・パーマーこそ、戦慄をもよおす新しい殺人者であり、難なく自宅の応接間へしのび寄ってくる存在にほかならなかった。ホームズの生みの親サー・アーサー・コナン・ドイル（一八五九 - 一九三〇）は自らが創造した恐怖に対して、初めて決定的な言葉を与えたのである。後年、短編「まだらの紐」（初出、一八九二）のなかでシャーロック・ホームズはパーマーに言及して、「医者が道を違えると、すぐさま犯罪人へ変貌してしまう。度胸と知識を持ち合わせているからだ」、と。

第12章　良き妻

「賃金を求めて労働にいそしむような女性を、ミドルクラスの男性が妻に選ぶなどありえない。だから私たち女性は選択肢が皆無で、家庭内で単調な仕事を繰り返すのみ。つまり永遠に無為の時間がつづき、それでいてほとんど見返りがない」（「匿名女性による寄稿文」『ナショナル・マガジン』誌［一八五七］）

夫と共犯で高利貸しを殺害したマリア・マニング事件で確認したように、どうやらヴィクトリア朝の人々は女性が殺人者に変貌するとは露ほども考えていなかったようだ。というのも、ミドルクラスの女性は純真無垢で徳が深く家族の中心的存在であり、家庭から一歩も出ることがないと考えられていた。では、殺人を犯した女性とは一体どのような存在と考えたのであろうか。つまり女性の殺人者は精神が錯乱していて感情を抑えがたく、何かひどい病におかされている存在にほかならない、というわけである。こうした抗弁がたてられたのも、なぜ殺人を阻止できなかったのかという世間の非難から、父親、夫、親戚縁者の男性たちを守るためであった。女性殺人者が常人のような外観をしていて、一般人並みの行動をするなど、ありえないことであったのだ。

では女性殺人者が世間の人々と何ら変わらず同様な行動をしていたとすれば、どのような事態が生じたというのであろうか。百年以上も遡る事件を理解し、再検討するには困難がともなうが、一九世紀後半に起きて、人口に膾炙した二、三の毒殺事件では明らかに女性が犯人として関与していた。そうした女性犯罪者は、自らが犯した殺人の罪からまぬがれることができた。明々白々な証拠があがっているというのに、女殺人者がこうした挙にでた一端には、世間の人々が無邪気な思い込みをしていたからであった——つまり良家の生まれで、世間の評判も上々である、あの魅力あふれるうら若き女性が殺人など起こすわけがない、と。

一八五七年、二十二歳になったばかりの若きレディ、マドレイン・スミスが毒殺容疑で起訴された。殺害されたピエール・エミール・ランジェリエも若かったが、ただ身分が低い階級の出であった。グラスゴーのミドルクラス上層階級の家庭に生まれ両親から溺愛されたマドレインであったが、十九歳のとき、ランジェリエと関係をもつようになった。それは、マドレインが寄宿舎学校から実家へ戻ってきていた時期であった。マドレインが属していた階級のつねとして、教育は妻になるための助走にすぎなかったのだが、多くの点で、虚偽をみがく鍛錬の場になっていたとしか思えない。寄宿舎学校では女性教官が生徒の手紙を検閲するのが慣わしであったため、女生徒たちは召使いを買収し、私信を手渡してもらうべく工作した。「隠蔽と虚偽が女学校ではまかり通っている」と『フレイザーズ・マガジン』誌は声を荒げている。「女生徒は虚栄、虚飾を身につけようとするのだが、独力では手に入らないものだから、こうしたものを得る一手段としてみなすように教育されていく」のだ。どうやらこの教訓が卒業後の人生では生かされたようだ——マドレインの人生の成否は、いかに早く婚約するか、そしてその華やかさでもって測られていたからである。

ロマンティックな名前とは裏腹にランジェリエは、マドレインの両親が望むような裕福で将来が輝く夫となりうる男ではなかった。出身はチャネル諸島のジャージー島で、フランスで一時期を過ごし、今は船会社の一店員でしかなかった。グラスゴーの友人の話によると、ランジェリエはむら気で自己の運命をいつも嘆いているような人間であった。天と地ほども身分がちがう二人が出会い得る場は公道以外にはありえず、そこは社会格差を無化する場であった。両者はすぐに意気投合し、六十通以上もの手紙が二人の間を往きかった。マドレインは両親に気づかれないようにメイドの助力を得てランジェリエのもとへ私信を送りつづけた。マドレインは独断的な性格で、事を成就するためには他人への気遣いなど眼中にはなかった。手紙を託すときも、メイドに対して「お前がつき合っている不義の相手を暴露する」と脅し、事をすすめていった。

お互い「ミミ」、「エミール」と呼びかわしながら二人は密かに逢瀬を重ね、ヴィクトリア朝女性としては超えてはならない一線をも越えるほど親密な間柄になっていく。だがマドレインのなかでは満ちたりた結婚をしなくてはならないという現実が自らの想いと対立するようになってきた。「私は経済的に恵まれた男性と結婚すべきです」とエミールにマドレインは書き送る一方で、「でも、私は愛するあなたと添い遂げたい。友人たちはこの私を見放すでしょうが、痛くも痒くもありません」ともらしていた。

こうした手紙をマドレイン側が裁判中に明らかにするとひと騒動が生じた。ミドルクラスの女性でも男性を求めセックスを楽しもうとする事実が白日のもとに露わにされたからである。一八五六年六月二十七日付のエミール宛ての手紙には「私はまぎれもなくあなたの妻になりました」と認めていたが、結婚式を挙げていなかった。「あなたとはこれほどまで親しくなってしまい、他の人との結婚などぜったいできません」と語気を強め、「神に誓って私はあなたの妻なのですから、私たちの愛は責められない。だからいかに愛し合おうとも何ら罪はありません」と自己確認するのであった。

だが、エミールは愛しきミミとはぜったいに結婚できなかった。時がたつにつれてエミールに対するミミの愛情は冷めていき、言い訳をつくろいエミールを避けるまでになっていった。こうした行為も当時の女性らしからぬことであった。やがて私のような身分の者が結婚相手にする人間ではない、とマドレインはエミールを見下すまでになっていったのである。エミールとミミの仲などまったく関知しない両親は早く結婚するようにマドレインに圧力をかけてきた。エミールとの関係がすべて両親に露見してしまうのでは、とマドレインは戦《おのの》いていた。やがてマドレインの父親の仕事仲間のひとりが最適の夫として選ばれ、結婚準備が整えられようとしていることが第三者を介して、エミールの知るところとなった。

自分が捨てた恋人が心傷つき怒り心頭に発し、自分たちの関係を洗いざらいぶちまけるのではないか、とマドレインは恐怖心にかられていた。二人の過去はそっとしておいて欲しいと乞い願う手紙がランジェリエに対して書かれた——「エミール、お願い、あなたへの愛の手紙をパパにはぜったい送らないで下さい。親子の決裂が決定的になり、家も捨て私は死ぬしかないでしょう……」と。

一八五七年三月、涙にくれ煩悶したと思われる二人だが、何度も密かに逢瀬を重ねていた。両親の家に幽閉されてしまったマドレインがエミールと言葉を交わせたのは台所の窓を通じてのみだけであった。会話を交わしながら、ミミが差し出したココアを飲んだところ、胃が逆転するようだと不調を訴え、二人が会ってから二日後にエミールは死亡した。

警察がマドレインに疑いの目を向けたのは、エミールの宿舎にあったマドレイン自筆の手紙を何通か発見したからであった。さらに警察は薬屋の毒物購入簿に「マドレイン」の名前を見つけ、二度にわたる砒素購入が判明した。もっともマドレインはネズミ除去のため、また化粧品として使用する目的で買ったと主張している。だが、実際は人生の破滅を招きかねない重大な窮地から逃れるため、あえて毒物を使用したのではなかったのか。

　マドレインの手紙が公判中に法廷で読み上げられることはなかった。良家の子女という帳《とばり》がいかにマドレインのありのままの行動の仔細を隠蔽してしまったか、今日の我々にはよく分かる。つまり「好ましくない表現、下品で繊細さを欠くような言葉遣いなどは入念かつ着実に排除された。……だから手紙が世間に公表されてマドレインの感情に波が荒立つことがないようにとの配慮があった」と推測される。

　よって社会的名声が損なわれたにせよ、マドレイン・スミスは死刑を免れた。若さを発散し、人を惹きつける魅力にあふれ、存在がロマンティックそのものであったマドレインは、世間の同情を一身に集めた。まず人を殺めるような人間には微塵もみえなかったからである。獄中の行動を伝える報道も良家の出自と無垢な人間性を伝えるばかりであった――「軽い読み物に目を通して時を過ごし、時折ピアノがないことを嘆いているようであった……」、と。頭蓋骨を測定して人間性を読み取る骨相学者もまた魅力的な人柄にふれ、マドレインが数学に強い点も強調している――「みなぎる情愛と健康的気質ゆえ、夫には最愛の配偶者となりうる人物である」と主張した。こうしたマドレインにまつわる好評価は、あの毒殺犯ウィリアム・パーマーのそれと著しく対立している。骨相学者たちも対象とする人物の頭蓋骨の形で人間性を判定せず、印象で判断を下したのではないか、とつい想像してしまうのである。

うら若く魅力的なマドレイン・スミス。その罪はいまだ「立証されていない」。

　スコットランド人陪審員は、マドレインの起訴内容を「証拠不十分」と却下した。判決が下されると法廷はどよめき、世間の同情はマドレイン一身に集った。女性のあいだでは「女傑」とまで持ちあげられ、『ノーザン・ブリティッシュ・メール』紙は女性から見たマドレイン像を伝えている——

マドレインにはいささか思慮を欠く面もありますが、暖かい心情にあふれた興味深い女性です。生まれて初めて知った愛に何をもまじえぬ心情で接し自ら選んだ相手に身を捧げた女性なのです。愛することにすべてをそそぎ込み、いささかの邪心もなく相手に尽くし抜いたのです。非難をこうむり後悔もあるでしょうが、それは同情と賞讃に値するものでしょう。

世間の目にはマドレインを誘惑したエミールこそが罪深い悪党だ、と映っていたのである。グラスゴーの商人たちは魅力的なマドレインの生活を支援するため寄付金を募ったが、新聞報道では一万ポンドもの金子が集まったという。エミール殺害容疑者にと、かくもの大金が寄せられたのである。つまり「証拠不十分」という判決は、「有罪にあらず」という意味であった。文化史家ジュディス・フランダーズが『殺人の発明』(二〇一〇)のなかで指摘しているのだが、一方、息子を亡くし生活の資を断たれた年老いたエミールの母親のもとへは人々からわずか八十九ポンドばかりの義援金が寄せられたにすぎなかったという。

何やら反抗的で危険に満ちた選択をマドレインがあえて犯した動機として、拘束ばかりで何の刺激もない、ミドルクラスの家庭生活が醸成する倦怠感をあげてみたい誘惑にかられてしまう。一九世紀の生活は二分化された世界——「公的/私的」「男性/女性」「権力を持つ者/権力を持たざる者」など——であるという考え方は、作法書、助言集から引用された言葉などに従った、いとも都合よく生み出された紋切型の考え方ととらえてもよかろう。

だが、実際にはこの二分化された世界観ははるかに複雑なものを胎胚していたのである。ヴィクトリア朝の人々の定義によれば、「労働」とは家庭の外でいそしむ活動であった。だから家事、家政へのヴィクトリア朝女性の尽力は、部外者の目からすれば労働とは言えないのも同然であった。夫の虚栄心をくすぐるため、多くの女性が必要以上に労働をしていないふりをしたのもまた事実であったのである。

看過されがちであるが、同時代の文化的土壌においては、理想の女性とは物静かで装飾品のように美しくあるべきという強烈なイメージが定着していた。そして、労働や頭脳を通して行動的に影響力を発揮するよりは、その美徳を通して道徳的感化力を及ぼすのだと考えられていた。マドレイン・スミスがこうした理想の女性像にのっとって将来を生きようとはしなかった、と断言してしまうのはいささかはばかれるものの、少なくとも曖昧な態度をとっていたようには見える。とは言え、マドレインの一命を救ったのは、この理想像にほかならなかった。

ヴィクトリア朝の女性観を隠れ蓑にして犯罪の帰結を隠蔽した、この若き女性の話は、一九世紀社会に関する固定観念をことごとく体現するでき過ぎた一例である。ヴィクトリア朝ミドルクラスの生活に絶えずつきまとう神経症や身体にまつわる不安感は二〇世紀になって生み出された考え方でしかない、と近年の歴史研究者たちは強調している。たとえば、むき出しのピアノの足を不道徳であるとみなし布でおおったという、あの有名なヴィクトリア朝神話はみごとに論破されている。また当然のことながらヴィクトリア朝の十代女性がことごとく性的に無垢であったわけではない。恵まれた環境の既婚女性についても、家事にいそしみ礼拝もおこたらず、育児に余念がなく、幸福に暮らしていた人ばかりではなかった。だからといって、女性が抑圧され逼塞《ひっそく》を余儀なくされて、感情が満たされぬままでいたとは、とうてい断言できない。マリア・マニング、マドレイン・スミスのような女性がよく想起されるのも、何が女性的なもので、何が女性的でないのか、という問い掛けがたえず同時代人に発せられたからにほかならない。

「バルムの謎」、「大邸宅の殺人」の主人公であるフローレンス・ブラヴォーは、マドレイン・スミスと比較するとはるかに好奇心をくすぐる存在であろう。若く、非の打ちどころのない美貌にめぐまれたフローレンスだが、こと男性に関しては運がなかった。十九歳で結婚したのだが、最初の夫アレグザンダー・リカードは徐々に正体をあらわしはじめ、手のつけられないアルコール依存症で女癖が悪く、暴力をふるった。「最初、会った時にはいっしょにいるだけで幸福になれると信じていました」とフローレンスは述懐するのだが、「次第にこの私に手を上げるようになり、やがてたえず暴力をふるい、所かまわず四六時中、罵詈雑言を浴びせるようになってしまった」と嘆いている。

誇り高いフローレンスにしてみればこうした夫の暴挙にはとうてい耐えられなかった。家族の反対を押し切り家を出たフローレンスは不調を訴え、小康を得るためマルヴァーンで水治療法（訳注1）に身をゆだねることにした。そこで診療していたのがジェイムズ・ガリーという医師で、女性を惹きつけてやまないところがあった。当時、すでに齢六十を超えていたが精力的で力あふれ、身体ばかりではなく心に傷を負った女性患者にはことさら熱心に対応していた。この医師はフローレンスを救うため、経済的負担を肩代わりしたいと家族に申し出た。この親切心の代償としてフローレンスは愛をそそぐようになり、たちまちのうちに二人は肉体関係におちいったのであった。

ロンドン市内で刺激的な生活をおくれるほど財力にめぐまれたフローレンスは「修道院」と呼ばれるバルムの大邸宅を借り、自宅から転居するようにガリー医師を説きふせた。だがフローレンスが流産をした後、二人の間に急速に溝が広がっていったのであった。

フローレンスには正式に結婚したいという願望が渦巻いていた。だが、一八七五年、再び間違った選択をしてしまう。二度目の結婚相手のチャールズ・ブラヴォーは美男で若くて野心にあふれた弁護士であったが、どう見てもフローレンスの持参金目当ての結婚でしかなく、両者に緊張が走るのは時間の問題であった。一八七〇年に成立した「既婚女性財産法」により、広大な不動産をフローレンスが意のままに維持管理できるようになったからである。

望みをはばまれた夫チャールズは脅しと暴力で妻に迫り、身ごもっていたブラヴォーの子供を再び流産したフローレンスは、重篤な病に倒れた。それでも夫は同衾を求め、夫、主人としての権利を遂行するのみだと主張した。

裕福で美しく若いフローレンス・ブラヴォー。彼女には夫毒殺の疑いがある。

一八七六年のある夜、フローレンスの二番目のひどい夫はベッドに入り、枕元に常備している水を飲んだ。少し後、大声をあげたかと思うと苦悶で身をよじらせ、吐いたと思えば血便をたれ流す姿を呈した。翌三日間、復調の兆しは微塵もみえない。アンチモンをもられたのである。アンチモンは水に溶けやすく、無味無臭で、服用すると肝臓機能を低下させる。やがて頭痛が止まず憂鬱におちいりひどい嘔吐が続くのだが、チャールズの場合は死に直結したというわけだ。

だが、この毒殺を証明するのは至難の技であった。臨終に立ち合った医師は誰かが毒をもったことだけは確信していた。「当時も現在も納得がいかない」と公判中に証言しているのだが、「家にいた者が事の真相を知っている」と述べている。女主人に献身的に仕え、秘密、共謀に加担したこの不幸な家の者は誰ひとりとしてあえて口を開かず、医師に真相を告げようとはしなかった。フローレンス自身、法廷で尋問されたが、罪を立証するに足る十分な証拠はなかった。だが、ある興味深い事実が浮かび上がった。フローレンスの元愛人ガリーが、彼女の幸せをいまだ願っていて、フローレンスの使用人コックス夫人に、「毒」と書かれた瓶に入った奇妙な薬を渡していたというのである。

この事件を詳細に研究したジェイムズ・ルディックは、フローレンスは有罪であり、彼女一人の犯行によるものではないと結論づけている。フローレンスと使用人ジェイン・コックスが共謀し、フローレンスが実際に毒殺を行い、ジェインが秘密隠蔽に加担したのではないかと、ルディックは推測する。

なぜフローレンスが夫をアンチモンで毒殺できたかという謎に関しては、いくつかの理由が考えられる。ヴィクトリア朝の女性は、似たような薬品を手っ取り早い避妊の手段として用いることがあった。一八八五年、アデレード・バートレットという女性が夫をクロロホルムで殺害した罪に問われた。殺害したのではないとアデレードは否定したという。夫とセックスをして再び身ごもることがないように、夫を眠らせただけだと主張したのだ。アンチモンをたったの一滴飲み物に混ぜるだけで、手に負えない夫は気分が悪くなり、吐き気を催した。フローレンスは最初、アルコール依存症の夫から身を守るため、毒物を用いた可能性さえあった。毒物の混じった飲み物で、夫は吐き気を催し、それ以上酒をあおることも、暴力を振るうこともできなくなったのである。おそらく、フローレンスは夫を殺すつもりはなかったのかもしれない。そうでなければ、夫が死んだ後の行動は説明できないからである。医者や警察は彼女が心底取り乱した様子であったと認めていた。

だが果たして本当にそうなのだろうか。ルディックは女性が男性を騙すことを常套手段としていた時代、女性の策略を突き止めることは困難であったと論じる。人々がマドレイン・スミスを女殺人犯だとは想像だにできなかったのと同じ先入観が、フローレンスにも有利に働いたのだという。フローレンス自身、辛酸を舐めたことから、社会の反逆者的存在となった。マドレインと同様、フローレンスも結婚を人生のゴールと考えるよう育てられてきたが、二人も続けざまに暴力的な夫と結婚する不幸に見舞われた。さらに、これもマドレインと同様、社会の掟を破った。最初の夫から逃れ、ガリー医師という年上の愛人を持ち、二番目の夫に対しては、自ら財産を管理する権利を主張して、公然と対抗したのである。おそらく、フローレンスは夫を制御するため、実際に毒物を用いたのであろう。それはこの時代、他の女性もやっていたことである。より同情的に解釈するなら、彼女の権力との戯れが単に誤った方向に向かってしまったのだ。

ヴィクトリア朝の女性殺人者をフェミニストの原型としてとらえるのは、むろん粗雑であるという誹《そし》りを免れないであろう。つまり女性を不動産物件のように扱う夫、父親などの男性に抗うため、個人の権利を行使したに過ぎないという見方である。しかし、女性たちを邪悪な存在とみなす多くの同時代人に共通する見方に比べれば、こうした見方にはやさしさがこもっている。

恐怖と戦慄に身をふるわせながら殺人報道を熟読する女性読者は、好奇心過剰で病的であると身内の男性から思われていることも知っていた。熱心にマドレイン・スミスの裁判を傍聴している女性たちは、「あの汚ならしい手紙に酔いしれて」、女性の名誉を失墜させていると難じる記者もいた。またある小説家は「上品な家庭で育てられ、感性の繊細さを自負しているというのに、長時間、血も凍る殺人の一点一点に傾聴してやまない」女性の姿を指弾した。

たしかに正視にたえない図かもしれない。だが、愛人ができたのか、セックスを愉しんだのか、暴力的な夫に仕返しをしたのか、こうした自分と同じような境遇にいるかもしれない女性の姿を、ほかに知るすべがあったというのだろうか。女性殺人者には語りかけてくるべきものがあったのである。「私にひどい仕打ちをする権利など、あなたには一切ないと夫に言いました」と訴えたフローレンス・ブラヴォーの報道された言葉を目にし、ブラヴォーが罰せられないことを知ったとき、女性読者たちは社会にささやかではあるが大きな変化が起きたと感じていたはずである。

ヴィクトリア朝の女性殺人者に関する研究書のなかで、歴史家メアリ・ハートマンが指摘している——殺人報道に熱中する女性読者は、「犯罪にいたる心の葛藤や恐怖を肌で感じていたはずだ。というのも自らも同じ暗い道を歩んでいた」からである、と。

第13章　探偵登場——ロード・ヒル・ハウス殺人事件

「怒り狂ったかのように嵐が吹き荒れた夜、親子、召使いたちはともども、避けがたい破滅へと陥ってしまった」（ジョゼフ・ステープルトン『一八六〇年の凶悪犯罪』［一八六一］）

一八六〇年、イングランド南部ウィルトシャー、ロード近郊にある一七九〇年代に建造された大きな館ロード・ヒル・ハウスで、不可解きわまる事件が起きた。同年六月二十九日の夜、屋敷は厳重に戸締まりされ、屋敷住人たちは床についていた。犬が放し飼いされた庭は高塀に囲まれ、ことごとく扉、鎧戸には閂がかけられていた。つまり屋敷で眠る住民は完全に外界から遮断された状態であった。住民のなかには、野心家だが多重債務に陥った工場監察官サミュエル・ケント、当家の家庭教師からケントの後妻となったメアリがいた。

ケント一家九人（ほかに三人の住み込み召使がいた）の血縁関係は複雑だが、本事件の背景を理解するのには重要な情報となる。やはりメアリという同名の前妻が病床にあったとき（精神病という噂もあった）、家庭教師メアリはサミュエルの目にとまった。ケントと後妻メアリの間に三人の子供ができると、前妻との間に生まれた四人の子供たちへの愛情は薄れ、疎《うと》まれるまでになっていったという。

事件の夜、後妻が溺愛してやまないもうすぐ四歳になるというサヴィル・ケントが、密かに二階の子供用ベッドから連れ出された。同じ部屋で就寝していた子守女にも、姉にも、そして隣室で就寝していた両親にも気づかれず、どうやら犯人は裏手の召使用階段から子供を連れ去ったようである。翌朝、サヴィルがどこにも見当たらないのに胸騒ぎをおぼえた家人たちが探し回った結果、数時間後、屋外便所の便器下で幼児の遺体が発見された。鋭利な刃物で喉元を深く切り裂かれ、頭部は胴体から切断される寸前にあった。

その後の捜査はひどく間が抜けたものとしか言いようのないものであった。証拠物件としてあがった布、衣類はどれも重要に思えたが決定的証拠とはならなかった。男の子のベッドから毛布がなくなっているのに気づいた正確な時間に関して供述が曖昧だったため、子守女に強い嫌疑がかけられた。その後、コルセットの下につける胸当てが、幼児の遺体そばの便器下から発見され、シンデレラの靴のごとく屋敷の女性たちの胸にあててみて、適合する者がいないか試された。だが、試着したのは召使だけで、娘たちは試着せずにすんだ。しかし、ケントの血縁がある女性たちにも嫌疑がかけられはじめ、前妻の娘、十六歳のコンスタンスが容疑者として浮かび上がった。彼女のナイトガウン一枚が洗濯所から紛失していて、サヴィルの喉を切りつけたさい、返り血を浴びたために証拠隠滅を図ったのではないかと疑われたのだ。コンスタンスのナイトガウンは、寵愛されている腹違いの妹のものよりも質素で、紛失したナイトガウンの特徴と合致していた。とは言え、当時うら若い淑女が就寝中にまとう衣類について公言するのは憚られたので、コンスタンスがナイトガウンに関して裁判で尋問されることはなかった。

コンスタンスの父サミュエル・ケントは嫌疑の対象外だったのか、食器洗い場のボイラー室で見つかった、血にまみれたナイトガウンの持ち主を探す警察の捜査に加わっていた。それはおぞましく残忍な深夜の犯行の証拠品かもしれなかったが、たんに生理で汚れ、そこに捨てられただけかもしれなかった。

サミュエルの監視のもと、部屋中にあふれる警官たちはビール、チーズを振舞われ、ボイラーのある食器洗い場を見張るためか隣室で一夜を過ごす羽目になった。ナイトガウンの持ち主が取り戻すために姿を見せるかもしれないと期待されもしたが、不運にもサミュエルがたまたま見張りの部屋に通じる扉を施錠してしまったので、せっかく持ち主の足音が聞こえたとしても、捕らえそこねていただろう。しかも警官たちが部屋に閉じ込められている間に、ナイトガウンそのものが消え失せ、二重の失態となった。

こうした諸事情が公式捜査中に明かされることはなかった。証拠品が消えるまさにその瞬間、台所に閉じ込められて動けなかった愚鈍な警官の話は、公式捜査終了後、事件解決のため地元住民たちが集会所に集結したときに初めて明るみに出た。

地元警察が事件を独自で解決できなかったため、十八年前に設立されたロンドン警視庁の初代メンバーのひとり、ジャック・ウィチャー（一八一四 - 八一）が捜査に加わった。ウィチャーは陰気で男勝りでまだ十代のコンスタンスを疑ってかかったが、クロと断定できなかった。コンスタンスは以前に男物を着て家出をした前歴があったし、友人に家では惨めな扱いを受けていると漏らしたこともあった。「繊細さに欠ける」と噂され、一方では「自立したい」と願っていたのも紛れない事実であった。

地元ではコンスタンスへの同情が集まったが、屋敷内で彼女に同情を寄せる者はまずいなかった。ウィチャーが第一容疑者として立件を断念したにもかかわらず、翌年、コンスタンスの父の友人が、狂人の母親の娘こそ犯人だと名指しした本を出版したのだが、「古来、詩人、道徳家は女の魂にこそ、残忍きわまる復讐心を見い出してきた」という一文でその著作は始まる。

コンスタンス・ケント。腹違いの弟ののどを掻き切ったと自白する。

五年後、ようやくコンスタンスが罪を自白し、ウィチャーの推理は正鵠を射ていたと証明された。しかし、ロード・ヒル・ハウス殺人事件に関する新著を出版した作家ケイト・サマースケイルは、コンスタンスは共犯者にすぎないと推論している。おそらく犯罪に加担したであろうが、愛する弟ウィリアムをかばっている可能性が高い。コンスタンス、ウィリアムともども、家を横取りした新しい家族を憎んでいた。

話は前後する。コンスタンスの自白前、警察の公式捜査終了後、ケント一家周辺には再び静寂が戻っても、就寝中に起きた事件解決の糸口は何ら示されないままであった。今日もウィルトシャーのイースト・コールストン、聖トマス教会に建つサヴィルの墓碑銘には、「残忍に殺害された」と刻まれていて、犯人逮捕はどこにも記されていない。

神のみが解決できるのであろうか。真実を知るは神のみぞ。

事件の謎を解こうとして多大な労力が費やされ、本殺人事件について世間では犯罪推理が大流行となりつつあった。小説家ウィルキー・コリンズ（一八二四 - 八九）はロード・ヒル・ハウス事件を嚆矢とする推理、謎解きへの熱狂ぶりを新型伝染病と揶揄している――「君はみぞおちのあたりに不快な熱を感じないかね。頭頂部に鈍痛を感じないか。……君、それは探偵熱という病だよ」（『月長石』〔一八六八〕）。

こうした感覚が不快であると同時に快楽だと感知したのは何もコリンズだけではない。「解決不能な殺人事件にはことのほか目がない」と一八五九年に出版された小説の登場人物は、ヴィクトリア朝英国民の感覚を代弁している。「怖くて恐ろしくて仕方ないが、聞くだけならいいわ」（エミリー・エデン、『二軒一棟の家』〔一八五九〕）。ロード・ヒル・ハウス殺人事件は犯罪にまつわる謎が「深まり長引いた」ため、こうしたセンセーションの試金石ともなった。その結果、ある評者が一八六一年に述べているように、「疑いが情熱にまで昇華した」のである（J・W・ステープルトン『一八六〇年の大事件』）。

一八六〇年代、イギリス全土が「探偵熱」に浮かされていた事実を示す証拠は国立古文書館にも保存されている。そこにはロード・ヒル・ハウス殺人事件の捜査中、一般人から警察、内務省に寄せられた膨大な手紙が保管されていて、一通一通に送り主の謎解きが開陳されていたのであった。

殺人現場の細部に関する描写や尋問の全記録を記載した新聞を目にすると、当時謎解きに加わった人々は今日の我々よりもはるかに多くの情報を得ていたと分かる。ロード・ヒル・ハウス殺人事件の謎がこれほどまでに人々を魅了してやまなかった理由のひとつに、証拠を丁寧に吟味する時間さえあれば、誰にでも解決可能なように見えた状況を挙げられよう。

哀れをさそったのは年老いたジャック・ウィチャーである。手紙を一通ずつ読まなくてはならなかったばかりか、各推理ひとつひとつを評価する備忘録までとっていたからである。全国各地にいる机上探偵たちは驚くほど丁重に扱われていたようだ。こうした推理の送り主たちは警察など信頼せず、一進一退する捜査に苛立ち自らの手紙に対する返信を求めた。

「私は一歩一歩ですが真相に近づきつつあると感じています」とロンドンのウェストボーン・グローブに住む婦

人は記している――「犯人は［地元住民］ウィリアム・ナットの兄弟で、洗濯女ホリーの義理の息子にちがいありません」。寄せられたこのような手紙は天文学的数字にのぼる投書の一通にすぎない。それに対してウィチャーは、「いや、遺体にはいささかの痕跡もなかったゆえクロロホルムは使用されていないでしょう」とか、「私も同じく、子守女と主人が愛人関係にあったという可能性を想定してみました」などと追記している。

ベストセラー『最初の刑事――ウィッチャー警部とロード・ヒル・ハウス殺人事件』の著者ケイト・サマースケイルに私がインタビューをしたとき、著者はこれら手紙の興味深い傾向を指摘している。サミュエル・ケントが（以前子供の家庭教師と不倫していたように）子守女と密通していたとする説が、最も世評の支持を集めたというのだ。殺害された子供は目にしてはいけない光景を見てしまったがゆえに、秘密の暴露をはばむため永遠に沈黙させられた、と人々は鋭敏に推理したようであった。

今日広く流布したヴィクトリア朝のイメージのひとつに、偽善的仮面の裏に隠された性生活がある。立派な家庭の家長が二重生活を送り、妻は沈黙を強いられるというヴィクトリア朝の私生活に関する固定観念に対して、多くの歴史家たちが異議を唱えたり、疑問を呈したりしてきた。だが、サマースケイルが示唆するように、サミュエル・ケントが子守女と寝ていた可能性をウィチャーに告げる手紙からは、当時の書き手たちが出来事、人間関係について最悪の解釈を行ったことが分かる。固定観念が根強く残存し、今日でも揺曳しているのには、どうやらそれなりの理由があるようだ。ヴィクトリア朝の人々自身が描いた社会像を現代人もまた紋切型イメージとして抱いている、とこれらの手紙は示唆しているのである。最悪を予測し、誰をも信じずに、秘密を探ることこそが探偵熱の正体である。プロの刑事の力量を少しは認めざるをえなくなったとはいえ、刑事への拭い去りがたい不信感、嫌悪感がミドルクラスの人々の間にわだかまっていたとて無理からぬものがある。

ジャック・ウィチャーのごときプロの刑事にとり、このことは何を意味するのだろうか。同僚でロンドン警視庁刑事部の設立当時からのメンバー、フィールド警部同様、ウィチャーも裕福とは言いがたい家庭に生まれた。庭師の息子で、警察に入る以前は労働者として働いていたが、身分の低さゆえか、ロード・ヒル・ハウスの住人からは不信の目で見られたのである。

フィールド警部と同じく、ウィチャーも頭脳を生かし出世をし、ジャーナリストたちからの尊敬を勝ち得ていた。「計算に没頭して他が目に入らぬかのように、無口で思慮深い雰囲気」を醸し出していたと、ディケンズはウィチャー像を描写している（「フィールド警部と警邏して」）。また、別のジャーナリストは、ウィチャーを「謎解きの名人」と呼んだ。ロード・ヒル・ハウスに派遣された当時のウィチャーは刑事部のなかでも第一人者でもっとも名の知れた刑事だと考えられていたのだ。にもかかわらず、コンスタンス・ケントを犯人と断定できなかった失態は、ウィチャーの評判を著しく傷つけた。国立古文書館に保管されている手紙の多くはウィチャー警部への個人攻撃に集中し、個々の手がかりをつなぎ全体像を描けない無能ぶり、捜査時の慎重さの欠如から、低い階級の出自までも非難の的となっている。

ディケンズは雑誌記事、小説の双方で刑事部のイメージアップに尽力したが、ジャック・ウィチャーの失態、ロード・ヒル・ハウス殺人事件での屈辱は警察の威信を失墜させるに余りあるものであった。加えて、一八七七年には捜査中の事件で担当刑事ほぼ全員が犯人から賄賂を受けていた不祥事が発覚するという前代未聞のスキャンダルが起き、警察への信頼は地に堕ちてしまった。

ケイト・サマースケイルによれば、一八六〇年代から七〇年代にかけて警察官の権威失墜ぶりは文学にも影響を与えたという。シャーロック・ホームズ、ピーター・ウィムジー卿、エルキュール・ポワロ、アルバート・キャンピオンといった、第二次世界大戦以前の推理小説の名だたる探偵たちは、全員がアマチュアか私立探偵である。実際、刑事部が私立探偵に取って代わることなどありえず、一八五七年、婚姻改正法が可決されるや私立探偵の需要はさらに高まる事態となった。この法律は婚姻を教会裁判所ではなく民事裁判所の管轄下に置き、これによって一七世紀の共和国時代以降初めて結婚が神聖な秘蹟であると同時に市民間の契約となったわけである。本法律以前は、もし離婚したければ教会で取り消しを求めるか、国会で私法律案を提出するしか選択肢はなく、こうした手続きがとれるのは金満家、有力者に限られていたのである。法改正の前年は三件しか離婚が成立しなかったのに、翌年には三〇〇件にも増加している。

いわゆる「婚姻法」により姦通の「証拠」があれば離婚可能となったため、私立探偵の多くが不倫をおかす夫を追跡する目的で雇用された。ウィルキー・コリンズの『アーマデイル』（一八六六）では登場人物たちが互いを見張るのに莫大な時間を費やし、時には私立探偵も雇うわけだが、そうした行為自体が胡散臭いものとみなされていたのを示すくだりがある。「現代の私立探偵……が座っていた。我々の国家の文明の進歩に伴い、必要不可欠となった探偵――彼はいささかでも疑いがあれば、そしてその僅かな疑いで金儲けができるなら、ベッドの下に潜り込んだり、ドアの鍵穴から覗きこんだりすることもいとわない」――そう探偵は描写されている。

一方、ウィチャーはコリンズの次作『月長石』のうだつが上がらない探偵、カフ軍曹のモデルとなった。ウィチャー同様、カフ軍曹も捜査対象であるミドルクラスの家庭とはあまり親交をもたない下層階級出身の謎めいた人物で、趣味で愛でるバラの手入れをしているときでも何を考えているのかを知る人は、誰もいない。架空の多くの探偵たちの例にもれず、カフ軍曹も底から湧き出す虚無感を隠すために趣味に没頭する。ちょうどモース警部（訳注1）がビール、オペラ、クロスワード・パズルといったある程度知的な趣味をもっているのと同様、軍曹の一番の関心事はガーデニングなのだ。軍曹を招き入れる上品ぶった家庭から見れば、軍曹は下層の者でしかないが、同時に理解できず、その射抜くような眼差しを恐れている。「鋼のような明るい灰色の目が合うと、まるで自身が己について知る以上のことを知悉しているごとき不気味な光を放っていた」と語り手は語っている

（『月長石』）。

カフ軍曹は怪しげで不可解な危険性も秘めているのだが、それは一八六〇年代の社会における探偵の地位を示唆している。ジャック・ウィチャーはヴィクトリア朝で最も人口に膾炙した刑事であったにもかかわらず、ロード・ヒル・ハウス殺人事件以前の威信を回復するには、長い歳月とコンスタンスによる罪の自白を待たなくてはならなかったのである。

第14章　センセーション小説

「探偵は現代の魔法使いではないだろうか」
（『メアリ・エリザベス・ブラッドン』）

理想的な家庭、カントリーハウス、限定された容疑者、下層階級出身の詮索好きな探偵——ロード・ヒル・ハウス殺人事件は、「センセーション小説」という当時流行の兆しを見せはじめた新形態の小説がそのまま現実に起きたかのような事件であった。現実の事件が小説と酷似していたので、新ジャンルの流行にともない、ロード・ヒル・ハウス殺人事件は幾度となく人々の記憶によみがえってきたのである。

一八六〇年代、センセーション小説は、それまで流行っていた犯罪小説「ニューゲイト・ノヴェル」やメロドラマをもしのぐ勢いがあった。下層社会や犯罪者、渦巻く情熱、勧善懲悪の大団円などを描いた以前の小説やメロドラマとは異なり、警察力などに依存することはないと自負するミドルクラス、上流階級のごく月並みな家庭を「センセーション」小説《ノヴェル》は、舞台としていた。

センセーション小説のすぐれた書き手メアリ・エリザベス・ブラッドン（一八三七－一九一五）は、一般読者の関心を最もそそるような殺人を、「異常なまでに残虐だが、臆病で卑劣」であらねばならないと断定した。だが、絶対に忘れてならないのは、殺人が「ひとかどの家柄の家庭」で起こらなければならないという点である（『蛇の跡』［一八六〇］）。つまり、上流家庭でさえも、なにがしかの秘密を隠しもっているかもしれないという期待こそ、人々の醜聞への関心を心地よく掻き立てる要素だというわけである。それゆえ、みごとに構築されたセンセーション小説には何かしら衝撃的で不道徳な要素以上のものが含まれていた。一八六三年、哲学者ヘンリー・マンセル（一八二〇－七一）はこうした小説を「蔓延する腐敗の証」と嘆き、「病的な欲望を処理するために生まれた」ものだとして弾劾している（「センセーション小説」）。

だが、おそらく最も高名なセンセーション小説の旗手はウィルキー・コリンズであろう。後年、小説家ヘンリー・ジェイムズ（一八四三－一九一六）が、コリンズを評して「謎のなかでも不可解きわまる謎――つまりごく身近にある謎を小説に取り込んだ」作家であると指摘している。「『ユードルフォの謎』のような恐怖ではなく、明るいカントリーハウスや喧騒が渦巻くロンドンの邸宅に存在する恐怖が我々に襲いかかってくる」とジェイムズは言葉を継いでいる（「ブラッドン夫人評」［一八六五］）。コリンズ初期の傑作『白衣の女』（一八五九－六〇年に連載）には、カントリーハウス、陰謀、素人探偵きどりの主人公と友人が協力して解く謎といった、センセーション小説の定石ともいえる要素がふんだんに採り入れられていた。

コリンズの最高傑作で最初にプロの探偵が登場するのは、八年後に書かれる『月長石』（訳注１）である。殺人こそ起きないが、『月長石』には人々が推理小説に期待するほぼすべてが具備されている。舞台は田園の大邸宅で、限られた容疑者がいて、プロの刑事が登場し、隠された手掛かりが散見され、小説形式までもが公判陳述を踏襲している。謎の解決は誰しも予想だにできないが、再読するとそこかしこに手掛かりが隠されているのに気づく。

それゆえか、詩人T・S・エリオット（一八八八 - 一九六五）をして「近代イギリス推理小説のなかで最初にして最長の最高傑作」とまで言わしめたほどである（オックスフォード版『月長石』序文［一九二八］）。

『月長石』にはヘンリー・ジェイムズがコリンズの成功の鍵だと評した家庭的要素も含まれている。月長石と呼ばれる有名な宝石の窃盗事件がヨークシャーのカントリーハウスで発生する。部屋の間取り、装飾、塗装された扉、うら若き女主人公の部屋にあるインド製キャビネットなどを、コリンズは読者の眼前に浮かび上がらせるべく巧みな筆致で描いている。

同時にこのカントリーハウスはイギリスに偏在する、裕福で居心地がいい典型的ヴィクトリア朝の住居であった。小説の魅力は何といっても日常生活の細々とした描写に尽きる。主人公フランクリン・ブレイクは煙草の煙、臭いが苦手な恋人のために禁煙を誓うが、ニコチンが欠乏し寝つけず、落着きを失ってしまう。こうした不快感を解消するべく用いられたのが、ヴィクトリア朝においてはごく一般的な万能薬阿片チンキである。やがてアヘンはブレイクを眠りに誘う。これが伏線となって『月長石』の謎を解く鍵となる。

『月長石』の読者にとって印象深いのは、次に何が生起するかを固唾をのんで待つ、いわく言いがたい感覚であろうか。「センセーション」という言葉には二重の意味がある――題材が扇情的かつ衝撃的であるゆえに「センセーション」であるという意味、他方、読者に「センセーション」、つまり感覚を刺激するような読書体験をもたらすと言った意味もある。文体は力強く荒削りである。センセーション小説では登場人物の回想、会話の断片、手紙の写し、日記などが多用される。こうした臨場感あふれる描写から、読者は高揚し、息荒くなり、とどのつまり血管が収縮し顔面蒼白に陥るといった、今日のホラー映画を見るのにも似た経験を味わっていたのである。

『月長石』にはロード・ヒル・ハウス殺人事件との共通点もある。両者とも、メイドが第一容疑者となるのだが、探偵は家の娘のほうに疑いを向ける。また、ナイトガウンが重要な手掛かりになった点でも両者は共通していた。

アヘン常用者にして「センセーション」小説家、ウィルキー・コリンズ。

ナイトガウンのスタイルも忘れてはならない要素で、『月長石』では明らかにメイド所有とみられる簡素なものであり、ロード・ヒル・ハウス殺人事件でも、飾り気のないナイトガウンは、ないがしろにされている年長の子が着用していたものと一目瞭然で判明する。探偵はミドルクラス社会のなかで専門職業としての地位をまだ確立しておらず、家族からは出入りの商人同然に扱われている。同時代の雑誌『アシニーアム』の評論家、ジェラルディーン・ジューズベリー（一八一二-八〇）は、『月長石』の魅力は「推理の要素」よりも「物語の巧みな構成」にあると指摘している（「『月長石』評」［一八六八］）。

T・S・エリオットの評言によれば、『月長石』は「最初の」イギリス推理小説ではあるのだが、興味深いことに実際には本小説は、来たるべき二〇世紀初頭の推理小説「黄金時代」に確立した鉄則のうち、二つまでも破ってしまっている。まず語り手自身が犯人であってはならないし、さらに犯人を無意識のうちに犯行へと誘うような強力な薬物の力を借りるのは禁じ手である。でも、『月長石』では語り手の一人、フランクリン・ブレイク本人が気づかないうちにアヘンを服用させられ、その作用の下でブレイク自身が宝石を盗んでしまうのである。

薬物作用下の妄想中に犯行に及ぶという『月長石』の予想外の展開だが、こうした結末は麻薬がヴィクトリア朝の日常生活に広く浸透していた事実を示す証左ではあるまいか。強い作用を引き起こす麻薬を飲料に混入する行為は、今日においても衝撃的で犯罪にほかならない行為だが、コリンズにとっては（危険ではあるにしても）馬鹿げた悪ふざけにすぎなかった。よって、コリンズ自身がアヘン作用下で『月長石』を執筆したとて何ら驚くにあたらないであろう。

一八六九年までコリンズはアヘンを断とうと真剣に努力をしていたようだ。「毎晩十時、モルヒネを皮下注射するので、アヘン服用なしで入眠できます。これを継続していけば、徐々にではあるにせよアヘン服用量を減らせるでしょう」と友人に宛てた手紙のなかで認めている（『書簡集』）。

だが、それは叶わぬ夢であった。コリンズの死亡記事には、日常的に「屈強な船員、兵士の一団をも殺すほどのアヘンを服用していた」と記されている。アヘンが小説中に頻繁に登場するのも無理からぬことといわねばならないであろう。

アヘン中毒だけがコリンズの破天荒な人生の側面ではない。彼は芸術家の息子で、生涯、美食を旨とする快楽主義者でもあった。若い頃はストランド通りの紅茶商人のもとで働き、小説や随筆を執筆する十分な時間もあったのだが、仕事があまりに退屈なのでやめてしまった。次に弁護士資格をとったが、一度もこれを生かすことはなかった。家産で十分に生活できたからである。

やがてコリンズは十二歳年長のチャールズ・ディケンズと知り合う。ディケンズはコリンズの作品に対して、貴重な助言を多くあたえたが、年下の弟子の破天荒な習慣にはさすがに見放すしかなかったようである。親しい知人はミドルネームをとって、コリンズを「ウィルキー」と呼称していた（ファーストネームは「ウィリアム」である）。服装が派手で話題にもなり、家を二軒持ち、それぞれの住居に愛人を住まわせていたが、いずれとも結婚しなかった。ディケンズは才気あふれる若き友人が「必要もないのにことさらミドルクラスを挑発しようとする」態度に懸念を露わにしている（一八五八年、W・H・ウィルズに宛てた手紙『書簡集』）。

コリンズ自身、現実の犯罪から題材を得たとは断固として認めようとはしなかったが、今日の研究では、必ずしも独創により小説を執筆したのではないことが明らかになりつつある。たとえば、『白衣の女』はフランスで起きた有名な事件から着想を得たとされる。本小説の筋書は現実の事件と同じく、卑劣な行為を中心に展開していく。ある若い女性が財産没収を目的に精神病院に隔離されるのだが、その女性にはすでに精神病院に入院している瓜二つの腹違いの姉がいて、姉が死亡すると姉とすり替えられるという展開である。

小説では、青年画家と女性のもう一人の腹違いの姉、マリアン・ハルコムの手で犯罪の真相が明らかにされていく。マリアンは二人の悪漢をつきとめ、会話を盗み聞きし、捕えられ、熱病にかかるも何とか回復し、精神病院の官吏に賄賂を渡して妹を救出する。さらには悪漢の一人は婚外子のため、社会的地位、財産権も無効であると暴き出してみせる。マリアンはこうした手柄をことごとく、さまざまな悲劇──「忌まわしい」悲劇──が織りなされたにもかかわらず、驚くべき活力、快活さ、そして魅力をもって成し遂げていくのである。マリアンの口と顎は「男のように大きくがっしりとしていて」、おまけに上唇には「まるで口髭」のごときものまでもが生えている。腰も「コルセットで歪められていない」。このようにマリアンの外観上は欠点だらけなのだが、表情は「明るく率直で知的な聡明さ」をたたえている。文芸批評家ジョン・サザランド（一九三八-）はそうした彼女を称して「全ヴィクトリア朝小説の中で最も魅力的な登場人物」であるとまで評している（オックスフォード版『白衣の女』の注釈［一九九六］）。

センセーション小説は、伝統的行動規範から外れた女性を描き出すのにとりわけ適した媒体であり、ウィルキー・コリンズはまさに名手であったと言わねばならない。当時の事件が作品に活用されたように、コリンズ自身の経験も作品に生かされている。邪悪だが魅力的なリディア・グィルトというヒロインが登場する『アーマデイル』（一八六六）に、最たる例を見ることができよう。その邪悪さを明確に示そうとコリンズは彼女に「有罪」

(Guilt)と一字違いの姓(Gwilt)を与えたばかりか、その髪は不吉さを予兆する赤毛にした。『アーマデイル』のあらすじは荒唐無稽につきるのだが、この小説は現実に起きた事件と深く連動している(もっとも、コリンズ自身は否定するであろうが)。物語では、同姓同名のアラン・アーマデイルという人物が登場するが、一方は金持ちで、他方は貧乏な青年で両者は接近する(じっさい両者は血縁関係にあるのだが、何も知らされていない)。リディアの企《たくら》みは、貧しいアランと結婚して「アーマデイル夫人」となり、その後、両人とも殺害し、金満家アランの未亡人になりすまし財産を横領するというものである。

こうしたプロットも、「ティチボーンの訴訟人」と呼称される現実に起きた事件と比べれば、色褪せてしまうだろう。一八五四年、准男爵の地位、遺産の相続人と目されたロジャー・ティチボーンがオーストラリアへ向かう航海の途上、行方不明となり、おそらくは死亡したものと思われた。しかし、息子を溺愛していた母は息子の生存を堅く信じて疑わず、オーストラリアで人探し広告を出した。ほどなく、ニューサウスウェールズ州中部の都市ウォガウォガの肉屋から返事が届いた。肉屋はティチボーン夫人に会うためイギリスに渡り、ぎこちない振る舞いにもかかわらず、どういうわけか夫人とロジャーの友人たちから行方不明のロジャー本人に間違いないと認められた。(ティチボーン家の家庭医は、肉屋にはロジャーと同じ特徴的な性器の変形があると証言している)。しかし、ティチボーン家の他の人々は詐欺ではないかと疑い、肉屋をロジャー本人とは認めようとはしなかった。やがて肉屋は偽証罪に問われて懲役刑を言い渡され、貧窮のうちに息をひきとった。

遺産相続請求をするため身元を偽るというアイデアは、『アーマデイル』のプロットの核となっているのだが、最も興味深い点は中心的登場人物となる二人の女性の関係かもしれない。二人のアラン・アーマデイル(その一人は混血でオジアス・ミッドウィンターという偽名を使用している)の情熱的な友情は、いささか説得力に欠け信じがたいが、読者を魅了してやまないのは財産家アランをめぐるネリー・ミルロイとリディア・グィルトの確執なのである。ネリーはアランの隣人の娘でまだ十代の少女、一方、リディアは三十代でアランと出会い、略奪し自らの夫にするという確たる目的を完遂すべくネリー・ミルロイの家庭教師になろうと策略をめぐらしている。

リディア・グィルトは最初の登場場面から読者に衝撃を与えずにはいられない。今日の目から見ると、勇敢に人生の困難を乗り越えようとする姿には、（コリンズ同様、アヘンに耽溺しているとはいえ）共感できる部分も多々ある。婚外子として生まれ、八歳になるまで養育母オルダーショーのもとで養育される。定かではない理由から養母への送金が停止すると、十二歳になるリディアはノーフォークの屋敷に召使として働きに出されてしまう。主人はリディアの筆跡が「実に見事だ」という理由で、彼の代わりに手紙を偽造させる。だが、これはもちろん真の理由ではないと、文芸批評家ジョン・サザランドは推測している。邪悪な主人は文書偽造が重罪と端から知りながらも、リディアに罪をなすりつけようとしたのであろう。さらに、主人がリディアを誘惑した可能性も言外にほのめかされている。やがて、屋敷の家人たちはリディアを厄介払いするためフランスへと追放するのだが、さらに、かの地で音楽教師を誘惑し狂気に追いやったと糾弾される。リディアはしばしの間修道院に入った後、ブリュッセルでピアニストになり、犯罪人の男爵夫人と出会い、いかさまギャンブルの客をおびき寄せる女として雇われる。五年後、若い裕福なイギリス人と結婚するのだが、今や性根は極限まで堕落してしまい、愛人と情事を重ねるのみ。夫は怒り心頭に発し鞭打ったため、逆に夫を毒殺してしまう。捕えられ有罪判決を受けるも、哀れに思う人々を動かし恩赦を受けるまでになる――以上記したリディアをめぐる出来事は、『アーマデイル』の物語が展開する以前に起きたこととされている。

物語の冒頭、リディアはアラン・アーマデイルと結婚して生活していこうとした。これほど諸事を試した後あっては、結婚以外に彼女が生きていく道などありえないであろう。だが、リディアが本気でアランを愛してしまったことでこうした目論みも頓挫してしまう。唯一これが彼女の弱点であるが、こうした側面以外は最新テクノロジーをことごとく駆使して目的を達成しようとする、女性版のヴィクトリア朝ジェイソン・ボーン（訳注2）と言ってもよかろう。真新しい精神病院の密室へ空調を通じて一酸化炭素を送り込みアラン殺害を企てたり、ロンドン駅の施設を活用し策略の限りをつくし、何ら気づかれず持ち物を受け取り、手紙を出し、旅の準備を整えたりしているのである。

「グレートウェスタン鉄道のクロークルームに赴き、あらかじめ送付しておいた荷物を受け取り……次にサウスイースタン鉄道のクロークルームに移り（その荷物を預け）……月曜日の列車出発を待つ。最後にロンドン中央郵便局へ出かけ、牧師館にいるミッドウィンターへの手紙を投函すれば、彼は翌朝にはその手紙を受け取ることができるわ」

先述したように、アーマデイルの愛情をめぐって、熟年女性の美（多分に人工的にせよ）を武器に手練手管のリディアと、若々しく自然美あふれる若いライバルのネリーが繰り広げる確執劇こそが物語の最高の見せ場となる。異なるタイプの二人の女性に惹かれてしまうのは、ウィルキー・コリンズ自身の実体験からきているのであろうか。因習にとらわれない自由な発想の持ち主だったコリンズは、結婚が女性にとってこのうえなく不利なものだとの見解を抱いていた。だから婚姻に関して不当だと考えた事柄に対して、精力的に反対キャンペーンをくり広げ、彼自身、生涯を通して法的な結婚制度を拒否し続けた。とは言え、これはコリンズが一生独身を貫いたことを意味するものではない。

『アーマデイル』執筆にとりかかった頃、コリンズは三十代半ばの女性キャロライン・グレーヴズと、キャロラインが別の男性との間にもうけた娘ハリエットと同居していた。（コリンズはハリエットを愛し、実の父親のように振る舞っていたと言う)。コリンズ、キャロラインは結婚こそしなかったものの、キャロラインは聡明で世知にたけた女性であり、コリンズは友人たちにキャロラインの存在を吹聴し、自作についても多いに語り合った。だが十年間、キャロラインと連れ添った後、一八六四年、コリンズはノーフォーク出身の羊飼いの娘マーサ・ラッドと邂逅する。『アーマデイル』の舞台となるイースト・アングリアのグレートヤーマスを散策中、マーサと出会いロンドンに来るようコリンズは説得した。ボルソーヴァ通り(キャロラインの家のあるグロースター・プレイスからわずか徒歩十分ほどの距離であった)に二人の家をしつらえ、マーサとの間には三人の子供をもうけた。

コリンズが通じた愛人二人の相反する魅力こそ、『アーマデイル』のなかでリディア、ネリーのライバル関係となって再現されるところとなる。「今日も私、綺麗かしら?」とリディアは日記のなかで自問している、「そうね。野暮ったくって不器用でそばかすだらけの女生徒のような誰かさんと競うにはこれで十分よ」と自信たっぷりに応えている。

豈図らんや、アラン・アーマデイルは華麗なリディアを差しおき、従順で素朴なだけのぽっちゃり娘ネリーを選ぶのだ。

コリンズの現実生活にあって、マーサの出現に対するキャロラインの反応は、リディアも顔負けといったところがあった。キャロラインはコリンズを毒殺にこそしなかったものの、うんざりだとため息をもらさんばかりにコリンズのもとを去り、さっさと他の男性と結婚してしまったのである。こうした状況にあってもコリンズはマーサと結婚せず、マーサを「正式な」配偶者として友人に紹介しようともしなかったという。一方、キャロラインの結婚生活もうまくいかず、わずか数年で破綻し、今や三人の子持ちとなったコリンズのところへ舞い戻ってきた。コリンズを死の床で看取り、「妻」としてコリンズとともに埋葬されたのもキャロラインであった。文学上ではどうであれ、少なくとも現実においては年上女が年下女を打ち負かしたのである。

ヴィクトリア朝の読者は、リディアを道徳的に受け容れがたく毛嫌いした。「路上の屑ごとき女以下のふしだらさ」(『スペクテーター』誌〔一八六六〕)との手厳しいリディア評もあり、本の売り上げもそれほど伸びなかった。リディアには美貌維持のため過剰なる労力をかたむけるという欠陥があったが、こうした心が醜いのに外見ばかり美しくするような虚栄は邪悪の証と見なされた。

同様の痛罵は、オルダーショーのような脇役にいたるまで向けられた。同時代の読者は、この脇役のモデルとなったのは、「レイチェル夫人」と名乗る詐欺師にして中絶仲介業の女だと即座に見抜いたという。ロンドンはイーストエンドで生まれたサラ・レイチェル・レヴィソンは、「レイチェル夫人」としてボンド・ストリートのサロンに君臨し、顧客に——広告の謳い文句によれば——「永遠の美」を提供していたのであった。その怪しげな化粧法に、肌を引き締め明るくなめらかにするため、白のペーストを塗る「エナメル塗り」という施術法があった。今日ならば、それはさしずめ道化の化粧と笑いのひとつも起きようが、皇太子妃はじめ当時の裕福なご婦人方には憧れの的であった。

だが、不自然このうえない「エナメル塗り」は人目を引きすぎたため、厳しい道徳的批判にさらされた。今日で言えば、しわ取り施術のボトックス美容といったところであろうか。日刊紙『グラスゴー・ヘラルド』のジャーナリストの揶揄は手厳しい——

美女がにっこりする度に美しい頬が突如ひび割れたりしないかとはらはらしてしまう。ハンカチを鼻にあてれば、四、五ギニーは下らない高価なエナメル塗りがはがれてしまうのではないかと胸の動機がはげしくなる。

歴史家ヘレン・ラパポートによれば、レイチェル夫人の顧客はさらにいかがわしいサービスまで受けていた。一例をあげると、エズデイル夫人はレイチェル夫人のサロンでアラビア式風呂の美容施術を受けた後、更衣室でダイアモンドのイヤリングを紛失してしまったのに気づいた。エズデイル夫人の夫は、イヤリングは盗まれたにちがいないと思いこみ、妻とともに弁護士のもとまで出向き、レイチェル夫人のサロンを捜索するべく要求した。弁護士との面談終了後、エズデイル夫人はあえて置き忘れたかのように手袋を机の上に置き弁護士の部屋を去った。手袋を取りに行くふりをして、一人で部屋に舞い戻った夫人は、サロンを愛人との密会の場に使用していたと弁護士に告白した。

実は、レイチェル夫人は守秘と引き換えに追加料金を要求、数ヶ月間で脅迫まがいにまでエスカレートしていたのであった。支払いを拒否しても何も得る所がないとレイチェル夫人はエズデイル夫人を脅した——「あなたのことを十分に分かっているし、ずっと見張っており、住所も先刻承知済み」、と夫人を追い詰めていった。こうした事情から、エズデイル夫人は弁護士にもう捜索を中止してくれないかと密かに懇願した。もし、弁護士がレイチェル夫人を首尾よく起訴しても、自分がイヤリング以上のものを失ってしまうと夫人には分かっていたからである。

詐欺師にして脅迫者レイチェル夫人は一八六五年、卑劣な犯罪が発覚して告発される。ある顧客に天然痘の傷跡を消すと約束しながら、顧客が所有する宝石を残らずだまし取ったのであった。衆人環視のなか、ついにレイチェル夫人の裁判が執り行われて有罪が確定し、ヴィクトリア朝きっての有名犯罪人としてマダム・タッソー蠟人形館の一員となる栄誉に輝いたのである。

小説に登場する架空のレイチェル夫人、つまりオルダーショー夫人はリディアにとり母に近い人物で、金貸しもすれば悪企みに手を貸したりもするのだが、わずかな挑発でも即座にリディアをだまし討ちしかねないそら恐ろしい人物である。架空のオルダーショー夫人と実在のレイチェル夫人とあまりにもよく似ていたので、コリンズは名誉棄損で訴えられる可能性も孕んでいた。ヘレン・ラパポートによれば、レイチェル夫人がオルダーショー夫人と同様、裏通りにうごめく中絶師ともつながっていたことを示す確たる証拠は見あたらない。コリンズは物語の時代設定を小説出版より十年前に遡る一八五一年とすることで、現実に被害にあった人々の困窮を題材にしてに創作したという批判から逃れようとしたのではないか、とラパポートは推測を下している。

リディア・グィルト、オルダーショー夫人のごとき登場人物は読者間に波紋を広げたが、コリンズは女性に対して並々ならぬ共感を抱き女性登場人物の複雑な心情を魅力的に描いたためか、小説は女性読者から熱烈に支持された。こうした女性読者の心情を理解するためには、当時の女性がおかれていた状況を知る必要があろう。一八八九年に出版された女性用手引書には、不幸に対する次のような対策が処方されている――「失望の余り胸が張り裂けんばかりに痛むでしょう。けれども、空想世界にすら、慰めを見出そうとしていけません。罪深き空想に走る危険があるからです。育児に没頭し運命の定めに従うのみ」とひたすら忍従を説いているのである（スタッフ男爵夫人『淑女の部屋』）。

『アーマデイル』――あるいは、エレン・ウッド（一八一四 - 八七）の『イースト・リン』（一八六一）、メアリ・エリザベス・ブラッドンの『オードリー夫人の秘密』（一八六二）――といったセンセーション小説は、こうした助言とは異なる対処法を与えてくれた。センセーション小説における女性は、しばしば邪悪で狂気じみて危険にあふれ、時には殺人の欲求さえ秘めている。「女性の怒り、不満、性的エネルギー」がこうした小説にはたぎっていると指摘したのはフェミニズム批評家エレイン・ショーウォーターであった――「夫の死は女性にとって歓迎すべき解放であり、女性は病気、狂気、離婚、逃亡、そして究極の手段として殺人しか、家庭から逃れる道はないのである」とまでショーウォーターは指弾する（『女性自身の文学――ブロンテからレッシングまで』（一九七八）。

センセーション小説は一八六〇年代に現れて以来、読者に支持され続けてきた。一九三〇年代の偉大な推理小説家ドロシー・L・セイヤーズもセンセーション小説の愛読者の一人である。セイヤーズの傑作『学寮祭の夜』（一九三五）の知的な女主人公ハリエット・ヴェインは、センセーション小説家シェリダン・レ・ファニュ（一八一四 - 七三）研究に没頭するために、オックスフォード大学へ舞い戻るのである。

コリンズと同時代作家の影響は現代の作家にも及んでいる。サラ・ウォーターズ（一九六六 - ）は、一八六〇年代に流行したセンセーション小説から自作『棘の城』（二〇〇二）の着想を得たと表白している――「ウィルキー・コリンズ、シェリダン・レ・ファニュ、メアリ・エリザベス・ブラッドンといった『センセーション小説』に私は夢中になったのです」と二〇〇六年、『ガーディアン』紙の記事でウォーターズは述べ、「セックス、犯罪、家族のスキャンダルを題材にした小説は当時、大評判でした」と語っている。一方、『棘の城』では、ロンドンの下町版オルダーショー夫人ともいうべき養育母のもとで育てられたスウが、地方のカントリーハウスに送られる。ポルノ蒐集で悪名高い伯父と同居する若き令嬢モードに、詐欺師との駆け落ちを仕向けるというのがスウに与えられた使命であった。詐欺師は財産を奪おうとしてモードを精神病院に入れるべく画策していたのであった。

これぞ、ウィルキー・コリンズが生きていたならば愛したであろう小説になったはずだ。

第15章　メアリ・エリザベス・ブラッドン

「心かき乱され、鳥肌立ち、髪逆立ち、神経も高ぶってしまう——かくして人々は単調な日常生活に耐えられなくなっていく」（「メアリ・エリザベス・ブラッドンの小説」『パンチ』［一八六四］）

同時代のあまたある作家のごとく、そして自らが創造した数多くのヒロインのごとく、女流作家メアリ・エリザベス・ブラッドンもできればもう少し平穏な人生を求めていたのではなかろうか。だが、ブラッドンにはほとんど選択の余地はなかった。イギリス人の犯罪物好きにつけこんで生活の資をかせぐしか道はなかったのであるから。

ブラッドンは弁護士の娘として、ロンドンはソーホー地区のフリス通りで養育されたのだが、一八三九年、四歳の時、両親の結婚生活は破綻してしまった。父親は不実なうえに吝嗇《りんしょく》家であったため、母親は我慢できずに

メアリ・エリザベス・ブラッドン

娘とともに家を出て、ケンジントンに新たな住居を構えた。この地区にある女学校で良質な教育を受けることができたため、将来の小説家が誕生するところとなったのである。

家庭は貧しく、ブラッドンは二十歳になるや、糊口をしのぐために舞台に立つ決意をした。そして、母親ともどもミッドランド各地を転々とした。みじめな環境下では歳不相応の大人びたふるまいをせざるをえず、舞台上でも純情な小娘ではなく、人生に疲れた中年女性役を演じる方が多かったようである。

こうした演劇活動中も、ブラッドンは自分には別の人生が開けると思い描いていたようだが、やがて資金援助をしてくれる支援者とめぐり会い、半年間も執筆に集中できたのである。まず手がけたのは、若年層、とりわけ少年向けの、安価な週刊誌「ペニー・ドレッドフル」への連載であった。文化史家ジュディス・フランダーズによれば、一八六一年当時、人口二千万人のうち、九百万人までが十八歳以下の若者であったから、人口の実に四十五パーセントまでもの年少者が将来の読者層になったわけである。当然、連載作家として娯楽への需要に応えるためには厳しい自己管理が求められるのだが、ブラッドンは難なくこなしていく。「いつ何時も、締め切りを意識せずに書いたことはない」と断言するブラッドンであったが、文筆活動が軌道に乗りだすと、ジャンル特有の制約に限界を感じるようになっていった――「半ペニーを握って雑誌を買おうとする読者は犯罪、裏切り、殺人、毒殺など悪行以外は見向きもしようとしないのでもうたくさんだ」と嘆息をもらしていた。

やがて、ブラッドンは小説雑誌出版者ジョン・マックスウェル（一八二四－九五）の愛人となり、当初の寛大な支援者は去っていった。マックスウェルは既婚者で子供が五人いたが、妻は精神病院に入院していた。ブラッドンの描く小説がくりひろげるような事の成り行きである。

ロンドンはブルームズベリー地区にあったマックスウェル家に移り住んだブラッドンは妻として、また子供五人の継母として生活をはじめた（長患いの母親もついてきた）。長年にわたりマックスウェルと同棲して、子供五人をもうけたがため多くの人々は不品行をなじり続けた。

マックスウェル家に見られるような二重結婚こそブラッドンの最初の傑作『オードリー夫人の秘密』（一八六二）（訳注1）のテーマであり中核をなしている。一八六一年、連載形式で発表したこの小説は羽《はね》が生えたように売れに売れた。オードリー夫人の悪行を暴いていくのは、夫の甥ロバート・オードリーである。ハンサムだが仕事もなく怠けてばかりいる弁護士のロバートではあるが、物語が進行するにつれ徐々に逞しくなり仕事に没頭するようになる。そして、最後には高慢な裁判官じみた役割を担うほどにまでなる。物語の結末、オードリー夫人が殺人未遂の罪を犯した一件が白日にさらされると、ロバートみずから夫人を精神病院に強制入院させてしまうのだ。というのも、夫人が起訴されると法廷で一族の名が汚されるかもしれないと、ロバートが恐れたからにほかならない。

『オードリー夫人の秘密』の舞台はオードリー・コートという古めかしい邸宅で、一五四〇年代に建造されたエセックスにあるインゲートストン・ホール邸がモデルとされている。カトリック教徒ピーター家の別邸で、屋敷はいくつかに分割され賃貸に出されていた。マックスウェル名義ではなく自身のブラッドン名義で部屋を借りていたが、女流作家がマックスウェルの愛人であることを家主が知っていたかどうかは定かではない。ブラッドンの筆になるオードリー・コート邸の描写は、まるで今日のインゲートストン・ホール邸を彷彿とさせる。

屋敷は……中庭三方を取り囲むように建っていて、古風で不規則・無秩序が支配していた。窓も不揃いで、

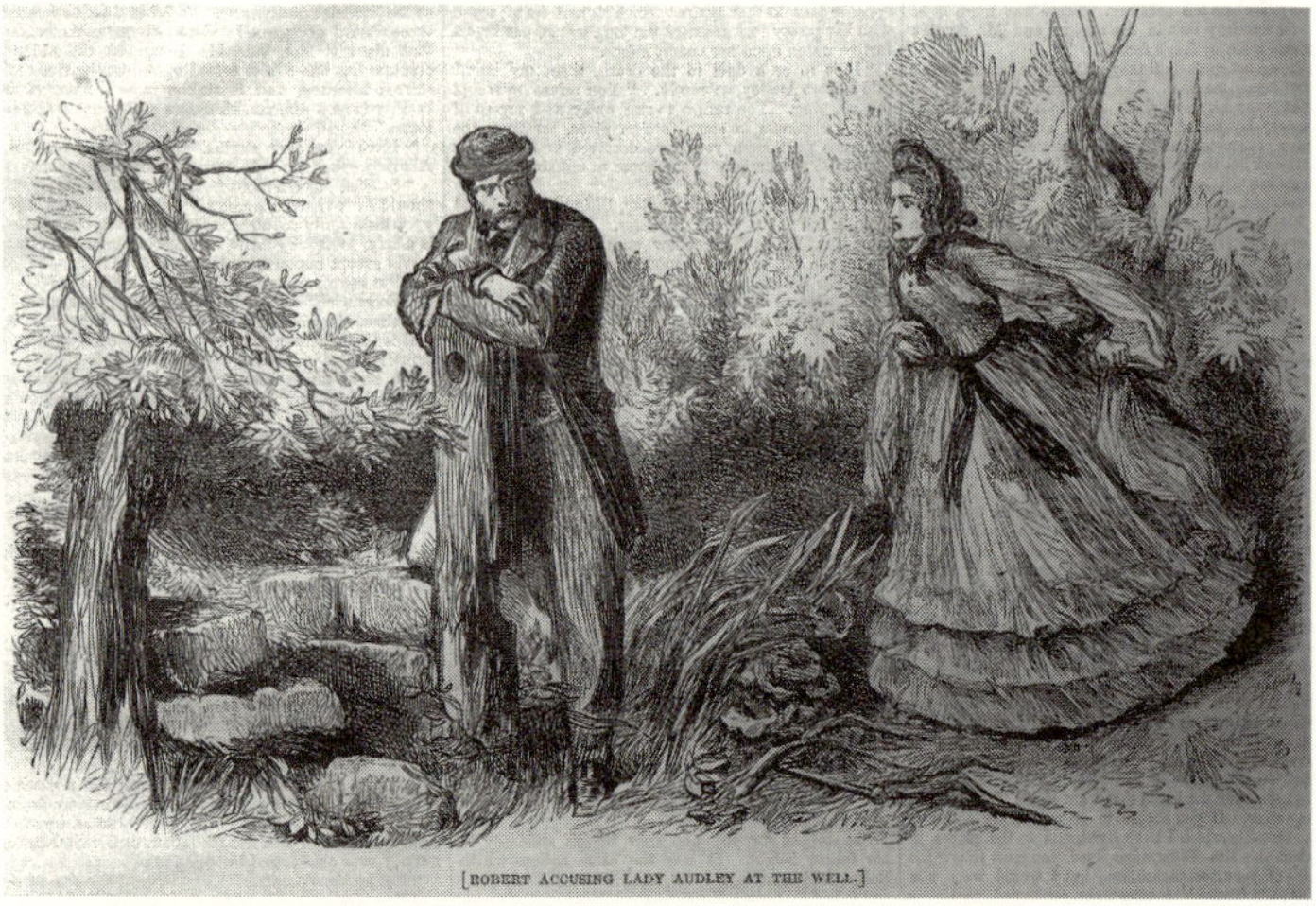

井戸の傍らに立つロバート・オードリーとオードリー夫人。オードリー夫人はその井戸に夫を突き落としたのであった。

大小異なりまったく統一がとれておらず、重厚な石造りで、見栄えのするステンドグラスがはめ込まれた窓、格子は朽ちかけ風が吹くたび唸り声をあげる窓など、実にさまざまな窓がしつらえられていた。……正面扉は建物の一角にそびえる小塔の角にあり……いにしえの栄華を想起させる場所となっていた。屋敷を訪れる者は恍惚のうちに忘我し日常生活の喧噪に嫌悪感さえ抱くようになるのであった。

インゲートストン・ホール邸の裏には緑色の水が緩やかに流れる運河と雁行するかのように、有名な「石灰石の小径」が走っている。この小径こそオードリー夫人が最初の夫を突き落とした悪名高き井戸へと通じていた。ブラッドンは後年、インゲートストンの小径を散策しているうちに物語の着想を得たと回想している。都会の喧噪から遠く離れ静寂に満ちたる場所で、（彼女の言葉を借りれば）「どこか怪しげな話」、「家庭内犯罪の物語」を思いつくのは、ブラッドンのようなセンセーション小説家をおいてほかにはいないであろう。

この破廉恥な小説（そして同様に破廉恥な作家）へのミドルク

ラスの反応たるや、まさに推して知るべし、である。「台所の召使向け読み物にすぎないようなものを応接間でミドルクラスが読む対象にまで昇華させるのにブラッドンは成功した」とある批評家は嘲笑する一方（「センセーション小説家ブラッドン夫人」〔一八六五〕）、ブラッドンは「病的な欲求」を満たしたにすぎないと別の批評家は息巻く（ヘンリー・マンセル「センセーション小説」）。また別の批評家はブラッドンの作品は「不品行の魅力を知るイギリス人女性にして初めて書けるものだ」と皮肉を込めながらも驚嘆の念を隠そうとはしない（マーガレット・オリファント「小説」〔一八六七〕）。

物語が「不品行」であると断罪された原因は、おそらくアンチヒロイン、オードリー夫人の存在であろう。陶製人形のように大人しく平静を装い愛らしさをたたえている夫人ではあるが、うちに殺人をおかす衝動を秘めていたのであった。次作『オーロラ・フロイド』（一八六二）では女丈夫のヒロインが登場する。脅迫してきた男を鞭打つ場面がとりわけ有名だが、衣服、髪をふり乱し鞭打つその姿ゆえ、嗜虐《しぎゃく》的な歓びにひたっているのではないかと誹りをうける。

『オードリー夫人の秘密』は巨額の富を女流作家にもたらした。ブラッドンはロンドン郊外リッチモンドに豪邸を購入し、八十篇もの小説を執筆した。一八世紀に建てられ一九三〇年代に取り壊されたリッチフィールド・ハウス邸は大邸宅という名にふさわしく、あの古めかしいオードリー・コート邸ほど豪奢ではないにせよ、「立派」と形容してもおさまらない大邸宅であった。出版者ウィリアム・ティンズリー（一八三一 - 一九〇二）もブラッドンの作品売り上げの恩恵を被り、ロンドン郊外バーンズに邸宅を建造し、作品名にちなみオードリー・ロッジとうたっていた。

現在の読者が『オードリー夫人の秘密』を読むと、ヴィクトリア朝の人々がこのヒロインを悪人と断罪したのがいかに不当な評価であったのか、一驚を覚えずにはいられないであろう。繰り返し言及されるヘレン（別名オードリー夫人）（訳注2）の天使のごとく美しきつややかな金髪は、ヘレンが再婚以前から悪人の素質を有していることを暗示している。なぜなら、この金髪は欺瞞の証である染髪によるものだったからである。ただグィルト夫人同様、ヘレンを邪悪な人物だと単純に断罪してしまうわけにはいかない。

ヘレンは幼少時、精神が病に冒された母親と離別を余儀なくされ、アルコール依存症の父親のもとで育てられた。結婚後、子供がまだ乳児期に最初の夫ジョージ・タルボーイズは、突然、ひと言も残さずに妻子を置き去りにしてオーストラリアへ旅立ってしまう。冷酷きわまる悪党も顔色無しの非道だが、当時の読者はタルボーイズを美徳の権化とみなし咎《とが》めだてすることはなかった。タルボーイズは妻子のため、オーストラリアで一攫千金をもくろみ成功するわけだが、ヘレンはその間、貧困の奈落であえいでいたのである。夫は不幸にみまわれ死亡したものと諦め、家庭教師として働き口を見出し、初老の裕福な男爵マイケル・オードリーと結婚するという成り行きは、きわめて自然であった。だが、結婚を境に運が傾きはじめる。マイケルの甥ロバート・オードリーは偶然にもヘレンの前夫の友人で、ジョージ・タルボーイズに何が起こったのか、この新しくオードリー夫人となった女性はいったい何者なのかと、徐々に疑いを募らせていくのである。

ヘレンの看過できない罪のひとつに、子供をアルコール依存症の冷酷な父のもとに放置した行為があげられるが、ヒーローとして描かれる彼女の前夫ジョージもオーストラリアから帰国し子供の養育責任が生じた際、全く同様の行為をおかしている。加えてあのロバート・オードリーでさえ、友人タルボーイズが死亡したと推定され子供の養育問題を突きつけられるや、無慈悲にも子供を即座に寄宿学校に入れてしまうではないか。オードリー夫人は物語の結末、殺人未遂の罪で司直の手にゆだねられるよりも、ベルギーの精神病院でロバート・オードリーの金銭にまかせて生きながらえる方がましだと考え、佯狂《ようきょう》をよそおったのではないか、とつい想像してしまいたくなる。

今日の道徳観とは相容れないものがあるにせよ、オードリー夫人の物語が魅力を失わないのは、いったい誰が善人で、誰が悪人なのか、状況が変化するたび推理をめぐらす面白さが読者側にゆだねられているからであろう。メアリ・エリザベス・ブラッドンは、読者が何を愛で、何に批判の矢を放つかを本能的にかぎとり、読者が作者を全面的に支持しなくともつい読み続けてしまう、その際どい一線まで読者を挑発しながら書き連ねていったのである――「ヴァイオレット、それこそ不品行きわまりなく、犯罪よりも罪深いのよ」とは、ブラッドンの後年の作品で登場人物が吐く有名な言葉である（『ヴィクセン』〔一八七九〕）。さすがは社会を鋭く見抜く慧眼の小説家ならではの言葉といえよう。

ブラッドン伝を執筆したジェニファー・カーネルは、ヴィクトリア朝の人々は作者が思う以上にはるかに厳しく、ブラッドンの登場人物を評価していたと指摘している。殺人などの罪を犯した登場人物たち（実際ブラッドンの作品にはそのような登場人物が数多く登場する）が往々にして絞首刑などの死を免れ、代わって罪を悔いながら余生を過ごしていく結末をブラッドンはより好んだのだが、こうした結末はしばしば道徳的に厳格な読者から不興を買うところとなった。現代の視点から見れば、ブラッドンは他の同時代作家たち以上に、人間の弱さに対してより深い洞察力をそなえていたと思われる。その人生が平坦でなかったがゆえに、人間たるものどうした状況で犯罪に走ってしまうのか、誰よりもよく理解していたと言えよう。

実際、ブラッドンが富、名声に酔っていた頃、過去が人生に再び暗い影を投げかけてきた。ジョン・マックスウェルの法律上の妻がアイルランドの精神病院で死去した時、ブラッドンの敵対者たちはこの知らせが広く告知されるよう仕向けた。ブラッドンがマックスウェルと同棲していたリッチモンドの邸宅には、ブラッドン本人が死亡したのだと誤解した多くの読者から弔意を表す手紙が舞い込んできた。だが、ブラッドンの生存が明るみに出ると、裕福な夫妻の評判は地に墜ちてしまい、ひとりの召使を除いて、全員が去っていったという。ブラッドンは人々から尊敬を得なかったにせよ、一九一五年の死亡時、大成功を収めたこの女流作家は莫大な財産を残すところとなった。それはヴィクトリア朝読者が求めてやまなかった作品群を提供しつづけた作家活動に対する正当な報酬だったと言わねばなるまい。

第16章　切り裂きジャック

「屈強な男でも震え上がり、女性などは卒倒してしまい劇場から搬送される始末であった」（ポール・ウィルスタッチ「俳優リチャード・マンスフィールド追悼文」『リチャード・マンスフィールド――人として俳優として』〔一九〇八〕）

一八八八年、連続殺人犯がロンドンのイーストエンドを震撼させた。犯人にまつわる数少ない信憑性ある事実はどれもおぞましく、しかも繰り返し書き立てられ手垢にまみれたと言うのに、犯人は未だに杳として判明しない。その年の夏から秋にかけて、ホワイトチャペル、スピタルフィールズの路上で矢継ぎ早に起きた売春婦殺害事件は――少なくとも人々の心の中では――同一犯の手になる一連の犯行だとみなされた。三人の犠牲者はいずれも内臓が刳《えぐ》り出されていたためか、犯人は医学的知識、解剖経験を有する人物にちがいないと人々は推理した。そして、犯人からと思われる――だが、おそらくは事件をセンセーショナルに仕立て上げようとした記者からの

——一通の手紙がこの事件を人々に強烈に印象づける決定的要因となった。今日の人々が事件にまつわる推測と事実をないまぜに思い起こす名称ともなる、あの忌まわしい名が手紙には記されていた。医師訓練を受け、死体切断を犯した殺人鬼、「切り裂きジャック」である（＊）。

本事件はまたたく間にフィクション化された。早くも一八八八年十月、ジョン・フランシス・ブルーアーが切り裂きジャック殺人事件に着想を得た小説『マイタ・スクエアの呪い』を発表して以降、影響力は今日に至るまで衰えず、最近も『ホワイトチャペル』（二〇〇九）、『リッパー・ストリート』（二〇一二）といったテレビドラマまで放映されている。

だが近年の歴史家たちは現実がフィクション化されるだけではなく、フィクションが現実化されるというきわめて興味深い現象に着目している。

かのロバート・ルイス・スティーヴンソン（一八五〇 - 九四）の小説『ジキル博士とハイド』（一八八六）はある悪夢——彼の言葉を借りれば「素敵な幽霊譚の夢」——に着想を得て三日間というすさまじい速度で書き上げられた。この短編小説は二重人格の博士をめぐる物語である。昼間のジキル博士は非の打ちどころがなく、医師であり地域社会から信望を寄せられる人物であるが、夜になると、一転、戦慄すべき暗い性格が顕現してくる。薬の不可思議な作用により、ハイドという恐るべき殺人鬼に「変貌」するからである。物語は夜のロンドンの街路を徘徊するハイドの描写からはじまる。病気の親戚に薬を買うため使いに出ていた小さな少女とぶつかり、ハイドは怒りのあまり少女を踏みつけてしまう。その邪悪な行為にはこれといった動機もなく、ただ手近な人間を手当たり次第攻撃するだけだったので、一層おぞましく感じられた。

人々に難詰され、ハイドは幼児を傷つけたことに対して慰謝料の支払いに同意するのだが、差し出されたのはかの高名な紳士、ジキル博士の署名入り小切手であった。邪悪で醜く暴力的で、後に別人を撲殺してしまうハイドと、有徳の紳士ジキル博士には、何がしかの関係があると示唆される、これが最初の出来事であった。当初、ハイドがジキル博士を恐喝しているのではないかとの嫌疑が生じたが、二人が同じ場所に同じ時間にいるのを目撃されたのはただの一度もなかった。やがて、ハイドがジキル博士を殺害したのではという嫌疑が浮上して初めて、二人が同一人物であると判明したわけである。その事実とともに、特別な塩と調合して作る秘薬が変身の秘密であることも明らかになってくる。ジキル博士は「完全完璧な人間と原初的人間の二重性」について研究するため、化学実験を重ねてきたが、不純物が混入した薬を調合してしまい、予期せぬ悲劇的結果を招いてしまったのである。

本物語には、ヴィクトリア朝人の薬物への愛憎入り交じった感情が示唆されている。あのウィリアム・パーマー（第11章参照）のような尊敬すべき医師の心奥深く潜む暗闇を人々は恐れたのだ。人間は相異なる双面《ふたおもて》をそなえているという主題はヴィクトリア朝文学に一貫して見られ、オスカー・ワイルド（一八五四 - 一九〇〇）の長編小説『ドリアン・グレイの肖像』（一八九〇）においても再度採り上げられることとなる。

小説家スティーヴンソンの作品は大評判を博したため、すぐに劇場版が登場し、ウェストエンドの大劇場、ライシーアム劇場で一八八八年八月五日に幕があがった。「切り裂きジャック」による最初の犯行と推測されるマーサ・タブラム殺人事件がおきたのは、そのわずか二日後であり、他の事件もその後に続いた。ライシーアム劇場では俳優リチャード・マンスフィールド（一八五七 - 一九〇七）が夜毎、善玉ジキル博士と悪玉ハイドの二役を演じ分けていた。マンスフィールドが舞台でハイドからジキル博士に戻る場面で、劇はクライ

（＊）「切り裂きジャック」に関するインタビューを文化史家ジュディス・フランダーズに行ったとき、調査した何百というヴィクトリア朝殺人事件のうち、わずか四件だけが未解決であると教示してくれた。しかも三件には限られた有力な容疑者がいた。百名以上の容疑者がその後の捜査で検挙されているが、何ら解決の糸口すら見えなかったのは「切り裂きジャック」事件のみである。

マックスに達する。映画版では、逆方向の変身、つまり善から悪へ、ジキル博士からハイドへの変身が描かれているが、舞台版では怪物から人間への変身が演じられていた。

スティーヴンソンは変身過程をまがまがしく描写していく――

悶絶するほど息苦しく……骨が砕ける痛みが走り、苦しい吐き気が襲ってくる。この魂が感じる恐怖こそ、生まれ出ずる時、また今際に感じる恐怖と何ら大差ない。その後、こうした激痛が素早く治まったかと感じるや、大病の回復時のごとく、しかと我に返るのである。曰く言いがたい感覚、名状しがたい甘美な感覚が揺曳してやまない。

これぞリチャード・マンスフィールドが演じなくてはならない山場であるのだが、あっぱれにも演じおおせたのである。マンスフィールドには、作詞家W・S・ギルバート（一八三六‐一九一一）、作曲家アーサー・サリヴァン（一八四二‐一九〇〇）共作のオペレッタへの出演経験があり、後にシェイクスピア劇俳優としても大変な人気を博することになる。『ニューヨークタイムズ』紙の死亡記事は「当代きっての俳優で、史上最も偉大な俳優の一人であった」と賛辞を惜しまなかった。

〈ジキル博士／ハイド〉という演技こそマンスフィールドの名声を確立したはまり役であった。「真に迫る演技に劇場全体が圧倒され静まりかえった。これぞ演技力の最たる証にほかならない」と『ディリー・テレグラフ』紙は絶賛をきわめた。（この記事によれば、当時の観客は現在のように静かに耳を傾けて観劇しなくても許されていたことも示唆されている）。評者は続けて、「マンスフィールドは卓越した技能、知性を兼ね備えた俳優として、『来た、見られた、勝った』（訳注1）のである」と讃辞を重ねている（一八八八年八月八日）。

マンスフィールドはいかにハイドからジキル博士へ変身を遂げたのか。メイキャップ、落とし戸、照明効果など、さまざまな推測がなされた。「誰もが、実際目の前で演じられる信じがたい変身はどのように起こるのか、推測を巡らした」とマンスフィールドの追悼文のなかでは回顧されている。「酸、燐などといった化学薬品の使用が疑われ」たが、ある目撃者は、「『単純なことさ。ゴム製スーツを用いて空気を入れたり抜いたりしていたにちがいない』と断言した」と人々の興奮ぶりを伝えている（『リチャード・マンスフィールド――人として俳優として』）。

当然ながらマンスフィールドは自らの技の秘訣を明かそうとはしなかったが、身体ひとつで変身を演じた可能性が高い。同時に、オーケストラの劇的音楽、巧みな照明技術も効果を高めるのに一役かった。ハイドを演じるときには、眼窩が不気味にくぼんで暗く見えるように下方から照らされ、ジキル博士のときには、眉目秀麗の主役らしく上方からの光で華やかに照らし出された（批評家は通常、品行方正で退屈な主人公、ジキル博士の演技よりも、歪んだハイドのそれを好んだ）。しかし、こうした舞台効果があったにせよ、最高の効果はマンスフィールド自身の演技であった。ハイドが魔法の薬を飲む瞬間、マンスフィールドは観客からは背を向け、薬が喉を通ると、身をよじらせ顔を歪めてもがき苦しんだ。そして変身を遂げると、にこやかに微笑をこぼす博士へと変身し、再び客席に向き直るのであった。「薬の服用前、背の低い悪魔にすぎなかったが、身体をまっすぐに伸ばすと、巨大な体軀に変貌したように見えた。そして、顔面を覆っていた両手が上へ伸びると、そこにはジキル博士が立っていたのである。素早い完璧な変身にはただ驚嘆するばかりであった」と『イブニングスタンダード』紙の記事は伝えている（一八八八年八月八日）。

劇場に詰めかけた二千人余の観客すべてに、舞台上で生起していることが理解できるよう、マンスフィールドは大袈裟でメロドラマじみた演技スタイルをとったのであろう。そうした演技に呼応して大形に反応した観客は震え上がり怖がったのである。

その見事な名演技は、これまでに見たことがないようなものだったこともあって、感嘆の嵐が渦巻いた。観客の精神に投げかけた影響はほとんど危険と言ってもいいほどであった。とある週刊誌の記事は以下のようなエピソードを伝えている――

ある晩、ストランド通りに人だかりを見て、何があったのかと思い近づいてみると、全速力で走行中のバスから飛び降り気絶した身なりのよい若い男を群衆が取り囲んでいた。どうやらマンスフィールド演じるジキル博士を観た後、バスに乗り込んで、おぞましい姿をした男と遭遇したため、ジキル博士か、そうでなければホワイトチャペル殺人鬼だと思い込んでしまったようだ。恐怖のあまり座席から飛び降り、先述の事故につながったというわけである（『セント・スティーブンズ・レヴュー』誌一八八八年九月二十九日）。

各紙報道によれば、「切り裂きジャック」は被害者の内臓を専門的技術でもって摘出していたので、医学訓練を受けている者にちがいないと推測された――かくの如く、人々はほどなく「現実」と「フィクション」を混同しはじめたのである。「切り裂きジャック」研究者の専門誌『リッパーオロジスト』誌に掲載された論文のなかでアラン・シャープは、ロンドンで人々が恐怖にとりつかれた一八八八年夏、メディアがいかに「切り裂きジャック」とハイドを関連づけたかを分析している。たとえば『フリーマンズ・ジャーナル』誌は冷静に両者を比較し、「こうした冷酷かつ無差別な殺人は、ハイド以上に恐ろしい怪物じみた人間が、今この瞬間もイーストエンドに存在することを示している」と結論づけた（一八八八年九月三日）。一方『テレグラフ』紙に投稿したある紳士はより強い関係性を示唆している。「［「切り裂きジャック」事件の］犯人は、『ジキル博士とハイド』の芝居を観て、神経が異常に昂ぶり変調をきたした人間にちがいない」と推断する（一八八八年十月三日）。さらに事実を無視して大胆な推理を下す者までいた。『スター』紙記者は「新聞読者は一様にホワイトチャペルの謎を解く明白な鍵を見過ごしてきた。殺人犯はハイドで、ジキル博士の社会的地位を隠れ蓑に、卑しい姿で犯した罪から逃れようとしている」（一八八八年九月十一日）。

俳優リチャード・マンスフィールドその人こそが殺人鬼に違いないという説さえ登場した。マンスフィールドは毎夜舞台で医者、殺人鬼に変身できる能力を見せつけてきたではないか。『ペルメル・ガゼット』紙は「ハイドはホワイトチャペルで解き放たれた」との見出しを掲げ、「公衆の面前でマンスフィールドほど難なく即座に変身できる人間がいるとはとうてい思えない」と書き立てた（一八八八年九月八日）。

文化史家ジュディス・フランダーズが指摘するように、どうやらスティーヴンソンの『ジキル博士とハイド』は「切り裂きジャック」の正体を推測しようとする人々の見解に決定的影響を与えたようだ。殺人犯がイーストエンドの碌《ろく》でもない地元住民だと推測する者は誰もいなかった。そうではなく昼間は豊かな社会の一員で、夜間になるとホワイトチャペルの薄汚い通りを徘徊する外部者だという説がたえず支持されたのである。浮上した容疑者には画家ウォルター・シッカート（一八六〇‐一九四二）、作家ルイス・キャロル（一八三二‐九八）に加えて、国王エドワード七世（一八四一‐一九一〇）の長男クラレンス公（一八六四‐九二）までもがあがっていた。これらの人々は立派な人間の内に潜む怪物という恐怖を体現していたのである。

現実とフィクションの絡み合いはさらに一層複雑な様相を呈し、「切り裂きジャック」と同時代のロンドンの街路にはさらなる架空の人物が出現した。あの華々しい私立探偵シャーロック・ホームズである。ホームズは一八八七年、クリスマス号の雑誌に初めて登場し、「切り裂きジャック」が国中を震撼させた一八八八年、『緋色の研究』と題する小説となって出版された。

「切り裂きジャック」の事件はホームズがデビューした当時まだ起きてはいなかったが、デビュー作に続く数々の物語のなかでホームズが成長していくにつれ、「切り裂きジャック」とは正反対の分身かと見まがうばかりになっていった。「ジャック」が制御できず不可思議で動機不明の夜の人間である一方、ホームズは合理的思考にとみ華々しく、暗闇を照らす光のような安堵をもたらす存在であった。現実のホワイトチャペル事件においても、アーサー・コナン・ドイルが創作した小説の事件においても、警察は失敗の連続であったのに、ホームズは常に成功を収めた。そして、「ジャック」像とホームズ像が奇妙に交錯するなか、連続殺人犯を見たとおぼしき数少ない目撃者である一人は、犯人はホームズの代名詞である鳥打ち帽をかぶっていたと証言したのであった。

物語のなかで政府の大臣、裕福な企業家、ヨーロッパの王族といった人々が警察へ向かわず、ホームズに込み入った事件の解決策を求めたのも当然であろう。だが、総体的に見れば、ホームズの顧客はお偉方ばかりではなく、教区司祭、タイピスト、技術者、女家主、女家庭教師といった市井の人々も含まれている。夜道を歩いて帰宅中の人々は、雑誌に掲載されたホームズ物に目を落としつつ、逃亡中の「切り裂きジャック」がいつかは捕えられるであろうと期待し、安堵の念を覚えたのであろう。

シャーロック・ホームズとその世界にはどこか人を安心させるような堅実な雰囲気がそこはかとなく漂っている。だが同時に、人々が「切り裂きジャック」に抱いているイメージにも同じことが言えるのだが、ホームズもまた風変わりで社会の部外者たる存在にほかならない。親しい血縁もなく、深刻な鬱に襲われ、倦怠、疲労をやり過ごすためモルヒネなどの薬物を常用している。正義に没入するあまり全身全霊を捧げ、時には思慮を欠き、あえて危険な行動さえとる人物なのである。

よって、ホームズ・シリーズは刺激に富み心掻き立てる読書体験を提供してくれるわけである。ホームズは犯人追跡に一頭立て二輪馬車で駆け、ボートでテムズ川を往きかう主人公だが、阿片窟（訳注2）に出没するホームズの姿もある。『緋色の研究』でホームズが初登場する場面では、いかにも「切り裂きジャック」らしい行動に没頭していた——鞭《むち》で遺体を打っていたからである。
だが、この行為こそ「法医学」というヴィクトリア朝の最新科学の一環にほかならないのである。

第17章 法医学——シャーロック・ホームズ登場

「遺体を一目見ただけで、医者はすべて推察すべきだ」
（アルフレッド・スウェイン・テイラー『法医学教本』［一八四四］）

ヴィクトリア朝の遺体安置所とはどのような場所だったのであろうか。

それは病院の病棟配置によくあるように、中庭を囲んで建造されていて一般人が外部からのぞき込むことなどできなかった。窓は獣脂か石鹸がこすりつけられ曇りガラス仕立てであったが、自然光も採りこめた。さらに部屋中央には石製テーブルがあり、天板には縁、溝もなく、遺体からしたたる体液はことごとく床に敷いた大鋸屑《おがくず》に吸い取られる仕組みになっていた。

暖炉の上方に秘密の小部屋が設けられていて、怪しげな経路で入手した遺体が鉤と滑車を使い、他の捜査を拒むかのように運び込まれる。医学生が技術を磨くために実践する遺体解剖は、前世紀ならば教会から断罪に値する神をも恐れぬ行為とされたが、一九世紀になっても万人には受け容れ難い行為であった。

一七世紀以来、医者は処刑された罪人の遺体を使用して解剖を行っていたが、供給が途絶えると「遺体盗掘人」に依頼した。きな臭い「遺体盗掘人」は真新しい墓から遺体を掘り起こし、医学校へ売却し利益を得ていた（因みに遺体窃盗自体は違法とされなかったが、遺体が着用している衣服を盗んだ廉で逮捕される可能性があった）。

一八三二年に「解剖」法が制定され、医学生は法を犯さずに必要とする遺体を容易に入手できるようになった。制定以後、救貧院で死亡し、四十八時間以内に身内からの遺体請求がないと、遺体は病院へ搬送された。とは言え、問題がすべて解決されたわけではない。戻ってきた遺体がすでに病院で解剖されたものだと家族には知らされない場合もあったし、救貧院があまりにも権威を振りかざすため、身内は遺体請求できず、不承不承ながらも解剖に付すのを黙認したこともあったという。

医学解剖に供される遺体は「豚肉」、「牛肉」などの札を貼った樽に入れられて搬入され、アルコール漬けにして保管された。まず個人を特定できる部位を除去し、テーブルの上で仰向けにした遺体の頭の下に木片を置いて支え、顎から恥骨にかけて執刀していく。電動鋸《のこぎり》が発明される以前、胸郭切開は実に骨折れる仕事であった。一九四七年、ホーマー・ストライカー博士（一八九四－一九八〇）によって振動医療鋸がようやく考案された。鋸は博士にちなんだ名前で呼称されている。

異臭が充満する部屋で医療従事者たちは素手にエプロンという出で立ちで解剖に携わったため、たえず感染の危険にさらされていた。こうした状況下にもかかわらず、徐々にではあるが身体構造の解明から死に至る過程までを詳細に解き明かしていったのである。

かくのごとく解剖医は遺体からの情報をいかに読み取るかを学んでいったのであった。

一九世紀を通じて、犯罪証拠を医学的に解読する技術は、相互に関連しながらも二分野に分かれて展開していった。第一に、遺体安置所で遺体そのものを検証したり、ウィリアム・パーマー事件で遂行されたごとく、科学的分析により遺体を検証する方法があった。第二に、犯罪現場に残された細かな証拠を検証していく捜査法があったが、後者は確立するまでかなり時間を要するところとなった。

読者がシャーロック・ホームズと初めて遭遇する頃、すでにホームズはこうした両分野に携わっていたが、後者において著しい業績をあげ革新的でさえあった。因みに『緋色の研究』でホームズが初登場する場面は、ジョン・ワトソン博士が友人の友人から「病院の化学実験室で働いている男」が下宿人を探していると仄聞するところから始まっているのである。部屋を求めていたワトソンは、この未知なる科学者と会いたいと願うようになる。

共通の友人はワトソンをセント・バーソロミュー病院へ連れて行く。そこでホームズは一日の大半を過ごしていたのである。友人はワトソンに向かい、ホームズが偏屈っぽく「少々奇妙な思考の主」だと紹介する。ホームズが遺体を叩き死後どれくらい皮下出血ができるのかを検証しようとするとか、また毒への異常なまでの関心ぶりをその例としてあげるのである。

「ホームズは友人にでも新鮮な植物性アルカロイドをひとつまみ与えかねない。悪意ではなく探究心から効果をありのままに知りたいと願っているからだ。名誉のために言っておきたいが、自らも進んで飲んでみせることだってやりかねない。正確にして確実な〈知〉を得たい情熱に駆られているからだろう」

ワトソンが化学実験室に入ると、血痕識別の新技術発見のまさにその瞬間のためか、ホームズは異常な興奮に包まれていた。「発見した、ついに発見したぞ！」とホームズは叫びながら、「試験管を手にしたまま」で訪問客のもとに駆け寄ってきたのであった。

シャーロック・ホームズはジョン・ワトソンと握手し、「『ごきげんよう』と挨拶を交わし思いもかけない強さで手を握り『君はアフガニスタンにいたのじゃないのかね』」と会話が始まる。

これにはさすがのワトソン博士も驚き、好奇心を抱きながら判明理由の開陳を待つ。ホームズは結論にいたった過程を説明していく――

「『ここにいる紳士は医療関係者に違いないが、軍人の雰囲気もただよっている。明らかに従軍医だ。顔色は浅黒いのだが、手首だけは色白い。元来、色黒ではなく熱帯地方から帰国した直後だと推定できる――頬はこけ、労苦、病苦を物語っている。左腕は傷跡をとどめこわばり不自由そうだ。イギリス人軍医が腕を負傷までする困難に遭遇した熱帯地方はいずこであろうか。それはアフガニスタンしかない』と即座に推察できよう。そして『アフガニスタン』から来たんだねと告げると君が驚いて見せたのさ」

ホームズ物語の冒頭数ページにして、読者はホームズ自身の人柄のみならず科学を援用して推理していく思考法を知らされるところとなる。まず、ホームズが実験室で毒物学を研究、血痕識別の新たな化学試験を発見する現場を目の当たりにする。ホームズの言葉を借りるならば、それはまさに「この数年来、最も実用性に富む法医学研究の発見」であった。次にワトソンの外観に隠された痕跡を読み取り、アフガニスタンでの従軍経験を洞察しワトソンを驚嘆させる演繹的推論の過程が開陳されていくのである。

シャーロック・ホームズの生みの親アーサー・コナン・ドイル自身、医者としての修行中、指導教授ベル博士（一八三七 - 一九一一）からホームズ像の着想を得ていた。一九三〇年代に行った最晩年の録音において、ドイルは探偵ホームズが生まれた過程を回顧している。「r」発音が巻き舌になるスコットランドかノーサンブリア訛《なま》りの明瞭な口調でもってドイルは『緋色の研究』の執筆当時を回想していく――

当時の私は若き医者で、……厳格な医学校で教育を受けていた。なかでも鋭い観察眼をそなえたエジンバラ大学のベル博士の影響は甚大であった。博士は患者を診れば病名のみならず職業、居住地まで当ててみせると豪語していた。

ベルはアルフレッド・スウェイン・テイラー、ウィリアム・ヘラパスといった人材に続く次世代の法医学者のなかでも傑出し、その分野の第一人者とも言える人物であった。ヴィクトリア女王のスコットランド滞在時には王室医として招聘されるまで登りつめ、晩年はシャーロック・ホームズ誕生の契機に自らがなったことに大いなる満足を覚えていたという。

ベルの科学的アプローチに自らの創作熱を結合させたところに、コナン・ドイルの天賦の才があったといえようか。もともとドイルは医業を決意するのだが、患者がいっこうに集まってこない現状にたえきれず執筆活動を開始し、ホラー、ミステリー、幽霊譚にとどまらず、ありとあらゆる作品を雑誌に投稿し続けた。そして、ついに推理小説という金脈を掘り当てたのであった。

「自分の伎倆を試してみたいと思った」とコナン・ドイルは録音記録で語っている――「そこでベル博士の病気診断法のごとく、主人公が犯罪を推理する小説、すなわち科学がチェスゲームのように展開する小説を執筆してみた。その結果、シャーロック・ホームズが誕生したわけだ」と誇らしげに振り返っている。『緋色の研究』ではホームズが科学者として華々しく初登場した後、犯罪現場の検証へと移っていく。当時すでに遺体検証は一般的に行われていたのだが、犯罪現場が真相解明のために重要な鍵となるという認識はいまだ広く浸透していなかった。これぞホームズが同時代の探偵に先駆けて本領を発揮できる場であった。刑事たちが家周囲のぬかるんだ道を踏みにじってしまい、犯人の足跡という重要証拠を台無しにしたとホームズは憤慨する。「水牛の群れが通り過ぎても、こんな滅茶苦茶にはならないはずだ」と責任者の警官に怒りを露わにする。無知で愚鈍な現場の警察官の裏をかいて、いつも自らが圧倒的勝利を収めるという展開がホームズの事件でとめどなく繰り返されることになる。

室内に入るや、ホームズはアルフレッド・スウェイン・テイラーの『法医学教本』に準じて遺体検証をはじめる。コナン・ドイルはテイラーの著作を隅々まで熟読していたらしい。さらなる物証検証のため、ホームズは煙草の灰、自転車タイヤ、泥などをあまさずじっくり観察し、さらなる手がかりをつかもうとする。遺体を検証する際、ホームズの「しなやかな指がいずれの場所にも触れ、感触を確かめ、押したかと思えばボタンを外し触診しようとする」とドイルは描写していく。医学史家E・J・ワグナー（『シャーロック・ホームズの科学捜査を読む』の著者）が指摘するように、かくなる医学的検死こそテイラーが推奨する方法にほかならない——

法医学者の第一義は鋭い観察眼を養うことにつきる。……遺体の外傷、他の損傷など真相解明につながるすべてを観察しなくてはならない。衣服、被害者の手、部屋の家具に血痕が付着していたと、警察官から教えてもらうようでは捜査はおぼつかない（『法医学教本』〔一八四四〕）。

ホームズは遺体が運び出されると、今度は室内の検証に着手し証拠を求めて床から天井の隅々まで証拠を求めて観察していく――

ホームズは巻き尺と丸い大きな拡大鏡をポケットから素早く取り出すと、この二つの道具を携えて部屋中を物音も立てずに歩き回り、立ち止まったかと思えば跪き、うつ伏せになってみたりする。……その姿たるや訓練がいきとどいた純血の猟犬を想起させた。ある場所では床にある灰色の埃《ほこり》を注意深く収集し封筒に入れた。

「現場鑑識官」というのは今日では馴染み深い存在だが、一八八七年当時には実に目新しかった。鑑識官が文学に登場したことはなかったし、毛髪、埃など些細な証拠品収集の背後にひかえている推論も、読者にはあまり馴染みがなく新鮮であった。シャーロック・ホームズの物語は法医学の普及、専門化に多大な寄与をしているのである。フランスの法医学者で、リヨンに初めて法医学研究所を設立したアレクサンドル・ラカサーニュ（一八四三-一九二四）は、新人の鑑識官に向かい、秀逸な推理小説、つまりホームズ物語を読むように推奨したという。何でも「ほれぼれするようなテクニック」にあふれているというのがその評価であった。

だが、シャーロック・ホームズの最大の魅力は、強さよりはむしろその弱さにこそ宿っている。忠実な友人にして崇拝者であり同時に応援者でありながら記録者でもある、かのワトソンがいなければ、並外れた理性あふれる探偵には孤独で不毛な人生が待っていただけであったにちがいない。ワトソンは初対面の瞬間から最後にいたるまでホームズに献身し尽くした。

『シャーロック・ホームズ最後の挨拶』（一九一七）に収録されたシリーズ最終作品の一編「悪魔の足」（一九一〇）

には、情熱的なワトソンと冷静なホームズという対照的な両者が織りなす、抗いがたい魅力を放つ関係の、見紛うことなき図式を見る思いがする。ホームズが研究への好奇心をつのらせるあまり、有毒ガスを部屋に充満させてしまい、二人がからくも脱出する場面はまことに感動的である。シャーロック・ホームズは向かうところ敵なしに見えるが、より人間的な友人がそばにいなければ人生すら切り抜けられないのである。

私は椅子から飛び上がり、よろめきながらもホームズを抱きかかえ扉から脱出した……。

「ワトソン君、神に誓って」とホームズはうわずった声でやっと話し始めた。「君には心からの感謝とお詫びを言わせてもらおう。あれは自分でもやってはならない実験であった。ましてや君という友人がいるのになおさらだ。本当に申し訳ない」

「何をおっしゃるのですか」とこみ上げる感情を抑えながら私は応えた。ホームズがこのように心情をありのまま吐露してくれたことなどなかったからである。「助けることができて、こんな光栄なことはありませんよ」

ホームズは即座にいつも周囲の人にみせるあの半ば冗談めかした、半ばシニカルな口調に戻った。「無分別は一人で十分だよね、ワトソン君」とホームズは言葉を継いだ。

二人の長い友情の末、これまで長きにわたり明かされなかった真実がついに語られるところとなったのである。

犯罪現場を保全し検証する科学捜査が確立し、犯人、容疑者を特定する新しい技術が展開する舞台ができあがった。一八七一年に犯罪防止法が制定され、有罪判決を受けた犯罪者は再犯時の識別を容易にするため、写真撮影が定められた。だが、結果として莫大な量の資料がかさばり、保存、記録保持の観点から実用的ではないのが明らかとなり、五年後には常習犯のみ顔写真を撮影するように改正された。

こうした犯罪者の記録保持に向けた最初の取り組みは、別のかたちで結実していく。囚人が監獄を出所すると き、指紋、外観、身体的特徴をカードにして記録するようになった（ただ囚人の多くは監獄内の重労働のため指紋が摩耗し哀れなほど薄い指紋しか残せていない）。こうした記録カードには、出所後、再犯が起きても直ちに犯人識別を可能にする多くの情報が記載されていた。カード導入にあたりベルティヨン人体識別法という体型測定値を記録する方法が採用された。フランスの犯罪学者アルフォンス・ベルティヨン（一八五三‐一九一四）によって考案されたシステムで、肘の外側から中指の指先までの長さ、頭の直径などを金属製測定器、定規を使い測定・記録される。できるだけ多くの測定値を集積し、より正確に容疑者が同一人物であると判断できるのである。

さらに、植民地インドで勤務するイギリス役人が、最小限の情報で人体識別を可能にするシステムを開発した。人が変われば指紋も異なるという既存知識を活用し、ベンガル警視総監であるエドワード・ヘンリー（一八五〇‐一九三一）が率いる部署が、指紋を分類し容疑者指紋を記録簿の指紋と照合できるシステムを確立したのである。指紋が人により異なるという知見そのものは既知のことであったが、警察における当システムの有用性は、情報の蓄積、活用を可能とする記録保管方法にあり、ヘンリーの著作が一八九七年に出版されるや、ただちにインドのイギリス統治領全域で採択された。もっとも今日ではシステム開発の功労者は、ヘンリーの部下ヘムチャンドラ・ボーズ、アジズル・ハック（一八七二‐？）両者に帰されている。まず指紋を輪型、渦型、山形という三種に基本分類し、次に曲線の種類、指紋の溝間隔などに基づき、それらを数値記録する方法を編み出したのであった。

ヘンリーの業績は行政組織にも旋風を巻き起こした。一九〇一年、イギリスへ帰国するやロンドン警視庁長官に就任し、早々に警視庁指紋部を設立した（ヘンリーは長官在任中、タイプライター、警察犬導入にも尽力したという）。当時、指紋はすでに採取されていたのだが、囚人だけに限られていたのである。

指紋により犯人が特定され、解決に結びついた殺人事件の初例は一九〇五年、ロンドン郊外デトフォードにて店員二人が店内で殺害された事件である。金庫に残存した指紋が、容疑者二人の兄弟のうちの一人、アルフレッド・ストラットンの指紋と合致し、逮捕へと結びついた。だが、ここでもシャーロック・ホームズは警察よりも捜査方法を先取りしていたことになる。二年前に出版された短編「ノーウッドの建築業者」（一九〇三）では、血まみれの指紋が中心的役割を果たしていたのだから。

指紋鑑定の最たる強味は、容疑者の前科有無を即座に識別できるところにあった。指紋部の設立により、ベルティヨン法に従い採取された指紋は残らず分類され、新たな容疑者が連行されるごとに指紋も追加され膨大な記録へと化していった。そして、本システムは今日に至るまで機能している。重罪で逮捕され起訴された者はすべて指紋を残す義務があり、そのため警察には指紋採取権限が与えられていた。容疑者に「無罪」が確定して初めて記録は破棄されたのであった。

法医学は日進月歩し、新しい方法が生み出され、警察では警官に対して捜査技術向上の指導を実践している。ロンドン警視庁のかつての所在地スコットランド・ヤードに開設された警官訓練を目的とした博物館には、さまざまな道具、サンプル、凶器、そして遺体の一部までもが教材として陳列されている。この博物館は犯罪者であったが警部に転向し、フランス警察犯罪捜査課の最高位にまで登りつめたウジェーヌ・フランソワ・ヴィドック（一七七五‐一八五七）が設立した施設を手本にしたのであった。

ヴィドックは泥棒から一転、警官に転身し泥棒を捕らえる側についた。一八世紀の小説によく登場する悪漢を地で行くような人物で、何と初めて投獄されたのは十三歳の時であった。その後、フェンシング、人形劇、旅回り劇団の人食い人種役など、糊口をしのぐため仕事を選ばず、最後にはフランス軍に入隊し、あげく脱走した。三十四歳のとき、自ら生きる世界を変えようと決心し、暗黒社会から足を洗い警察の密偵へ変身する。出自も後押しした。「泥棒仲間からしたわれ、度々助力を得た」と告白している（『ヴィドック回想録』〔一八二八〕）。

ヴィドックはフランス警察に刑事、密偵をおいた犯罪捜査課を設立し、変装、犯罪記録保管から足跡の石膏取りにいたるまで、多くの改善をもたらした（ただ「足跡」という言葉は、後年に定着した言葉である）。だが、詐欺、文書偽造などの前科者だったためか、フランス警察はヴィドックの業績を喧伝しようとはしなかった。

それでもヴィドック自身は（あまり信頼できないが）羽根がはえたように売れる『回想録』を出版し、名声と富を同時に手に入れた。とりわけ評判を呼んだのは変装術であり、ヴィドックは「偽《にせ》の小皺、編んだ髪、純白のひだ飾り、大きな黄金の取手がついた杖、三角帽、留め金、半ズボンと揃いのコート」を使い、「初老のご婦人が憧れてやまない六十代男性」へと簡単に変身できると豪語している（『ヴィドック回想録』）。細部にこそ万全の注意をはらうべしという指南は「農夫に変身すれば爪には泥がついていなくてはならない」と的をつく。また頻繁に外見を変えられるようにたえず数種の帽子、スカーフを携行すべし、と部下にも指示していた。これは今日でも警官の隠密行動に駆使される手法である。どうやら変装の達人シャーロック・ホームズもヴィドックの技術から学ぶところが多かったようである。

ヴィドックは生まれながらに教師然としたところもあり、変装のみならず弾道学、記録法なども部下に伝授していた。晩年、ロンドンを訪問し、教育・娯楽を兼ねた凶器の巡回展覧会を開催した。一八五一年、詩人ロバート・ブラウニング（一八一二‐八九）は本展覧会の見学に加わりヴィドック本人に案内をしてもらっている――「殺人犯が目的遂行に使用するナイフ、釘、鉤などの展示品を目にした。……わずか一本の小さな果物ナイフが人間ひとりの命を実際に奪ってしまうとは。……『そのとき、犯人は実の母親を五十二回も刺して命を奪ったのですよ』とヴィドックは事もなげに語った」とブラウニングは書き送っている（妻エリザベス・バレット・ブラウニングへ宛てた手紙）。

こうした施設があり、然るべき人物がいれば、刑事も多くを学べるにちがいないと考え、一八七四年、ロンドン警視庁はスコットランド・ヤードに所蔵コレクションを展示する博物館を設立した。その五年前に囚人財産法が制定され、警察は犯罪者の所有物を没収する権利を確保したのである。一八七五年、「囚人財産庫」に常駐警官が配置され、博物館は恒久的存在となった。現存する訪問者名簿によれば、一八七七年から一八九四年の間、たえず一定数の訪問者がいた事実が判明する。

この博物館にはウィリアム・パーマーの手紙のような初期展示品もあるが、コレクションの大半は事件解決のたびに追加されていったものである。たとえば一九二七年、容疑者ジョン・ロビンソン（一八九一‐一九二七）によるミニー・アリス・ボナティ殺害事件（訳注1）で犯罪立証に使われた証拠品もここに展示されている。ロビンソンは被害者の切断遺体を柳行李トランクに入れ、大胆にもチャリングクロス駅の手荷物預かり所へ預けた。博物館には、手荷物預かり証の半券、血痕の付着したマッチ棒などが収蔵されている。マッチ棒はジョン・ロビンソンが遺体を切断した事務所の屑かごから発見され、現場に血痕が飛び散った証拠品となった。さらに、異常なまでに重い「本が入った」トランクを運ぶのを手伝うように依頼されたロビンソンの知り合いの証言も加わり、ロビンソン逮捕にいたった。若い刑事がこうした話を聞けば、犯罪現場の屑かごに捨てられている、血痕が付着したマッチ棒を見落とすなどありえないであろう。

今日、ロンドン警視庁は所蔵品公開を誰にするのか、きわめて慎重に定めている。アドルフ・ヒトラー（一八八九‐一九四五）の側近ハインリッヒ・ヒムラー（一九〇〇‐四五）のデスマスクや、連続殺人犯で死体性愛者《ネクロフィリアック》のデニス・ニルセン（一九四五‐）（訳注2）の所有していた冷蔵庫など病的関心を惹いてやまない数々の品が収蔵されているのだから、それは無理からぬことであろう。設立当初から新聞記者や（わが取材班も含め）映像取材にも固く門戸を閉ざしてきた。博物館の正式名称は「犯罪博物館」なのだが、一般的には「暗黒博物館」と呼称されている。一八七七年、『オブザーバー』紙記者が命名してから通称となっている。多くの人々と同様、この記者も入館を拒否された一人であった。

第18章　女探偵登場

「女探偵になって間もないが、この新しい職業に時間をそそぎ集中してきたのだから責任だけはまがうかたなく果たしたい」(W・S・ヘイワードが「謎の伯爵夫人」〔一八六四？〕の登場人物パスカル夫人を紹介する場面から)

作家アレグザンダー・マコール・スミス(一九四八‐)は作品に登場する有名な女探偵ミス・プレシャス・ラモツエ(訳注1)の誕生秘話を開陳している。男性の主人公では「会話は無味乾燥で平坦になり……人間性、主観性に欠けて情緒に訴えないきらいがある」と女性を主人公に選択した理由を述べている。マコール・スミスは、女性探偵が活躍し事件を解決していく楽しさを熟知していた――「男性の傲慢さ、恩着せがましい態度に辟易してきた女性が、まんまと裏をかき、男が占有してきた場でも対等にやってみせる」活躍ぶりに読者は爽快さを覚えるのだ。

マコール・スミスの指摘によれば、女探偵は「警察、犯罪捜査という男性社会には踏み込めない部外者」にちがいないのだが、こうした部外者たる立場を巧みに逆転させ、小説の種となる難題、緊張に対峙し活躍する。つまり女探偵ほど「部外者」という立場をうまく活用できる存在も少ないのだ。「誰からも疑われず警戒心すら抱かせず事態を見守り理解できるのは女性であると、明瞭に認識した」とマコール・スミスは思いを熱く語る。以上のことはミス・プレシャス・ラモツエ（訳注1）にもことごとく該当するわけだが、現実よりも虚構世界において早くから存在していた初期女探偵たちについてもこうした言葉はあてはまるであろう。

小説に女探偵が初登場した時期に関しては諸説あり、一般的には一八六四年（あるいは一八六一年）に出版されたアンドリュー・フォレスター（［一八三二‐一九〇九？］ジェイムズ・レディング・ウェアのペンネーム）作、『女探偵』がこのジャンルでの嚆矢とされている。作中人物グラデン夫人は職業として犯罪捜査をして報酬を得ている。グラデン夫人だけに焦点が絞られがちだが、以前から職業としての探偵ではないものの、事件の謎を解決していく女探偵はすでに存在していた。一八四一年、キャサリン・クロウ（一八〇三‐七六）が執筆した『スーザン・ホプリーの冒険——または状況証拠』と題する小説における殺人事件解決には、メイドであるスーザン・ホプリーが主人公となり大活躍をする。スーザンはゴシック小説の系譜にたつ女探偵だが、捜査をして報酬を得ることはない。『ユードルフォの謎』に登場するエミリーのごとく、ゴシック小説には悪漢の正体を暴き立てたり、逃れようとしたりするヒロインが登場するが、スーザンもこうした文学的伝統を受け継いでいるのだ。

メイドの地位を善用して探偵の役割を同時に果たしていくスーザンは、将来、確立されていく推理小説のジャンルをみごとに先取りしている。しかるべき手順で証拠を集めるのだが、「惨事の現場となった住居に赴き隅々まで徹底的に調べることこそが切なる願い」であり、一見、いともたやすく犯罪を解決してしまう。「物語のなかで複雑に絡み合った糸目にわけいり、右顧左眄《うこさべん》することなく驚くべき冷静沈着さでもって、しかるべく結び目をつなぎ合わせる——まさに『復讐の女神』にほかならない」と『アシニーアム』誌は論評を加えている。それでいてスーザンは、男性社会の枠外という女探偵の特権的位置にいたのである。権力をまとわないメイドだからこそ自由に動きまわることができ、誰からも注目されず疑われずに活躍できたのであった。真実の解明に没頭するあまりメイド職を一時解雇されたこともあった。

『スーザン・ホプリー』はベストセラーとなり舞台化されたが、時代を凌駕していたためか、賞賛と同時に非難も惹起した。女性ヒロインの推理小説は言うに及ばず、推理小説というジャンル自体がそれほど理解されていなかったからである。「こうした小説をどのように評価したらいいのか理解に苦しむ」と、ある批評家は正直に吐露している——

本作品には当惑を隠せない。まぎれもない衝撃作だが、満足できる作品ではない。……現実によく見られることだが、記憶の片隅に追いやられていた些細な事実、想いが徐々にではあるが蘇ってきて、それまで欠けていた長い鎖の最後の一輪が連結されると突如として事件の全貌が白日のもとにさらされる。作者は現実を描く手法を心にくいほど心得ている。些細な事柄が思ったよりも重要だと知り一驚を喫すというわけである

（「『スーザン・ホプリー』を評する」『エグザミナー』誌〔一八四一〕）。

今日、推理小説が与えてくれる至福を読者は知悉している。だが、『スーザン・ホプリー』が出版された当時、ロンドン警視庁刑事部は影もなく、ロード・ヒル・ハウス殺人事件を契機として広がった「探偵熱」も存在していなかった。センセーション小説が家庭生活を暴きたて、生活の何気ない日常性がドラマの舞台に躍り出るより以前の時代であった。

ここでひとつの疑問がわいてくる。メアリ・エリザベス・ブラッドンはじめ多くの人々からの賞賛を集めた、革新的作家キャサリン・クロウとその作中人物が、なぜ今日では忘却の彼方へ葬り去られてしまったのであろうか。理由の一端はクロウの人生そのものに求めることができよう。クロウは胡散臭い心霊術、似非《えせ》科学に没頭し、瞬く間に名声に翳りが生じ、誰からも顧みられなくなってしまったのである。否定的評価は今日までも揺曳し、二〇一一年に編纂された『ペンギン版ヴィクトリア朝犯罪小説の女性たち』にもクロウの作品は所収されていない。

クロウは風変わりで不可思議な女性で、エジンバラ文学界では著名人であった。一八四七年、世界的名声を誇るデンマークの作家ハンス・クリスチャン・アンデルセン（一八〇五－七五）の歓迎パーティの席上、エーテル、「笑気」の亜酸化窒素を友人とともに吸引する姿を目撃されている。こうした光景は参列者に「狂人二人と同席している感」を与えてしまったという。頭蓋外形から性格、能力を判断する骨相学にも並々ならぬ関心を抱き、結果、「才気に富んではいるが常軌を逸した人物」とみなされるようになった。近い将来、超自然的世界も「科学の領域」でもって説明されるはずだとかたくなに信じ込んでいたという。

さらに降霊術、心霊術（訳注2）にも深くのめりこみ、一八五四年、ついにクロウは精神に変調をきたした。噂を聞きつけたチャールズ・ディケンズはクロウが完全に正気を失ったと考えた――

降霊した死者がテーブルを叩いたと信じて疑わず、クロウは正常さを逸してしまい、一糸まとわぬ姿で出て行ってしまった。ハンカチ、訪問カードだけを手にして街路にいるのが発見された。そうした姿で外出しても透明になり可視できないと霊魂につぶやかれたそうだ。今では精神病院に入れられ回復は見込めないということだ（一八五四年三月、ディケンズが友人へ宛てた書簡）。

しかしながら、こうした光景は真実ではないとキャサリン・クロウは自らを弁護する手紙を新聞に投稿し、ほんの一瞬「無意識状態」に陥り幻覚に襲われたにすぎないと抗議した。女流作家、心霊術信者への偏見が、「エジンバラの狂気の裸婦」像を生み出し噂となり流れたのであろうか。

かくしてクロウは忘却の彼方へと葬り去られ、女探偵を生み出した栄冠は男性作家二人に恵与された。どちらが先行者かという議論には諸説あるが、アンドリュー・フォレスターが最初の作家、次にW・S・ヘイワード（一八三五 - 七〇）が続いたとされている。あえて公正を期すならば、小説『女探偵』、『探偵夫人の暴露』（一八六四）には、スーザン・ホプリーとは異なり、事件解決に対して正当報酬を求める探偵主人公が登場している。

大英図書館で企画展「図書館殺人事件──推理小説大全」（二〇一三）を開催した司書キャサリン・ジョンソンによれば、長い作家活動のなかでアンドリュー・フォレスターはきわめて合理的な判断を重ねて、女性を主人公にすべく想定したという。作家としてのフォレスターの出発点は、実在のロンドン警視庁警官の体験に基づき創作した架空の「回想録」であり、これが大成功を収めた。あまりにも現実的で説得力にあふれていたため、実在の警察官の方が本作品は自らが執筆した回想録だとされているが、実は作り話にすぎないと新聞に投書までする始末であった。またフォレスターはロード・ヒル・ハウス殺人事件を題材にして、ノンフィクション、フィクションの両ジャンルの作品を書いている。出版市場では犯罪ものが売れ筋であり、女探偵こそ刺激にみちた画期的発明と考えられたわけである。

フォレスター、ヘイワードの女探偵小説ものは「黄表紙」と呼ばれる新奇な連載形式で出版された。小さく脆《もろ》い、まず読み捨てされる小説群は、明るい黄色の縁取りをした光沢ある表紙から命名されたものだ。僅々《きんきん》六ペンス（ハードカバーは十ペンス）でしかないこうした本は主として、一八六〇年代、イギリス全土に張り巡らされた鉄道綱の駅で販売された。廉価で心和む気晴らしを提供してくれるためか、エジンバラまでの十時間の旅に発つ旅行者は黄表紙本を争って買いあさったのである。

　黄表紙本は安価な薄い紙材に印刷されたので、良好な状態で残存しているものはまずない。だが大英図書館には『探偵夫人の暴露』が架蔵されており、いささか扇情的な表紙も良好な保存状態である。作者自身が装幀を選ぶことはなく、一目見ることもなかったであろう。と言うのも「セックスは売れる」という大原則に基づき、表紙には女探偵には似ても似つかない欲情をあおる女性が描かれていたからである。小奇麗な服装の女性が煙草をくゆらせ、スカートの裾をたくしあげ、足首をのぞかせている。喫煙は当時の女性にとって、流行の最先端を行く行為であった。足首に注目すれば、絵の女性像はロンドン劇場街ヘイマーケットを夜毎ながし歩き、客を物色する「ヘイマーケットの王女」と呼ばれた夜の蝶に酷似している。足首をスカート下からのぞかせることこそ、売春婦の伝統的刻印にほかならない。

　劣情をもよおす好色イメージは、きわどい小説を買わせようとする誘惑そのものであり、事実、女探偵は物語のなかで淑女らしからぬ行為をしでかしてしまっている。犯人追跡中、女探偵は狭い出入り口から地下室へ降りなければならなかったが、壁にすれるペチコートが邪魔だと分かるといさぎよく脱ぎ捨ててしまった。文字通り記念すべき女性解放の瞬間であったわけだが、女性探偵の言葉を借りれば、「わずらわしい衣服」から解放されて仕事を続行できただけであり、加えてコルト社製回転式の銀製連発銃まで携えていたのであった。

　驚くほど近代的行為であるためか、『探偵夫人』のパスカル夫人、『女探偵』のグラデン夫人、いずれも力強く印象に残る人物像だ。パスカル夫人のすぐれた技能は自他共に認めるところであり、齢四十を前に、探偵に天職を見出したのである。頭脳は「明晰、緻密」で、持てる精力すべてを事件に注ぐことができる。「生まれは言うに及ばず育ちもよい」と誇示する――

「大胆さ、力強さ、狡猾さ、自信、無尽蔵な機知など、並みの俳優たちなら持ち合わせていない限りなき資質が、この私が演じるべき役柄には必要とされるのです。俳優は気取って歩き、会話を交わし他人が考えたことを表現しなければなりませんが、私は出来事を創作しなくてはならず、わが創作の上に役者の会話が成り立っているのです」

「女探偵」はグラデン夫人となり、またグラデン嬢に変身する。これは作者の単純なミスかも知れないが、謎めいて捉えどころのないところにこそ、「女探偵」のアイデンティティがひそんでいるのかもしれない。女探偵たちは犯罪捜査の際、女性がいかに有利であるかを教えてくれる。パスカル夫人同様、グラデン夫人も人目につかず世間を自由に泳ぐことができた。「女探偵は男性よりも見張りに適しています。男性ならば身を潜めて盗み聞きできない場所であっても、女性ならしかるべく見張れるのです」と主張する。両女性とも女性ならではのこうした利点をメロドラマ的やり方で証明してみせてくれる。パスカル夫人は「謎めいた伯爵夫人」の家庭に潜入すべくメイドに変装する一方、負けじとグラデン夫人も修道院に侵入するのに修道女に変装する。ここにこそ推理小説の新機軸が打ち出されたのではあるまいか。G・K・チェスタトン（一八七四‐一九三六）のブラウン神父やアガサ・クリスティのミス・マープルといった背景に溶けこんだ探偵像が誕生したわけである。

だが、一八六〇年代のはつらつとした二人の女性探偵は、永続的な流行とはならず、女探偵は一八九〇年代まで再び表舞台には現れなかった。彼女たちはたしかにいささか時代を先取りしすぎていた嫌いがなくもない。探偵といういかがわしく女性らしくない仕事に打ち込むには、それなりの口実が必要であったからである。「こうした奇妙な刺激的で謎めいた仕事につくようになった経緯を話す必要などないでしょうが、突然夫が亡くなり、生活に困窮したから仕方がなかったのです」とパスカル夫人は語っている。他方、グラデン夫人は、女性犯は男性犯よりも悪質なので、女性を逮捕するには女性の力が必要とされるのです、と自らの行為を正当化しようとする。

女性が警察官として雇用されたのは、第一次世界大戦終結後であった。婦人警官の登用は突如なされたわけではなく、戦争を契機として人々の意識が徐々に変化した結果であった。それは遠い道のりであり、車を運転し、軍需品製造をするなど、かつて男性の生業《なりわい》とされてきた仕事を担うことで、女性はその能力を営々として証明してきたのである。一九一六年、男性の労働力不足から、ロンドン警視庁はまずタイピストに女性を雇用した。加えて戦争で父親、兄弟が犠牲になり戦前のように妻、姉妹を援護する存在が消滅したため、女性は特別補助警察隊を自発的に結成し、ロンドンの公共の場で女性を警護しはじめたのである。

女性の社会進出という実験的試みに懸念をいだく人もいたが、最終的には軌道に乗りはじめた。一九一八年、三十歳以上の女性に初めて参政権が与えられ、同年十一月二十二日、百十人の婦人警官が任用された。とは言え、婦人警官には男性警官と同じ権限は与えられず、その上、一九二二年の財政難でもって解雇されてしまう。だが一九二三年、五十人の婦人警官が就任し、今回は逮捕権が与えられたのである。この後、婦人警官の雇用は永続的になっていく。リリアン・ワイルズ（一八八五‐一九七五）は一九一九年、最初の女性巡査部長になり、一九二三年まで殺人事件を担当しやがては警部にまでのぼりつめている。

世間で女性が私立探偵として働いていたという証拠を見つけるのは難しいが、第一次世界大戦後の小説世界では華々しく再登場してくる。そうしたなかにはドロシー・L・セイヤーズの推理小説ヒーロー、ピーター・ウィムジー卿に雇用される、「猫飼育場」と称する探偵社で働く独身女性たちが混じっていた。ここに推理小説黄金時代の幕開けを見るゆえんである。

第Ⅲ部 黄金時代

第19章　大戦間の時代

「夜眠れないのは、迫りくる恐怖ゆえではなく、クリスティを読んでいるからだ」
（アガサ・クリスティ『殺人は容易だ』［一九三九］の新聞広告）

一九三〇年には殺人率は過去最低にまで下がり、貧困、アルコール、家庭内暴力が引き金となり起きた事件がほとんどであった。そうした世情にもかかわらず、小説世界では、あまたの殺人は裕福で気品に満ちた環境のなかで起きていたのである。一九三四年に出版された書籍のほぼ八分の一までもが犯罪小説であった。戦間期二十年あまりの時期（一九一九 - 三九）は推理小説の「黄金時代」と呼ばれ、小説上でこれまで以上の殺人が繰り広げられた時代でもあった。この時代の小説は現実世界の暴力、犯罪と遊離しているためか、殺人は小奇麗に粛々と行われ猫の失踪くらいの衝撃しかなかった。

「黄金時代」の推理小説家は作品を量産した。エドガー・ウォレス（一八七五 - 一九三二）は今日ではキングコング生みの親として以外はほとんど知られていないが、超人気作家で多くの推理小説を含む百七十五冊という驚異的な数の作品を残した（ある人がウォレスに電話をかけたのだが、新作執筆中という理由でウォレス本人は出てこない。「書き終わるまで待っているから」このままつないでおいて欲しいとオペレーターに頼んだ――こうした逸話が残っているほどだ）。ウォレスが残した作品数は並外れているのだが、同時代人の多くの作家も負けず劣らず精力的であった。一年間に三冊もの作品を出版した作家もいたほどだ。ドロシー・L・セイヤーズは十二年間に十冊しか出版せず多産な作家ではなかったが、他作家が量産する理由を理解していた――「作家がこれほどの速さで書き散らすのは、甲状腺の過活動から税金の憂慮まで各々の理由があろう」と吐露している。

とは言え、セイヤーズは驚異的な速度で作品を読み込んでいて、一九三三年六月から一九三五年八月までのわずか二年間のうちに三百六十四冊もの推理小説の書評を執筆している。『サンデータイムズ』紙上に発表した書評のなかには、『ギルフォードの事件』、『ケンジントンの毒』、『オックスフォード通りの死』、『フリート通りの短剣』、そして『放送局の死』などの作品もあった。

架空上で加熱する犯罪ブームの要因はどこから生じているのであろうか。アメリカの批評家エドマンド・ウィルソン（一八九五‐一九七二）が『ニューヨーカー』誌に発表した一九四四年の有名な記事によれば、推理小説はディケンズの時代以降、独創性、創造性を失っていったという。だが一方で、アガサ・クリスティのような作家たちは、危険が増大する世の中で生きることに対してささやかな安心感を読者に与えていたと推論する。

この時期の世界は、誰もが罪の意識を感じ、逃れようにも逃れられない迫りくる大惨事に怯えていた。……誰も無実ではなかったし、誰もが安全ではない、そうした状況のもと、突然殺人犯が特定されると、安心感を覚えるのだ。殺人犯はやはりあなたでも私でもなかった。彼は悪党だ。……そして絶対的な権力、どこに罪があるのかを正確に知る、あの全知全能の探偵の力で、犯人はしかるべく逮捕されたではないか。

黄金時代の推理小説を読む快楽は、どうやら第一次世界大戦後の高揚した神経を落ち着かせることに起因しているようだ。二〇世紀への転換期、シャーロック・ホームズごとき古参がいるにはいたが、風前の灯であった。ホームズが実質的に登場するのはわずか一九一四年から一九一五年にかけて連載された作品にすぎず、最後に登場するのは一九二七年に『ストランドマガジン』誌に発表された短編であった。

『ストランドマガジン』誌を発行する雑誌社はドイルに短編小説を注文したのだが、そうした制約のなかでこそ、アーサー・コナン・ドイルの傑作は生まれたと見るべきである。『バスカヴィル家の犬』(一九〇一‐〇二)を除けば、ホームズは長編よりも短編において作家としての技倆を示すところとなった。担当事件は長期にわたる殺人事件捜査ではなく、わずか数千語を費やせば片がつく詐欺、盗難、恐喝など、どれもこれも小賢しい犯罪にすぎない。月間五十万部の売り上げを誇る『ストランドマガジン』誌は、ドイルにとって願ってもない活躍の場となったのである。

一八九三年、コナン・ドイルはホームズは宿敵モリアーティ教授と格闘中、ホームズを滝壺に転落させることで生涯に終止符を打とうとした。ホームズ以外の作品が書きたくなり、自身の言葉を借りれば、「何かもっとましな作品に頭を使いたくなった」と理由を説明しているが、一九〇一年、『バスカヴィル家の犬』の事件解決のため、ホームズを蘇らせたのは、出版社からの商業的圧力に抗しきれなくなったからであった。この作品が『ストランドマガジン』誌に再連載されると告知されるや、雑誌社前には新刊を一刻でも早く入手しようと読者の長蛇の列ができたという。

『バスカヴィル家の犬』のなかで、シャーロック・ホームズは数日間、荒野《ムーア》にたたずむ古めかしい小屋に滞在する。荒野には危険な殺人犯と「魔物の」犬が彷徨《さまよ》っていて、最後にホームズは魔犬を撃ち殺してしまう。知的な風貌とは裏腹に、ホームズは鋼のごとき強靭さを持ち合わせていて、思考力だけでなく行動力にも富む人物に描かれている。『バスカヴィル家の犬』に横溢するホームズの勇敢さ、ヒロイズムは、スコットランドの政治家、総督で小説家でもあるジョン・バカン(一八七五‐一九四〇)の冒険物語に見られる豪胆さにも一脈通じるものがあろう。第一次世界大戦直前に時代設定された『三十九階段』(一九一五)、大戦中に設定されている『緑のマント』(一九一六)では、主人公は決然と困難に立ち向かい、自らの職務に全身全霊を捧げようとする。勇猛果敢な男性像を描いたバカンは、一九一四年、一役かって戦争支持のプロパガンダを書いていた。コナン・ドイルもまたこうした愛国者の一人で、ホームズの冒険譚「最後の挨拶」(一九一七)ではまさに大戦前夜に、ドイツ人スパイの正体を暴き立てている――「東風がイギリスに吹き荒れようとしている。これまでにない強風だ。ワトソン君、風は冷たく辛いもので、多くの国民がその前に屈してしまうかもしれない。だが……嵐が過ぎ去れば、より明るくさらに強靭になった国が輝く太陽のもとに現れるであろう」とホームズは来るべき大戦を予言している。『ストランドマガジン』誌に登場した大胆な泥棒で、ジェントルマンとして人後に落ちない冒険好きの主人公ラッフルズにも、こうした勇敢さ、愛国心、スポーツマン精神とが渾然一体化した姿が見られる。ラッフルズは、アーサー・コナン・ドイルの義理の弟E・W・ホーナング(一八六六‐一九二一)が生み出したのだが、探偵ではなく、犯罪人である。クリケットのイギリス代表選手となるような身体能力を誇り、志願兵としてボーア戦争へ赴く(ロンドン警視庁にある暗黒博物館の重要性を顕彰するためか、ラッフルズは自らの関連品をそこから盗もうとした)。こうした作家をも含む一八九〇年代から一九一〇年代にかけて活動した冒険作家たちは活力みなぎる闘争心を表現し、さらには称揚するかのように若者を塹壕戦に加わるべく勧誘してやまなかった。ジョン・バカンの『三十九階段』を読んだ土木工兵は、「泥、雨、砲弾など塹壕生活には惨めさ以外には何もなかったが、あの小説だけは干天の慈雨のごときものであった」と回想している。

　だが、四年間の大戦の後に続いた作品は、戦前、戦中の作品と大きく異なっていた。荒野を走破し野宿したあげく誰かを狙い撃つエルキュール・ポワロなど、誰が想像できようか（「ポワロの奇麗好きには困ったものだ。ほんのわずかな汚点にも弾傷に劣らないほどの痛みを感じるであろう」とは、『スタイルズ荘の怪事件』（一九二〇）の一節である）。屈折が多く快楽に走りやすい一九二〇年代には、シャーロック・ホームズ、ラッフルズそしてバカンが描くアクション・ヒーロー、リチャード・ハニーなどでも少々タフガイに思えるようになってきた。この時代の推理小説はあえて意図的に胸騒ぐ要素を抑制し、多くの家庭が息子を失い喪に服している国情の雰囲気に寄り添っていったのである。

　大戦後初めての戦没者追悼記念日が過ぎても、戦争の傷跡は否が応でも目に入り逃れようもなかった。子供たちは孤児となり、生き残った若者は心身に傷を負い、若い女性たちも愛すべき者を失った。こうした悲惨な歴史的背景を、黄金時代の作家たちを批評する場合決して見逃してはならない。力量不足、無味乾燥、退屈きわまるなどと酷評されもしてきたが、彼らの執筆活動は社会への挑戦や挑発が目的ではなく、人心を癒すために筆を走らせていたからである。

　バカン、ホーナングの小説の大胆かつ大雑把な展開とは異なり、アガサ・クリスティの初期傑作『アクロイド殺し』（一九二六）の本文は、つづれ織りのごとく緻密であった。『ニューヨークタイムズ』紙の書評は静寂さに満ちた魅力をいみじくも要約している――

　『アクロイド殺し』以上に刺激的で血も凍るような推理小説は、この世には多く存在するであろう。だが分析的思考力をこれほどまでに刺激してやまない作品は皆無である。殺人事件自体は月並みだが、作者は何ら興奮、衝撃を求めず、事件を論理的解決に導くためだけに、才能、想像力をことごとく傾注しているのである。

作中人物、蓋然性、暴力、ロマンスといった要素はこの作品には取るに足らないもので、沈着さ、知性にこそ魅力が求められるべきである。『アクロイド殺し』ではプロット、手掛かり、結末という点に主力すべてが注がれている。パズルがみごとに解き明かされた後に妙味があるように、読書から得られる快楽・満足も同断であろう。クリスティ自身、「推理小説はまごうことなき娯楽であり、日常生活の現実性から逃れる手段であるとともに、頭脳を研ぎ澄ますパズルのごとき知性の強壮剤的役割をも担っているのである」と断言してはばからない（一九三〇年代のエッセイ「『ガーディアン』紙［二〇一二］）。

クリスティの飛躍的な前進は、読書習慣の変化と軌を一にしている。従来の雑誌に掲載された短編小説は、その座を長編小説——その多くは犯罪もの——に譲りつつあった。一九二〇年代、W・H・スミス、ブーツ（訳注1）などの企業が自社経営する商業図書出版を伸長させ、さらにヴィクトル・ゴランツ社の『ゴランツ犯罪小説』（一九二八 - 八八）、ウィリアム・コリンズ社の『犯罪小説クラブ』（一九三〇 - 九四）などの叢書が貸し出し専門図書の旺盛な需要に応えていた。シャーロック・ホームズの典型的な読者は通勤電車内で雑誌を読む紳士に限られていたが、一九二〇年代になると自動車通勤が一般的となり男性の読書時間は失われていく。そこで夫に代わり妻が女流作家の長編推理小説を図書館から借り出し、午後の読書を愉しむようになったわけである。

これまでにないほど文芸市場は活況を呈していたが、同時に過当競争気味でもあったため、一九二〇年代から一九三〇年代にかけて活躍した犯罪小説家たちは、概して莫大な財産を築くことはできていない。ただアガサ・クリスティだけが例外であった。一九五七年に死去したドロシー・L・セイヤーズは慎ましくも三万六千二百七十七ポンドしか資産を残していないし、コナン・ドイルでさえも六万三千四百九十一ポンドの資産でしかなかった。加えて、こうした作家たちはおおむねミドルクラス出身であり、コナン・ドイルは医師としての訓練を受けており、G・K・チェスタトンはジャーナリストとして活躍し、大成功をおさめたフリーマン・ウィルズ・クロフツ（一八七九‐一九五七）は鉄道技師であった。

さらに黄金時代の顕著な点として、後世まで人気を博する作家はことごとく女性であると指摘できるであろう。「犯罪の女王」として君臨するアガサ・クリスティ、ドロシー・L・セイヤーズ、マージェリー・アリンガム、ナイオ・マーシュの四天王は少なくとも今日から顧みれば、一九三〇年代の犯罪小説の中心的作家でもあったわけだ。ではなぜこうした女性作家が脚光を浴び、ニコラス・ブレイク（一九〇四‐七二）、G・K・チェスタトンといった才能に恵まれた男性作家以上に、今日でも変わらずに広く読まれているのだろうか。理由のひとつとして主題をあげることができる。叙述は細やかで家庭的雰囲気にあふれ、多くの女性が登場し、編み物のごとく緻密に組み立てられたプロットこそ独壇場であった。暴力が横溢する世界大戦以後、女性的世界観が歓迎されたのではあるまいか。加えて大戦で青年期、壮年期にあった男性を喪失し、未婚者、未亡人となった「余剰の」女性たちが、夫候補がいない状況下でいかに生きていくべきかという「問題」にも対峙しなくてはならなかった。だがこれは同時に、女性が新しい職業へ進出する機会にもなりえた。三十歳以上の女性には今や参政権が与えられていたし、戦時中、汗を流し働いた経験もあった。そうした女性たちがさまざまな分野で果敢に社会進出の第一歩を踏み出したわけである。出版業もそうした一分野であったわけだが、女性たちは自ら育んできた経験のもと創作に挑んだのであった。「こうした四人の女性作家の推理小説を読むと、女性たちが生きて働いてきたイギリスそのものを――とりわけ大戦間における女性の地位について――通俗な社会史を読む以上に多くを学ぶことができよう」とは女流推理小説家P・D・ジェイムズが看破するところである（『推理小説論』［二〇一〇］）。

四天王に関して興味深い側面は、作品そのものよりも創作に取り組む方法にみられるのではないか（もっともドロシー・L・セイヤーズを二〇世紀最高作家のひとりであると私は評価しているのだが）。誰もが例外なく生計を立てるために執筆にいそしんでいたのである。クリスティは「勤勉な職人」と自称し、作家という職業に対して実に控えめな態度で挑んでいた。だが何よりも、声をあげ自らの権利を主張するため、はたまた社会における自立性、地位を獲得するべく、クリスティとその同業者はペンを執ったのであった。さらにいずれも創作活動の裏に私生活に関するなにがしかの秘密を隠していたと、P・D・ジェイムズは指摘する。四人の女性作家はことごとく、人生前半で負った心の傷を作品のなかで自ら再生させ、人生後半の成功の礎としたのである（＊）。

ナイオ・マーシュはニュージーランド生まれで南半球と北半球という二極を往来した。マーシュの父親が娘の出生時に届け出を怠り、またマーシュ自身も届け出を確認しなかったため、正確な生年は長い間不明であった。絵画を勉強した後、渡英し上流階級の友人と交流を深めたが、演劇に没頭し、社交界にさほど積極的に参加せず傍観者にとどまった。だがカントリーハウスでの生活経験は、四十歳近くに出版した処女作『アレン警部登場』（一九三四）で生かされることになる。ロンドン警視庁から派遣された警部ロデリック・「ハンサム」・アレンが捜査する事件の多くは、上流社会で起きた。本作以後も警部アレンを主人公にした連作が続いていく（ロデリック・アレンの名前はエリザベス朝の俳優エドワード・アレンからとられており、マーシュ自身の舞台経験が生かされている）。

マーシュは緑色インクを使い、深い肘掛け椅子に腰をおろし夜間に作品執筆した。植民地出身者であるマーシュは、イギリス、ニュージーランドを行き来し舞台仲間と集い、実年齢よりは若いふりをしてたえず新しい境地を開拓しようとしていた。「旅行熱という不治の病にかかり性懲りもなく旅する者にとって、飛行機の着陸時に目に入る大地、外国の港、初めて訪れた街が白色に輝く様子、見知らぬ村の暮れなずむ道の先にある質素な灯りなど光景すべてが幸福な感覚を揺り起こしてくれるのです」とはマーシュの言葉である。

アルバート・キャンピオンを生み出したマージェリー・アリンガムも同様に、因習に捕らわれない人生を送った。代々文筆家の家庭出身で、家族同士は作品の創案を商品のように交換し合って執筆していたが、マージェリー自身も十九歳で処女作を出版している。一九一六年から『ウーマンズ・ウィークリー』誌に登場した「美人で、評判の女探偵」フィネラ・マーティンを創出したのは母親であった。文筆家ばかりの家庭に強い違和感を覚えたとメイドの一人は語っている。エセックスの村にある家には作家仲間たちが頻繁に出入りしていたのだが、メイドはまだ若いマージェリーの手からノートを取り上げ、「ご主人様ばかりか奥様まで、加えて見知らぬ三人までもが各部屋で作り話をでっち上げていて、さらに何ということでしょうか、お嬢様までもがペンを執りはじめるなんて」とあきれた様子でこぼしたという。

マージェリーが作家となった動機は、子供時代の吃音を矯正しようと舞台に立ったのだが失敗してしまったことにある。やむなく次善の策として創作を選んだという。たしかに家庭環境を考えると、ある意味で避けられない運命であったかもしれない。「七歳の時から書く訓練を受け、たえず観察を怠らずノートに取り、経験したことをわかりやすく伝えるべく努力してきた」（ジュリア・ジョーンズ『マージェリー・アリンガムの冒険』［一九九一］）と回想している。

マージェリーの夫ピップによれば、二人の結婚生活は「セックスは二の次」であったという。こうした特殊な

(*)これら四人の勤勉な作家の動機に関する、ジェイムズの鋭い見解は、ジェイムズ自身にも当てはめることができるのではないか。ジェイムズは十六歳の時、家庭の経済的事情から高校を中退せざるをえなかった。労働よりも歴史を勉強したかった、と私に語ってくれた。私生活においても精神的病にかかった母、夫の面倒をみなくてはならず、小説家として成功した後も生活への不安が解消されず内務省での勤務を続けた。公務員として、また作家として多忙きわまる生活を送りながら「四天王」と変わらない創造性をたぎらせ、鋼のごとく固い決意と職人魂を秘めながら作品を書き続けたという。

結婚生活もまた四人の女流推理小説家に共通する点であった。ナイオ・マーシュは生涯未婚であり、長く連れ添った女性パートナー、シルヴィア・フォックスの隣に埋葬されている。ドロシー・L・セイヤーズは結婚したが、パートナーとなったのは自身の子供の父親とは違う男性であった。アガサ・クリスティは第一次世界大戦で心に傷を負った男性との結婚生活に失敗し、はるか年下の考古学者との関係に慰めを見いだしたのであった。

これら一九三〇年代の作家たちは誰ひとりとして妻、母という道を選択しなかったが、そうした選択が作家としての仕事を阻害したことはなかった。犯罪小説家たるもの、何も作品に自身の私生活を暴露する必要はなかったし、実際、これら四人の作家たちの私生活は今日でもなお謎に包まれた部分が多いのである。「ミステリー作家が創作という本分を全うする限り、作家が何を考えているかなどと誰が気にするのであろうか」とマージェリー・アリンガムは書き残している。

第20章　アガサ・クリスティ

「クリスティ最大の強みは、自らの才能の限界を超えようとはしなかったことではあるまいか。自己の本分を知悉し全うしたのだから」

（P・D・ジェイムズ「アガサ・クリスティ論」『推理小説論』）


第一次世界大戦中、イングランド南西部の港町、トーキーの薬局で若い女性が研修中であった。ある日、店の主人がいつもポケットに入れている薬を彼女に見せた。それは南米異境の部族が矢の尖端に塗る毒クラーレの小さな塊で、血管に注入すれば死にいたる猛毒だ、と主人は説明した。当然のことながら、女性はなぜこのような猛毒をいつも持ち歩いているのかと不審がり尋ねたところ、不可解だが意味深長きわまる応えが返ってきた。

「それはつまり、自分が強いと感じられるからさ」と主人は言い放った。

これぞ、「死の侯爵夫人」と呼ばれたアガサ・クリスティ自身が抱き続けた志向、すなわち、自らの運命を自身で決定できる力への志向であった。そして、晩年のクリスティは、年下でおとなしい考古学者の男性と再婚し、オックスフォードシャー、デヴォン各々にカントリーハウスを所有し、ほとんど人目を避けるように静かな隠遁生活を送った。

クリスティは人気作家で、作品はことごとくテレビドラマ化され、伝記も数多く書かれた。だがその成功の鍵は何であったかについては、いまだ十分に説明されていない。作品に対する評価は定着しつつあるのだが、それはある程度まで妥当なものといえよう。話の展開、会話は見事の一語に尽きるが、登場人物はいずれも際立ったところもなく、緊張感すら感じられない。たしかに主要な探偵たち、ポワロとマープルは印象深く愛すべき人物であるが、それだけでは驚くべき人気の要因をとうてい説明できないであろう。

クリスティは子供時代、海岸近くのトーキーで両親と裕福な暮らしを送り、目に入れても痛くないほど寵愛され養育されたという。親戚のもとに滞在することもあり、祖母に新聞連載の犯罪小説を読み聞かせることもあったらしい。クリスティの十代はダンス、カントリーハウスでのパーティに興じて、すこやかに成長した。その後第一次世界大戦の元空軍飛行士アーチーと結婚、ふたりの間には男女二人の子供が生まれ、世界中を旅行してまわった。

一家は絵に描いたような理想の家族で、クリスティが三十五歳になるまでは順風満帆の人生だった。姉にけしかけられて推理小説を書きはじめ、ある程度まで成功を収めつつあった。

だが一九二六年、二人の子供とともにサリーのゴルフ・クラブ近くの邸宅に住んでいるとき、人生の壁にぶち当たった。愛する母が亡くなったのに加え、ロンドン市内で働いている夫が、週末は愛人と過ごしているのが露見したのである。夫は妻にとうてい秘密を打ち明けられなかったのであろう。夫が不倫に走ったのは先の大戦での体験に起因していた。「確信犯で――楽天家と言えるほどの――いい加減さ、軽薄さに戸惑ってしまった」と

後年、クリスティはフランスから一時帰国したアーチーの行動を回顧して、書き綴っている（『自伝』〔一九七二〕）

――当時、私は若すぎるため、そうした行動をとるのが夫にとっては……人生と向き合う最良の方法なのだと理解できなかったのだ。一方の私は真面目だが感情的で、明るく軽薄で幸福な少女時代はとうに卒業していた。私たち二人は、互いに接近しようとしたのだが、方法を忘れてしまい当惑しているかのようであった（『自伝』）。

冷たく不毛な結婚生活に囚われ気持ちのやり場を見失うと、クリスティは若気のいたりから、後先考えぬ大胆で劇的な行動に出てしまう。真夜中、自家用車をノースダウンズ丘陵地帯の白亜の崖の上に乗り捨て、出奔してしまったのである。これが、クリスティの仲間内で「失踪」と呼ばれる事件へと発展してしまう。

この事件については、人目をひくための狂言じみた自作自演にすぎないと非難する人もいれ

アガサ・クリスティが第一次世界大戦中、薬局で研修を受けたときに得た薬品、毒物の経験は、最初の推理小説『スタイルズ荘の怪事件』に活かされている。

THE DAILY NEWS, SATURDAY, DECEMBER 11, 1926.

RB ON THE PRESS.

ORCE REPORTS BE LIMITED.

N ON FOREIGN EWSPAPERS.

Parliamentary Correspondent.

Friday.

is now no doubt that in the r it will have become illegal papers in this country to ports of proceedings in the Court. Matrimonial proceed ny kind, in any court, in any e world, will also come under o far as the Press of England, and Wales is concerned—a made clear for the first time. sition will arise through the n the Statute Book, at the the present session, of the Proceedings (Regulation of Bill, which passed its third the Commons to-day, under es of the Government. it will in future be per- o publish about matrimonial

MRS. CHRISTIE DISGUISED.

Mrs. Agatha Christie as she was last seen (centre), and (on left and right) how she may have disguised herself by altering the style of her hairdressing and by wearing glasses Col. Christie says his wife had stated that she could disappear at will if she liked, and, in view of the fact that she was a writer of detective stories, it would be very natural for her to adopt some form of disguise to carry out that idea.

HANKOW.

LAMPSON'S TALK IN WARSHIP.

THE PHILLIPPS DINNER.

APPEAL FROM YOUNG

DISARMING GERMANY

"NOT COMPLE

—The Am

BRITISH ADMIR. HOLD UP LEAG

From Our Special Correspo

GENEVA,

The agenda of the Counc League of Nations is p finished, and to-morrow's sit hoped, will be devoted to fi sions regarding League contro man armaments. It is stil however, that a Sunday sessio necessary.

The British, French, Germa and Belgian Foreign Ministers morning, and endeavoured to outstanding differences.

That, however, they faile the Conference of Ambassa Paris having decided that it c conscientiously declare that had fulfilled her disarmament tions, and Germany being unw give way over the questions st pute.

FRENCH HESITATION

These include the matter Eastern fortresses, to which t

「失踪」当時、『ディリーニューズ』紙は、クリスティ発見の手がかりになればと、さまざまな変装をした写真を掲載した。

ば、また自殺したと推測する人もいたし、はたまた、クリスティ自身が事件に巻き込まれたのだと考える人すらいた。南イングランド中の田舎、湖沼が捜索対象とされ、クリスティの友人たちも救援の手を差し伸べた。小説家アーサー・コナン・ドイルは霊媒師に託宣を求め、ドロシー・L・セイヤーズは捜索隊に加わった。「赤毛の短髪で、灰色の目、色白……濃い灰色のカーディガンを羽織り、小さな緑色ベロア地の帽子を着用し、結婚指輪はしていないが真珠のついたプラチナ指輪をはめている」――警察は失踪中のクリスティの特徴について以上のように書いている。

だがクリスティは生存し、ヨークシャーのホテルで無事だと判明した。結婚指輪がはずされていたのは心情の表れであろうか。チェックインの際、ナンシー・ニールという夫の愛人の名を使いさえしていたという。ヨークシャーの寒村ハロゲートのホテルに潜伏する小説家を見つけたのは、数多くの写真入り新聞記事に掲載された顔を覚えていたメイドであった。大騒ぎとなり、警察は時間、資金を無駄遣いしたとの非難がわき巻き起こるなか、クリスティ捜索は無事終了したのである。

その自伝のなかで、クリスティ自身、当時の心境を、家族と元夫のストレスで一時期、記憶を喪失したいわば精神衰弱に陥ったと説明している。クリスティの新しい伝記を書いたローラ・トンプソンは、クリスティがしばらくの間出かけるとの手紙を義理の兄に出していることから、この説明は言い分通りであろうと擁護している。不本意にも大騒動を招いてしまった結果には、クリスティ自身驚愕したというのがトンプソン説である。

クリスティの熱狂的ファンでさえ、その精神的病とはいったい何であったのか、正確に説明できるものは皆無であろう。「失踪」事件は、本人にとって罰悪く、辛い経験で無意味なものにちがいなかったが、まさに捨てる神あれば拾う神あり、であった。すでに人気があったものの、この事件によってさらに推理小説家の知名度は、鰻登りに上昇したのである。黄金時代の推理小説の人気についてマージェリー・アリンガムが語る内容は、そのままアガサ・クリスティの私生活にも当てはまるであろう――「現代の殺人ミステリーは、退廃的な時代に咲いた倒錯した愛情、暴力の証だと捉えられているが、そうではなく混沌とした激動の時代にありながら、逆に秩序を志向する人間本能の発露ではないのかと考えたい」。

この私がクリスティの孫、マシュー・プリチャードにインタビューをして浮かび上がってきたのは、ナイオ・マーシュのごとき快活さは微塵もなく、マージェリー・アリンガムのように舞台への情熱もうかがえない物静かな女性像であった。祖母は内気で引きこもりがちで、家族、友人の欠点には寛大であったが、人と群れるのは嫌いだった、とマシューは語ってくれた。二〇〇八年、クリスティが自伝出版のため自らの肉声を録音したテープ、録音機が発見された。音源がデジタル化された声を再び聴くと、祖母が一度に多くのことを語っていたのが、マシューにはただ驚きでしかなかった。個人的な会話を交わす折、いつも静かな声で手短に話したという。喋々とするのを潔しとせず、テレビ出演も固辞していたのであった。脚光を避け、家庭に引きこもるようになったのは、「夫と母を失った辛い時期が原因ではなかったのか」とマシューは推測している。「祖母はメディアから追われているように感じていたのではないか」というのがマシューの分析である。

創作活動はクリスティに、満ち足りた異次元ともいえる世界を与えた。そこには実生活で経験した混乱、戸惑いや辛い人間関係は存在せず、すべては推理小説の明瞭な世界へと単純化され昇華されたのである――「作品はことごとくいわばカタルシスであった。作品ひとつひとつが慰めとなっていった」とP・D・ジェイムズは指摘する。「大きな悲しみに包まれながら、祖母が唯一拠り所としたのは執筆でした」といみじくもマシューは語ってくれている。

クリスティが生み出した探偵エルキュール・ポワロの才能は、人々の考え、感情を予測する能力にあり、これには社会行動の規則、決まりにまつわる細やかな理解力が役立っている。「ポワロ君」とある時、相棒であるキャプテン・ヘイスティングズは叫んだ。「なぜ、この俺を出し抜いたのだ?」「何も君を出し抜いたわけではないよ」とポワロは応える。「ただ君が君自身を出し抜くままにしたにすぎないのだ。……正直そのもので顔には何もかもが書いてあるものだから、自分の感情を隠すなんて君には無理だよ」（『スタイルズ荘の怪事件』）。

ポワロは並外れて鋭く他者の感情を読み取っていく。こうした洞察力は、クリスティ自身がエドワード朝の育ちのよい令嬢として家庭で受けた、心理作用と礼儀作法の訓練が大いに関与している。恋愛の戯れにおける「あべこべの規則」（訳注1）、つまり男性に対しあからさまに好意を示すべきではない、また好意を持たれても顔に出すのは慎むべきであるなどといった、複雑な心理ゲームの規則をクリスティは熟知していた。ポワロ同様、クリスティも社会規則にしかと順応したが、ポワロのように社会の観察者であったとしても、けっして追随者ではなかった。家族、友人、同時代のミドルクラスの社会生活を物静かに観察しながら本質を見抜き、作品のなかの言葉へと昇華していったのである。

仕事時間を最小限に短縮して、まるで働いていないかのように振る舞ったりしたのも、クリスティの淑女らしさであった。デヴォンの邸宅、グリーンウェイ邸における夏季休暇中、孫マシューは執筆している姿を一瞥したことがなかったという。「祖母は誰からも気づかれることなく作品を書いたのでしょう」とマシューは回想している。それはおそらく休暇中であったためかもしれないが、出版社さえも生産性には驚嘆したという。

クリスティは新聞の犯罪記事から物語の着想を得たと披露しているが、帽子屋のショーウィンドウを眺めるといった日常生活での経験も役立っている。処女作『スタイルズ荘の怪事件』では、クリスティ自身の薬局での経験が毒殺事件というかたちとなり、みごとに再現されている――

「ボトルだらけだ」と私は小さな部屋をぐるりと見渡しながら叫んだ。「このボトルすべてに何が入っているかご存じでしょうか？」

「もう少し目新しいことを言えないのでしょうか」とシンシアはうめくように応えた。「ここに来ると誰でも異口同音に『何と多くのボトルがあふれているのだ』と口にします。言わなかった人が現れたら表彰してあげようと思うくらいです。さらに次の発言まで予測できますよ、『これまで何人くらいに毒を盛ったのですか？』でしょう」

むろんシンシアは所狭しと並ぶボトルから注意をそらそうとするのだが、当然、ボトルが事件解決の鍵となる。クリスティの手掛かりは「読者を混乱させるべく周到に計算され尽くされている」とP・D・ジェイムズは指摘する。「次にこの男はカレンダーを間近で凝視する。クリスティは読者の胸に日付、時間が決定的な鍵となるのではという疑念を植えつけるのだ。だが実は男が近視であることこそが事件を解く鍵なのである」とジェイムズは言い添える。

以上をことごとく考慮に入れても、アガサ・クリスティの成功は不思議である。なぜ作品がシェイクスピアよりも多くの外国語に翻訳されているのであろうか。『イギリス犯罪小説百科事典』(二〇〇八)の編纂者バリー・フォーショーによれば、根強い人気の秘密は万人に理解される言語能力に起因するのではないかと推測している――「これほど多くの他言語に翻訳された作家は……いまだかつていない。クリスティの言語は明快、単純である一方、プロットも見事に構成され、まるで調整された機械のようにみごとに組み立てられているからだ」とフォーショーは分析している。

グリーンウェイ邸の応接間で孫マシューとともに聴いた録音テープのなかで、クリスティ自身、自らの成功の秘訣を語っている。「卓越した娯楽作家なのです、私は」――そのように自称し、努々《ゆめゆめ》「真面目な」とか「価値がある」などといった言辞を使おうとはしない。だが、この「娯楽」という信条こそ、クリスティ作品が偉大なイギリス的伝統を形作る犯罪小説の系譜にしかと根ざしている証なのである。

第21章　ドロシー・L・セイヤーズ

「英文学で優秀な成績を修め、ロンドンでミステリー小説を書きながら男と同棲するハリエット・ヴェインに、世の女性はどのような反応を示すであろうか?」(ドロシー・セイヤーズが主人公ハリエット・ヴェイン〔作者自身の傀儡〕を紹介する場面『学寮祭の夜』〔一九三五〕)

一見したところ、ドロシー・L・セイヤーズは無敵のようだ。確信、自信に満ちあふれ、とどまるところなく強硬な意見を主張する。天賦の才あふれる新聞コラムニストとして、世に横溢する話題に辛辣な意見を吐き続けた。そして何よりも明確な言語と思想に対する思い入れは格別なものがある。『サンデータイムズ』紙で担当した推理小説批評欄で「今週の一番ひどい言葉」とこき下ろし、また文法ミスを見つけようものなら言葉への「反逆」だと手をゆるめず酷評した。

「頑強でずんぐりして血色がよく」、「ガードマン、女親分を混ぜ合わせ、鼻眼鏡をかけた快活な顔、短い白髪交

オックスフォード大学に 1912 年に入学し、サマーヴィル・カレッジ在籍時のドロシー・L・セイヤーズ。

じりの巻き毛、しわがれ声」を発する女性であるとナイオ・マーシュはセイヤーズを活写している。一方、セイヤーズ自身は自らの人生を「退屈すぎて書く値打ちもない」と切り捨ててはばからないが、これほど真実からは遠いものはなく、いくぶんかは歪曲されてしまっている。セイヤーズといえば、作家クラブを結成し、英国国教会のために尽力するなど、多岐多彩にわたる活動を繰り広げ、多忙で尊大な女性というイメージが定着しているが、実像ははるかに複雑であった。

　出自を考えれば、セイヤーズは大胆かつ勇敢に人生を歩んだといえるであろう。友人にも恵まれ波瀾万丈の人生を送ったが、同時にまた痛ましいほど愛情を渇望した生涯でもあった。自らの社交性と文筆の才能を駆使することで、熱望したが実現しなかった夫、子供の代償にしていたのかもしれない。これほどの逸材を前にして「かわいそう」などと同情するのはおこがましい気もするが、それでも心情を吐露した数々の資料に目を通していると、本人は月並みな人生を歩みたかったのではないかとさえ思えてくるのだ。

　外見的には、セイヤーズは輪郭のはっきりした顔立ち、頑強な身体の持ち主であり、内面は闘争心あふれ芯が強く、人生の荒波にもまれようとも角が取れることはなく丸くはならなかった。父ヘンリー・セイヤーズはオックスフォードの教会大聖堂の牧師であったが、一八九三年、一人娘ドロシーが誕生するとすぐイングランド中東部ハンティントン近郊ブランティンシャム・カム・アースという寒村へ転居し、ドロシーは牧師館特有の厳格で張り詰めた雰囲気のなかで養育された。そこはまるで推理小説の世界から抜け出てきたような村で、実際セイヤーズは後にこの村落を『ナイン・テイラーズ』（一九三四）と題する小説の舞台にした。数多くの愛読者を得た小説は、教会の鐘、鐘楼守の謎と奇行をめぐり物語が展開していく。

いくぶん孤独な子供時代を送った後、ドロシーはオックスフォード大学サマーヴィル・カレッジ（訳注1）へ進学し、生涯を通して友人となる人々と出会い、バッハ聖歌隊で歌い、男性とも戯れ幸福な大学生活を送った。最高傑作の一篇『学寮祭の夜』では、オックスフォード大学学寮を舞台にして、真に幸福であった人生唯一の時期を、郷愁をこめ描きだしている。

セイヤーズは成績優秀者に与えられる第一級学位に相当する成績を修めたのだが、五年後の一九二〇年まで、女性は大学の正規学生として登録されなかったのである。この時代、女性はたんに在籍を認められているだけであり卒業資格はあたえられなかった。大学におけるこうした女性の不安定な身分は『学寮祭の夜』のさらなるテーマともなっている。セイヤーズの個人指導教員は女性は「賢く」ならない方がよいと忠告した――知性は女性には必要とされなかったし、好ましいとさえ見なされていなかったのである。

セイヤーズが出版した処女作は、学位取得後数年して書いた韻文であった。幸福な学生時代を過ごした場所から離れがたく、オックスフォードの出版社ブラックウェルに就職したわけだが、愛する街を愛でる稚拙な詩を草したのであった――

オックスフォードよ、汝に対して新たに犯す罪を許し給え
貧しき我なれど、汝の詩を謳わん

才気に富んでいたため、編集者補助という役職にあきたらず、上司は「荷車につながれた競走馬」とセイヤー

ズを仇名した。本当にやりたかったのは、文筆で身を立てることであった。そこでロンドンに居を移し、職を探したものの不景気で職はなく、行き詰まる仕事探しを諦め教員になろうかと悩んだ。これ以上にないほどの苛酷さが続き、食べる物にも事欠く日々であった。

資金もほぼ底をつきかけたとき、セイヤーズはついに天賦の才を生かす仕事、つまり創作にまつわる仕事を見出したのである。それはロンドンの中心街ホルボーンにある広告会社ベンソン社のコピーライターの仕事であった。ブルームズベリー地区にフラットを借り、多忙なオフィスで働く彼女の生活は、一九二〇年版『マッドメン』(訳注2)そのものであった。鋭い頭脳、言葉のセンスを評価してくれる男性コピーライターに囲まれた職場は実に居心地がよかった。騒々しくも競争が激しく活気あふれる職場は、後年、『広告は殺人する』(一九三三)のなかで再現されている。プロットは奇想天外きわまるが、あの大戦間におけるオフィスの生き生きとした描写こそ読者には忘れがたいものになっている。ベンソン社でのセイヤーズは、コールマン社マスタードの広告「マスタード・クラブ」、黒ビールで有名なギネス社の、オオハシ(訳注3)を使った有名な謳い文句などを制作した——

君ができるって彼が言うなら、
ギネスこそ君にぴったり!
オオハシってすごいだろう、
考えてごらん、オオハシにできることを(訳注4)。

ついに三十歳の時、セイヤーズは余暇を利用して書きつらねた推理小説『誰の死体?』(一九二三)を発表する。この小説に登場するのがピーター・ウィムジー卿で、この人物によりセイヤーズは下積み時代に終止符を打ち、経済的安定と推理小説作家としてのキャリアを手に入れることができたのであった。
　下積み時代の困難な時期、ピーター・ウィムジー卿はいつもセイヤーズの心に宿っていた。経済的のみならず情緒的な支えにまでなったからである。最初から贅沢な卿の暮らしぶりを描くのを心ゆくまで楽しんでいた。「想像世界では一銭もかからないのだから」と後に愉快に説明している――

当時、生活はとりわけ苦しく……家具ひとつない一部屋フラットに嫌悪をおぼえると、ウィムジー卿のためにピカデリーの豪華フラットを借りてあげた。安物の敷物に穴が空けば、作品のなかでオービュソン織りの豪華な絨毯を注文したりした。バス代にも事欠くと、ダイムラー社の重厚な内装を施した高級車を贈り、また退屈になるとその車を運転させてあげた。

　こうしたウィムジー卿の信じがたい安楽に満ち、贅沢で豪奢な生活ぶりは評価を二分する一因ともなった。まず、あまりにも上品すぎ貴族的で、写本、クリケット、国際関係など多岐にわたる知識を備えているのが鼻につく。また物語の結末で殺人犯を絞首台に送るのに決まってためらいを感じるなど、感傷的で冷静沈着さに欠ける――こうしたウィムジー卿の人物造形は迫真性に欠けると多くの人々が酷評したのであった。
　だが同時にウィムジー卿は、同僚であれ雑役婦であろうとも分け隔てなく接し、真実を語る才能に恵まれていた。犯人を追い詰めるのに労を厭わなかったし、同時代の女性が直面する困難に対しても深い理解を示した。たとえば、戦後、適齢期の男性が減少し配偶者を得られない「余剰の」女性に対して、有益な仕事を紹介する派遣業に資金融資するのにも躊躇しなかった。ミス・クリンプソン（『毒を食らわば』［一九三〇］に登場する未婚女性）が経営する探偵社では、女性に賃金と生きる目的を与え、ウィムジー卿にも事件解決に必要な助手を送りこんだ。

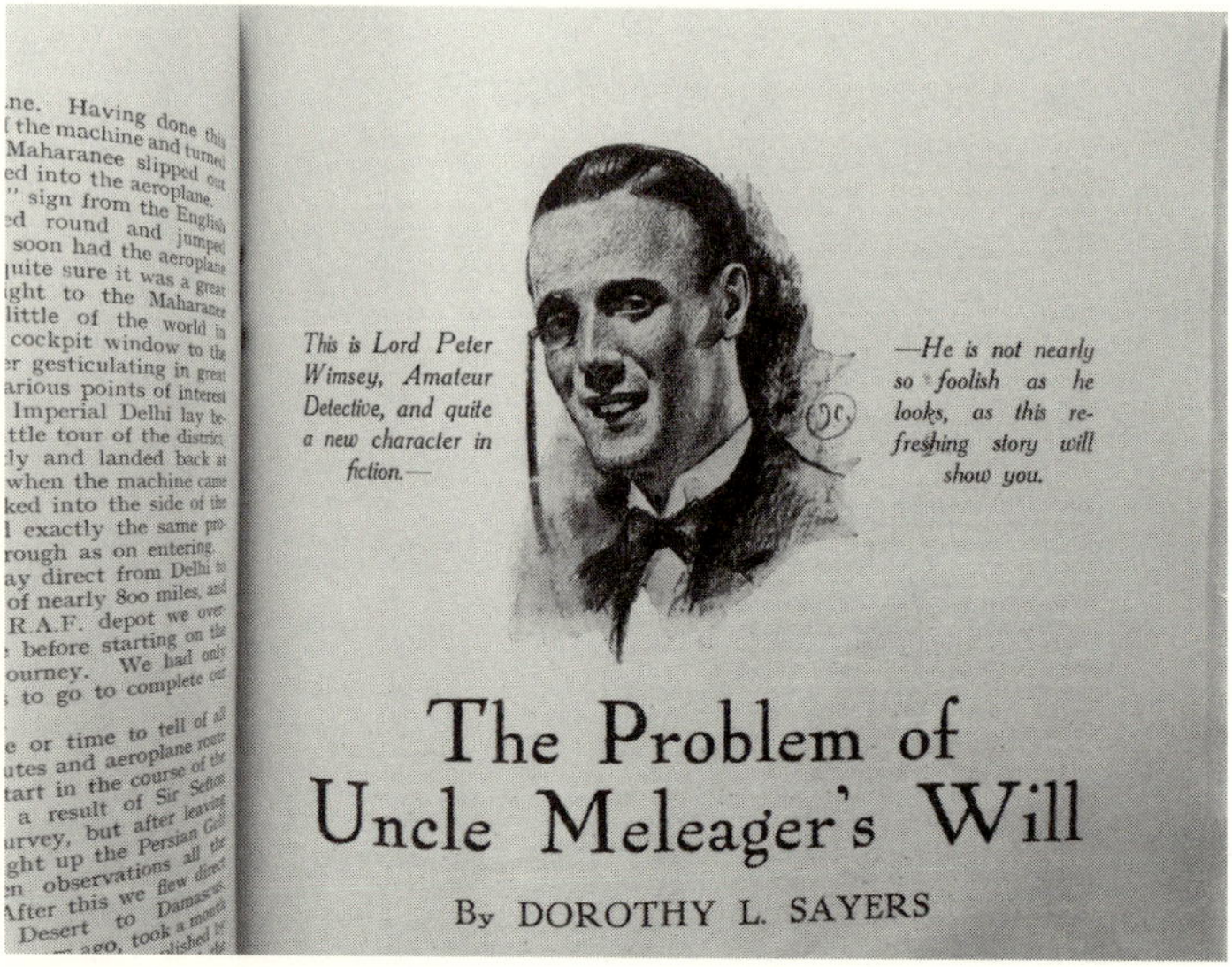
This is Lord Peter Wimsey, Amateur Detective, and quite a new character in fiction.—

—He is not nearly so foolish as he looks, as this refreshing story will show you.

The Problem of Uncle Meleager's Will

By DOROTHY L. SAYERS

1925年7月、雑誌初登場時のピーター・ウィムジー卿の挿絵。

ミス・クリンプソン自身もミス・マープル同様、有能な「密偵」であり、『毒を食らわば』（一九三〇）では、カフェ、家庭にも巧みに潜入し、周囲から警戒されず重要な情報を収集していく。時には霊媒師を装い、死者の霊が降りてきて紛失した遺書の在処を告白するよう呼びかけている、と看護婦に思い込ませたりもする。

　ウィムジー卿の共感を呼ぶ側面は、自らの母親や、塹壕の戦友で彼の忠実な「僕《しもべ》」でもあるバンターに対して、自己の内面を打ち明けることから、徐々にではあるが浮かび上がってくる。第一次世界大戦を生き残ったという罪悪感、今日で言うＰＴＳＤ（心的外傷後ストレス障害）に苦しめられている事実が、次第に明かされていくのだ。ウィムジー卿は上品な外見とは裏腹に、深く傷ついた内面を秘めていたのである。

　セイヤーズが空想世界で生み出したピーター・ウィムジー卿だけに満足していればよかったのだが、と思わずにはいられない。現実世界では、ロンドンでジャーナリストとして働いていたロシア系ユダヤ人ジョン・クルノス（一八八一－一九六六）と恋におちてしまう。クルノスは文筆家へのインタビュー記事を得意とし、セイヤーズによれば「アート（art）という字の頭を大文字のAで綴るような」芸術至上主義者であったという。二人の関係は困難に直面した。「恋人をもつのは孤独でわびしいことにほかならない」とセイヤーズは後年回想している。「他の友人との関係は断ち切られてしまうので、恋人だけを糧に生きていかなくてはならない。友人に少し会うだけなのに嘘をつくのは辛いことであるし、また回りまわって家族の耳に入るのが怖くて交際をおおっぴらに話せなかった」と振り返っている。

紆余曲折を経た後、クルノスはセイヤーズの宗教的信条を無視して、同衾すべく言葉巧みに言い寄ってきた。しかし、破綻が訪れた――「私は多くを求めすぎたのだ」と、セイヤーズは恋人が去った後、苦痛を覚えながら書きつらねている。「あなたの愛情と子供、そして世間に対して互いの関係を明確にすること――私はこれ以下のことではもはや満足できなかった。でもあなたは、このどれも私に与えないと言い張り、私のもとから去って行った」――このように切々と心情を吐露している。

クルノスと別れた後、セイヤーズは正反対の性格の人物と付き合いはじめた。ただ陽気でダンスと自動車好きなビル・ホワイトは、寂しさを埋め合わせる代償でしかなかった。今度はいとも簡単に妊娠にまで至ったが、ホワイトもクルノスに負けず劣らず父親としては不向きで、セイヤーズはまたもや一人取り残されてしまった。『誰の死体？』の最初の印税は出産費用が必要とされたまさにその時期に入ってきたのだが、二ヶ月間休みを取り、両親に知られるのを恐れてハンプシャーの産科医のもとで出産したのであった。

息子が生まれると、セイヤーズは従姉妹に面倒をみてもらうべく手筈を整えた。本の印税で自由に食物を購入できる余裕ができたためか、セイヤーズは急激に太ってしまい誰も妊娠には気づかなかったようである。妊娠をあけすけに告白するような道徳観ではなかったためか、両親は孫の存在を知ることさえなかったという。さらに英国国教会の伝統を重んじる一員として、婚外子という教会の教義に反する事実を、世間に対しても生涯にわたり否定し続けたのであった。

P・D・ジェイムズが指摘するように、セイヤーズはフィクションの世界でも伝統を重んじ、「文体と発想においては進歩的だったが、形式においては伝統を遵守した」（『推理小説論』）という。それゆえセイヤーズは、数人の容疑者、ありえないような殺害方法、結末での見事な解決といった、黄金時代の推理小説の鉄則を死守したのであった。実際、セイヤーズの作品における奇想天外で複雑な殺人方法は、作品の魅力のひとつにさえなっている。「頭蓋骨を強打した後、六万語にも及ぶ心理的分析がどこまでも続くような小説の時代ではもはやなかったのである」とジェイムズは付け加える。「セイヤーズが考案した殺害方法は時には奇を衒《てら》いすぎていて、少なくとも二件の殺害方法は現実味に乏しい。まず一件目は『ナイン・テイラーズ』における鐘の音による殺害方法で、健康な男性が騒音だけで死ぬとはとうてい考えにくい。続く二件目は『不自然な死』における空気泡を血管に注入する殺害法で、これを実現するには異常なまでに大がかりな注射器が必要とあろう」（『推理小説論』）とジェイムズは論じる。

だが、セイヤーズが伝統から逸脱しているのは、ピーター・ウィムジー卿の性格の深化を描いた部分、とりわけ、気丈だが弱点もあるハリエット・ヴェインとの関係のなかで卿が成長していく様を描いた部分である。セイヤーズの架空の分身であるヴェインもまた、推理小説家である。セイヤーズのように、ヴェインも大胆きわまるが、男性に傷つけられてしまう。ヴェインが『毒を食らわば』で初めて登場するのは被告人席である。セイヤーズとクルノスとの関係そのままに、ハリエットも未婚のまま男性と同棲することに同意し、その結果、殺人容疑で起訴されるという、あまりにも高い代償を払わなくてはならなかったのである。

ハリエットを絞首台から救うのは、頭脳明晰で裕福なウィムジーである。ハリエットの汚名をすすごうと尽力するうちに、恋におちてしまう。そして長期間にわたるすれ違い、誤解を経て、最後の最後に二人はめでたく祝福され結ばれる。セイヤーズの悲劇とは、そんな幸福な結末が作者自身には訪れなかったことなのだ。

『学寮祭の夜』でハリエットはついに、恋人ウィムジーが自分を抑圧することはないと気づき、心を許せるようになる。『学寮祭の夜』はセイヤーズの作品のなかでも、美しい恋愛小説であり輝ける妖精のような存在である。また一九三〇年代の女性が仕事と結婚を両立できるか否かを真剣に模索する物語とも読める。ハリエットは苦労して勝ち得た自立、自尊心を捨て去れず苦悩している。数百ページにもわたり、そうした作中人物を見守ってきた読者は、ついに二人がニュー・カレッジ通りにおいて恥じらい気味にラテン語で会話をしながらキスを交わすと、思わず拍手喝采してしまうであろう。たかだかキスひとつにかくも時間がかかってしまったのか、と忍耐力を試される結末でもあるが、知性が感性と同等に重要な役割を果たしている、こうした奇妙な恋愛物語にあっては、心温まる結末になっている。いかにもセイヤーズらしく、知性こそが二人を結びつけたのだと強く主張したかったのであろう。セイヤーズ自身の言葉を借りれば、『学寮祭の夜』でついに、「情緒的に不安定きわまる世の中で、完全無欠の知性こそが唯一安定した価値となりうることを」証明できるプロットにたどり着いたのだという。これこそ作者が「混乱しながらも、生涯にわたり主張したかったこと」を表現しえた作品でもあった。（＊）

セイヤーズは最終的には、離婚歴のあるジャーナリスト、キャプテン・オズワルド・フレミングと結婚する。セイヤーズの伝記作家で親交があったジェイムズ・ブラバゾンによれば、セイヤーズの夫婦関係がどのようなも

（＊）ジュリアン・シモンズの評論集『ブラッディー・マーダー』のように、『学寮祭の夜』を駄作だと切り捨てる批評は珍しくはないが、実に腹立たしい限りである。『学寮祭の夜』は退屈で真面目くさった会話が何ページにもわたり延々と続く『女性向け小説』でしかない」というくだりを読んだとき、思わず私はシモンズの本を床に投げて、踏みつけにしてしまった。

のであったか、正確には分からなかったという。

よくある妻の尻に敷かれた小柄な夫という喜劇的イメージと、屋根裏で鎖につながれた怪物というメロドラマ調イメージが交錯していた。だがより真実に近いのは、夫が人前には出せないほど重度のアルコール依存症であったことであろう。どうやら当時の人々が世間並みの結婚と考えるような関係ではなかったことだけは確かである（『ドロシー・L・セイヤーズ伝』［一九八八］）。

フレミングは、セイヤーズがエセックスの村ウィザムに購入した住居にたえず幽閉されていて、友人にも紹介されず、また病気からか自活もできなかったようだ。ウィムジー卿との唯一の共通点を求めるならば、第一次世界大戦の後遺症から立ち直ることができなかったという点を指摘できようか。

年月が経つうちにセイヤーズは推理小説の可能性に限界を感じたせいか、執筆を止めてしまう。ラジオ、舞台脚本を書くようになり、またダンテ『神曲』（一三〇四 - 二一）の翻訳に取り組み名を馳せた。キリスト教信仰心から、若い世代のために聖書の物語を簡明に書き換え、ラジオで放送した。それは大成功を収め、教会へ通う多くの信者に信仰心を高める貢献をしたというので、英国国教会が功績を評価して名誉神学博士の称号を授与したいと申し出た。だが私生活が明るみに出るのを恐れてか、セイヤーズは申し出を断ってしまった。

未婚を貫いていれば、あるいはより理解ある夫と結婚していたならば、いずれセイヤーズは息子と同居できたかもしれない。しかしながら現実は決してそのようにはならなかった。何十年経っても、口やかましい親戚の「メーベルおばさん」がいるのを口実にして、時はまだ熟していないと応えるのが常であった。

息子は母を「従姉妹のドロシー」だと教えられ、定期的に会い小遣いを受け取っていたものの、真の関係を認知してもらうにはいたらなかった。自らの出生の秘密を知ったのは、パスポート申請のため出生証明書を取り寄せたときであったという。セイヤーズは、息子が母親欄に自分の名前を見出しても驚かないとでも思ったのであろうか。作品においても実生活においても、人の過ちに深い理解を示したセイヤーズが、情緒的にはあまりにも鈍感で、このようなかたちでしか息子に対して母親の名乗りをあげられなかったのには、衝撃を覚えずにはいられない。

セイヤーズは何らかの主義主張のため身を投じれば、実質的変化を起こす影響力と力量を具備していた。英国国教会はより広く門戸を開くべきだとか、大学は女性にも学位を与えるべきだと主張するとき、この小説家は話術、情熱、ユーモアという武器を駆使して訴えていたのである。以下に引用するのは「女性は人間か」との問いに応え、一九三八年に行った講演の一部である――

女性のために大学教育をうながす先駆者たちが、女性も大学への入学を許可されてしかるべきであると要求すると、直ちに「なぜ女性ごときがアリストテレスを知ろうとするのだ」と疑問の声が湧き起こった。女性はことごとくアリストテレスを知った方がよいというのが、答えではない。……ただ単に私はこう言いたい。「女性全体が何を知りたいか、というような質問など、どうでもいい。私がアリストテレスを知りたい、ただそれだけなのだ。多くの女性はアリストテレスなど気にもかけないが、ほとんどの男子学生も、ご尊名を耳にしただけで青ざめ気絶しそうになってしまう。でも、この私は、他人とは異なるこの私は、アリストテレスを知りたいし、私の姿形、身体機能のどれを取ろうとも、そうした探究心を妨げるものではないのだ」。

ここに垣間見ることができる鋭敏な知性、ユーモア、〈知〉の重さに対する揺るぎない信念こそ、まぎれもないドロシー・L・セイヤーズの声なのである。

第22章　探偵倶楽部

「誓いを破れば、他の出版社に出し抜かれ、また名誉棄損で訴えられ、誤植だらけの本、売り上げ低下などがことごとく汝の身を襲うであろう」（探偵倶楽部の新入会員入会の「儀式」）

一九二〇年代末、黄金時代を代表する推理小説家たちが集い、「探偵倶楽部」と称する会を結成した。当初、夕食をともにするだけの仲間内の和やかな集会として出発したのだが、一九三〇年になると倶楽部員は高名な書評誌『タイムズ・リテラリー・サプルメント』に連名で投書するまで発展した。さらに倶楽部の資金稼ぎのため、各作家が一章ずつ担当して小説三編を共同執筆している。一九三二年、倶楽部の会則を定めた憲章が発案され、小冊子として出版された。倶楽部はロンドン中心のジェラード通りに居を構え、愉快に集うメンバーの写真が雑誌に掲載されたりした。（写真には半パイントのビール片手に満面の笑みを浮かべるドロシー・L・セイヤーズも写っている）。

一九三二年の憲章に定められた倶楽部への入会資格は以下の通りである。

入会を希望する者は、一定水準以上のすぐれた推理小説を少なくとも二編執筆していなくてはならない。……ここで言う「推理小説」には、推理が主たる関心事となっていない冒険物語、スリラーは含まないものとする。また作家が正々堂々と読者の推理に挑まないようでは、推理小説の名を汚すものでしかないと肝に命じられよ。

食事会よりは権威ぶっていたものの同業者組合ほどでもない会だが、「探偵倶楽部」という集団こそ、黄金時代の作家たちが活躍した結果、推理小説が一定の様式をもつジャンルとして確立していた事実を如実に示して余りある。倶楽部メンバーのなかには、アガサ・クリスティ、ドロシー・L・セイヤーズ、G・K・チェスタトン、バロネス・オルツィ（一八六五‐一九四七）、A・A・ミルン（一八八二‐一九五六）といった錚々《そうそう》たる作家が並んでいた（「くまのプーさん」で有名なA・A・ミルンは、『赤い館の秘密』［一九二二］という推奨に値する推理小説も書いている）。「どこまでも不真面目な組織の背後に、どこか真剣な意図が隠されているとするならば……それは推理小説を可能な限り最高水準に保ちたい願望、さらに不幸にも過去に推理小説が背負ってきた扇情主義、二流文学といった負の遺産から小説を解き放ちたいという意図があった」とセイヤーズは倶楽部について語っている。

カトリック聖職者で推理小説家でもある、倶楽会員ロナルド・ノックス（一八八八‐一九五七）は、両大戦間に発表された推理小説は規則に基づき競い合うような、いわばゲームじみたものであったと考えている。たとえばテニスに見立てると、「一方には作家、他方には読者」がいて、互いに勝負がつくまで競うというものであった。ノックスはこうしたゲーム規則を（ややふざけ気味に）「（ノックスの）十戒」と称し、クリケット・ルールのごとく厳格に遵守しなくてはならないとした。

一、犯人は小説の冒頭部分で言及された人物でなくてはならないが、読者が犯人の心の内をうかがい得るごとき人物であってはならない。

[アガサ・クリスティは『アクロイド殺し』において、こうした規則を実に巧みに破り、語り手そのものを犯人に仕上げた。しかしながら、この結末を作家の裏切り行為と感じ、怒り心頭に発した読者がいたのもまた事実である。こうした過激な反応は、十戒を字義通り実直に受け止める読者の心情がない限り、とうてい理解しがたいであろう。]

二、言わずもがなであるが、超自然力は全面的に除外しなくてはならない。

三、複数の秘密部屋、通路を使ってはならない。

[ノックスはたとえ一つの秘密通路であっても、認めがたいとつけ加えている。彼自身が禁を破りやむなく例外として使用したとき、「その住居はカトリック迫害時代にカトリック教徒が所有していた家であった」との但し書きをあえてつけて通路がある旨を説明している。]

四、未知の毒は使ってはならないし、長々とした科学的説明が必要とされる装置も使用してはならない。

五、中国人が中心的な役割を演じてはならない。(訳注1)

六、探偵は偶然に頼るべきではなく、合理的に説明できない直観力に依拠してもならない。

［本書第八章に登場するマリア・マーティンの継母が見たような夢は、推理小説では使ってはならないことになる。古きメロドラマの伝統は、今や完全に葬り去られてしまったようだ。］

七、探偵本人が犯罪に関わってはならない。
八、探偵が何らかの手がかりを摑んだ場合、手がかりは読者にも即座につまびらかにされなくてはならない。
九、例のワトソン氏のごとき、探偵にのめり込む友人の心に浮かぶことは隠してはならない。加えて知的水準はわずか、ごく僅かだけだが、平均的読者の知的水準をやや下回る程度でなくてはならない。

［コナン・ドイル自身、ホームズに次いで高名なワトソンについて、「ワトソンはただの一度とて、物語の記録者、解説者という自らに与えられた役割以上の行動をとることはなく、さらに機転、知性の閃《ひらめ》きでも読者を驚かすこともなかった」と主張している。だが、これはワトソンに対する公正な評価ではない。ワトソンの強みが知性ではなく感性にあるのは言うまでもないが、たしかに頭脳明晰で冷徹な相棒ホームズに暖かみ、人間性をもたらしているのだ。A・A・ミルンによるワトソンの定義の方がはるかに好意的かつ公平であろう――「やや鈍い面があるが、誰でも同じなのだから、それはそれでいいのだ。ただ同時に親しみやすく、人間的で、愛すべき人物であるのを忘れてはならない」とミルンは賛辞を惜しまない。］

十、双子の兄弟や瓜二つの人間を登場させてはならない。もし登場させるならば十分な説明が必要とされるであろう。

推理を一種のゲームとみなし、上流階級のカントリーハウスを舞台にするという考えは、リーズを拠点とした会社ワディントンズが一九四九年に制作した、「クルード」(訳注2)というゲームに具現化されている。本ゲームの舞台はチューダー朝の邸宅で、スカーレット嬢、マスタード大佐、ホワイト夫人、グリーン牧師、ピーコック夫人、プラム教授といった人物が登場してくる。舞台、登場人物もたがわずに典型的な推理小説様式を踏襲しているのだ。だが、「クルード」に先駆けて、一九三〇年代、すでにクロスワード・パズル、ジクソーパズル、『バッフルブック』などの多種多様な難問ゲームが流行していたのである(＊)。

探偵倶楽部の活動は、現実に突発した犯罪といかに連動していたのであろうか。チャールズ・ディケンズ、ウィルキー・コリンズに見られた事実と虚構との深い連関性は、もはやそこにはない。実際、推理小説作家の注目を集めたのは、偶然にも十戒精神を具現化したような事件、複雑なパズルのような様相を呈した事件であった。そうした事件の一つとして、一九三一年、リヴァプールで起きたジュリア・ウォレス殺人事件をあげることができよう。

ジュリアの夫ウィリアム・ハーバート・ウォレスは保険外交員であった。ある日ウォレスは、保険加入を検討する人物から訪問依頼の電話伝言を受け取り、一九三〇年一月二十日、住所をしるしたメモを片手に、人々に道

(＊)『バッフルブック』(一九三〇)には十五件の事件が図表、地図、手掛かりとともに記されており、家族そろって「誰がエメラルドを盗んだのか」といった謎解きに興じることができた。『犯罪ファイル』シリーズはさらに進み、事件捜査記録に加え、手紙、毛髪や血痕が付着した壁紙などの証拠物件がプレーヤーに配布され、裏表紙の封筒に隠された事件の真相を解明しようとするゲームであった。「ここに手がかりが!」、「ロバート・プレンティスを殺害したのは誰なのか?」といった『犯罪ファイル』シリーズのゲームは、今日にいたるまで根強い人気に支えられたミステリー・ゲームの先駆けとなったのである。

を尋ねてまわり依頼人の家を探したが、見つからなかった。道を尋ねられた人々は後になり、ウォレスがその時間帯、たしかに当該地区にいたと証言した。メンローヴ・ガーデンズ・イースト通りを探していたのだが、メンローヴ・ガーデンズ・ウェスト通りとノース通りはあるものの、イースト通りはなかった。ウォレスがこの一件を確認して帰宅してみると、自宅で妻ジュリアが何者かによって撲殺されていたのであった。

当然ウォレスに嫌疑がかけられたが、それは多分に状況証拠に基づくもので、メンローヴ・ガーデンズでの一件は犯行時間帯のアリバイ工作のためウォレスが演じた狂言であると、陪審員たちが信じるか否かにかかっていた。不幸にもウォレスはたえず黒ずくめの服を着用し、法廷でも無表情であり印象が悪かったのに加え、陪審員たちはどいつもこいつも馬鹿だといった放言を立ち聞きされてしまった。こうした諸事情が災いしてか、むろん陪審員たちによる判断は有罪であった。だが、裁判官は不確かな状況証拠に基づき死刑判決を下すのは容認しがたいと、きわめて異例であったが、評決を覆したのである。

前世紀のトマス・ド・クインシーの精神はいまだ健在であり、小説家たちはこぞって本事件に大いなる関心を示した。探偵倶楽部も例外ではなく、電話の伝言、路面電車、場所探しなど、古典的推理小説の要素をすべて具備した本事件に興味を掻き立てられてやまなかった。ドロシー・L・セイヤーズは容疑者全員とジュリア・ウォレス殺害の動機を解説した記事まで書いたが、それはまるで、推理小説によくある「書斎での」事件解決さながらの記事であった。セイヤーズによれば、本事件の証拠からは、完全に相反する結論が導き出されると考えられた。すなわち、ウィリアム・ハーバート・ウォレスこそが犯人だとする結論と、否、そうではなく、たんに濡衣を着せられたにすぎないとする結論である。「本事件はいわば玉虫色の絹織物にも似て、ある方向から見れば赤、別の面から見ると緑である」と譬えている。レイモンド・チャンドラー（一八八八－一九五九）は「ウォレス事件はこれまでの殺人事件でも類を見ないものである」と指摘し、「本事件の難解さは空前絶後である」と重ねて主張している。

しかし、さまざまな憶測を呼んだ事件の最終的証拠は、ウォレス無罪を証明しているようである。妻の死後わずか数年でウォレス自身も後を追うかのように死亡した。裁判で無罪を宣告されたにもかかわらず、それ以後の人生は悲惨なもので、友人たちから疑いの目で見られるのがいたたまれず、たえず転居を余儀なくされたのである。死後発見された日記には、亡き妻への哀惜の情に加え、いまだ逮捕されない真犯人への怒りが切々と綴られていた。

いつの日か、自宅玄関前で「今にも殴りかからんばかりの姿勢で身を潜める人物」をこの目で確かめる日が来るであろう、そして、「その人物こそが妻を殺害した真犯人」であろうとウォレスは記していた。


再び探偵倶楽部に話を戻すことにしよう。社交的で、段取り上手なうえ姉御肌のドロシー・L・セイヤーズが倶楽部の原動力となっていたようで、倶楽部の儀式は特有のアイロニカルな調子で執り行われたという。会長が着用する朱のガウン、黒い蠟燭、エリックと呼ばれた人間の頭蓋骨など、いくつかの小道具が倶楽部にはあった。最初に朱色のガウンを着用した初代会長はG・K・チェスタトンであったが、一九六〇年代、サヴォイ・ホテル（訳注3）で開催された会合で、件《くだん》のガウンが破れるか紛失するという事態が生じた。ホテル側が責任をとり新調し、それが今日にいたるまで使用されている。かなり大きめに誂《あつら》えられたガウンは、チェスタトンの大柄な体軀に合わせたゆえ、と言われている。

新入会員入会の「儀式」のあいだ、眼窩に赤電球をはめ込まれた「骸骨エリック」が登場し、薄暗い部屋を不気味に照らし出した。ナイオ・マーシュは一九三七年、グロヴナー・ハウス（訳注4）で執り行われたある入会儀式を、以下のごとく回想している――

反対側の扉がゆっくりと開いた（推理小説の扉は必ずと言ってもいいほどゆっくりと開くものだ）。倶楽部のガウンに身を包んだミス・ドロシー・セイヤーズが蠟燭一本を手に入場し、演壇に着席した。ガウンのなかに大きな自動回転式銃を隠し持っているのを目にしたときの驚愕を、どうか想像して頂きたい。続いて、他の会員たちが蠟燭、凶器を携え荘厳な面持ちで入場してきた。そこには、棍棒のような鈍器を手にする者、短剣のごとき鋭利な刃物類をかまえる者もいたが、死にいたらしめる毒薬監理人もいる。そして掉尾を飾ったのは、ジョン・ロード（＊＊）であり、不気味な笑みをたたえる骸骨をクッションに乗せて入ってきたのである。

以後、「この明かり、この儀式、そして、儚《はかな》さを象徴する骸骨は、いったい何を意味するのであろう」という会長の呼びかけこそが開式の辞となった（そして、今日でも変わらずに行なわれている）。

倶楽部の入会希望者は、仰々しい誓いを立てなくてはならない――

「汝が創りし探偵たるや、神がかり的啓示、女性的直観、迷信的呪詛、ペテン、偶然の一致、はたまた神の御業などには依拠せず、もてる知性のみで事件を解決せしめることを誓うか？」

「誓います」

「汝は、決定的手がかりを読者に隠さぬことを誓うか？」

「誓います」

「汝は、ギャング、陰謀者、殺人光線、幽霊、夢遊病、落とし戸、中国人、極悪犯罪人、狂人などを、節度をもって犯人像に使用しないと誓うか？　科学によっていまだ解明されていない毒物は未来永劫にわたり使用しないと誓うか？」

「誓います」

ナイオ・マーシュが出席したある儀式でドラマじみた事件が勃発した。それは新入会員が誓いを立てた直後に起きた。

ある夏の夕暮れ時、グロヴナー・ハウスの応接室で、ミス・ドロシー・セイヤーズが一切の前触れもなしに六連発拳銃を発砲した。他の会員たちは恐怖から叫び声をあげ、鈍器、鋭利な刃物、毒物といった凶器を振りかざし、ジョン・ロードは何らかの仕掛けを用い骸骨を内側から照らし出した。私の代理人が歯をむき出しにして大笑いをした時の恥ずかしさは、生涯忘れられないものだ。

儀式は疑いもなく愉快であったにちがいない。だが後に、セイヤーズが自分のやり方に固執し、「一連の儀式をあまりにも荘厳に取り仕切ったため、楽しい部分がかなりそぎ落とされた」と言われている。

第一次世界大戦後、探偵倶楽部も世の趨勢に従わざるをえず、設立当初は入会を拒んでいたスリラー作家を会員として受け容れはじめた。今日、倶楽部は約六十名の会員を擁しており、「骸骨エリック」もいまだ健在で会

（＊＊）ジョン・ロードはセシル・ストリート（一八八四 - 一九六五）のペンネームで、倶楽部員であると同時に、法医学者の探偵が登場する推理小説の作家である。

合に出席している（後の医者による鑑識で「エリック」は女性であったと判明した）。

倶楽部の現会長の推理小説家、サイモン・ブレット（一九四五‐）は、最近になってエリックに対する倫理的問題をめぐり、会員間で激論が交わされたと私に語ってくれた。頭蓋骨の眼窩に電球を入れ、馬鹿げた儀式の小道具として使用するのは、人間の尊厳を重んじる行為として妥当であろうかと議論したようだ。議論は互角に戦われ、エリックの尊厳と、何十年にもわたる倶楽部の歴史が天秤にかけられた。だが最終的には、「その眼は見ていた」という推理小説お決まりの表現通り、エリックは存続した、と会議録には記されている。

倶楽部の会合そのものが、推理小説の一場面じみていたため、アガサ・クリスティでさえ、フィクション化したい誘惑には勝てなかった。アイデアを書き溜めた創作ノートの三十五冊目には、「探偵倶楽部殺人事件――オリヴァー夫人と二人の客人――儀式がはじまると何者かが殺害された」と記されている。

最近の会合で起きたさらなる興味深いエピソードを、ブレットは披露してくれた。蒸し暑い夏の夕暮れ、ギャリック・クラブで開催された会合で、一人の女性が失神してしまった。居合わせた作家たちは、気を失っただけにすぎないと確認するや、間髪をいれず自分のノートに手を伸ばしたそうだ。これぞ推理小説家魂というべきであろう。

第23章　黄金時代の終焉

「ロンドンでは人間望めばどのようにもなれるし、また何でもできよう。だが、村で生まれたら永劫不変である――牧師、風琴奏者、掃除人、公爵の子息、医者の娘として、チェスの駒のごとく正方形枠内でただ動くだけだ」
（ドロシー・L・セイヤーズ『忙しい蜜月旅行』〔一九三七〕）

一九三〇年代のイギリスでは、三百万人もの国民が失業中であり、大恐慌経済の景気は底まで落ち込み、ヨーロッパ諸国では独裁政権が乱立した。イギリスでもロンドンの貧民街イーストエンド地区ではファシストたちが集会を繰り返していたのである。第一次世界大戦の悪夢からまだ醒めやらぬうち、第二次世界大戦の軍靴が着実に接近してきた。しかし、探偵倶楽部会員、黄金時代の推理小説作家たちは、現実を直視しようとはしなかった。

顧みれば、大戦間に生み出された推理小説からこうした無視できない時代背景がすり抜けているのは、作家たちの無知が招いたゆえではなく、意図して目を背けようとしていたからではあるまいか。推理小説史家ジュリアン・シモンズはそうした現状を分析している――

一九二〇年代から一九三〇年代のイギリス人作家はほぼ例外なく、アメリカ人作家もことごとく右翼であった。と言っても反ユダヤ主義、反急進主義を声高に唱えていたわけではないが(そうした者もいるにはいたが)、おしなべて保守的心情を抱いていた。インカ帝国の社会秩序のように小説世界内の社会秩序は揺らぐことなく整然と機能していたからである(『ブラッディ・マーダー』[一九七二])。

よって黄金時代の推理小説を好まない人がいても不思議ではない。一九四五年、批評家エドマンド・ウィルソンも、「推理小説は毒にも薬にもならない。せいぜい喫煙、クロスワード・パズルの間に立つ存在ではないのか」と毒舌をはき、手厳しい評価を下していた(「誰がロジャー・アクロイドを殺そうとかまわない」)。

クリスティの小説に登場する架空の村セント・メアリ・ミードのような平穏なイギリスの村を舞台にしている一九二〇年代から三〇年代の推理小説を指して、「メイヘム・パーヴァ」という造語を生み出したのは、自らも十二編の推理小説を物したコリン・ワトソン(一九二〇‐八三)である。ワトソン自身はその推理小説研究書を『暴力的俗物主義』(一九七一)と命題したが、このタイトル自体、劇作家にして俳優でもあるアラン・ベネット(一九三四‐)が黄金時代の推理小説の特性を表すために用いた表現であった。ベネットによれば、描かれる世界は空虚で単調に流され因習的でありながら反動的であった。そうした価値観は犯罪解決によって一層強化されていく。『アクロイド殺し』においてアガサ・クリスティの語り手は、メイヘム・パーヴァの日常生活を描写している――

ここでスイートピーの新種に触れておこう。朝刊『ディリーメール』紙で新種開発が言及されている。アクロイド夫人に園芸知識などなかったが、新しい話題に精通していると思われたいがために『ディリーメール』紙を購読していたのだ。会話に弾みがついたが……晩餐の用意が整いましたと告げるパーカーの声がそれも中断してしまった。

黄金時代の推理小説が大成功を収めた理由のひとつとして、読者の価値観を如実に反映していたことがあげられるが、そうした価値観に誰しもが同調していたわけではなかった。

メイヘム・パーヴァの推理小説には、ノックスの探偵倶楽部「十戒」に加えて、階級・階層に関する暗黙の了解があった。まず、たとえ主題が殺人であろうとも、暴力、流血が実際に描かれることはまず滅多にない。『アクロイド殺し』でクリスティは、犠牲者の姿を静謐な筆致で描いている——「別れを告げようとすると、アクロイドは暖炉前においた肘掛け椅子に座っていたが、上着襟元のすぐ下には、曲がった金属片が輝いていた」と語り手は紡ぎだしていく。死にいたらしめた短剣も流血の痕跡などなく、凶器そのものが宝飾品とみまがうばかりに描かれている。またヴァル・ギールグッド（一九〇〇 - 八一）、ホルト・マーヴェル（一九〇一 - 六九）共作『放送局の死』（一九三四）では、「身を丸めた不自然な姿の男」がラジオスタジオに横たわっているところを発見されるが、次の段落へ進むと、「特殊な音響効果で自然な反響音が一切除去され」、「シェード付き照明、厚いカーペット、防音材を施した壁、最新版空調設備」などを装備したスタジオ描写へと移行していく。以上のように殺人が秘めやかに整然と行われていくのが、これまた黄金時代に生まれた推理小説の典型であった。

ノックスと同時代の推理小説作家ウィラード・ハンティントン・ライト（一八八八 - 一九三九）、ペンネームS・S・ヴァン・ダイン）はアメリカ人探偵ファイロ・ヴァンスを生み出した。ノックス同様、推理小説の批評家となるが、富を得る代償として、美術評論家を志した青年期の夢を自嘲しなければならなくなる。「知識人を廃業したわが姿を見よ」とは、ライトが自らの論文につけた題目であるが、一九二〇年代の推理小説を分析して、さらなる不文律を鋭く指摘している。すなわち、使用人を殺人犯としてはならないという規則である。それは「あまりにも安直な」結末であり、ライトの言葉を借りるならば、犯人は「それなりに重みをそなえた人物」でなくてはならないからだ。だが、見方を変えると、こうした規則は使用人を軽視する俗物主義の裏返しともとれるわけである。使用人たちは「貴重な宝物」めいた存在か、逆に「悪人」ならば、こそ泥、恐喝程度の犯行には手を染めるだろうが、使用人風情は殺人のごとき大それた犯罪を企てる器ではないと見下していたのである。

今日の読者が一九二〇年代から一九三〇年代の推理小説を読み、違和感を覚えるのは、使用人などは人間ではないと言わんばかりの横柄な態度につきる。「こうした人間がたえずそうであるように、使用人として仕事には一途であった」とドロシー・L・セイヤーズの『ナイン・テイラーズ』に登場する婦人は、お抱え運転手を評価している。またマージェリー・アリンガムの探偵アルバート・キャンピオンは気にもとめずに使用人を「間抜け」と侮蔑している。アイルランド生まれの推理小説家ニコラス・ブレイク（一九〇四－七二、桂冠詩人になるセシル・デイ・ルイスの別名）になると、使用人たちをひと束にして切り捨てている——警察が事件捜査に着手したとき、「サドリー・ホール邸の全使用人を残らず事情聴取したが、誰も嫌疑をかけられなかった。台所、庭を問わず、四六時中、押し合いへし合いまでとはいかずとも、いつも鼻を突き合わせた状態にあるからだ」——つまりこれでは殺人などできないというわけである。

アガサ・クリスティの作品には、こうした「訓練がいきとどいた使用人」がいつも登場するが、よく気がきく脇役にすぎない。たとえば、ポワロの相棒キャプテン・ヘイスティングズが使用人の模範例ともろ手をあげて賞賛してやまないのだが、灯台もと暗し、自らに内在している傲慢さには気づいてはいない。「ああ、ドルカスよ。

そこに立ちつくし正直なあの顔がこちらを向くと、絶滅に瀕した昔ながらの使用人の姿を想起させた」と懐旧の情にひたっている。だが、こうしたミドルクラスと使用人たちとの関係にも変化の波動が打ち寄せていた。第一次世界大戦で労働力を喪失したイギリス社会では、使用人のなり手が激減していた。キャプテン・ヘイスティングズも労働市場の変化によりドルカスのような使用人雇用が困難になってきた現状を、薄々ながらも感知していたのかもしれない。こうした事態こそ彼にとって由々しきものであり、アガサ・クリスティの読者層も同様の不安感を覚えていた。

黄金時代の推理小説では、探偵の地位向上がうかがえる。フィールド警部、ウィチャー警部の時代、探偵は下賤きわまる職業だとみなされてもいたが、黄金時代の探偵はミドルクラス、上流階級にさえ属していた。「ユダヤ人、労働者階級出身で、たえず出自の劣等感に責め悩んでいる探偵など、もはや考えられなかった」とジュリアン・シモンズは指摘している。「なぜなら、この時代の作家にとって、そうした人々は異次元の存在となっていたからだ」（『ブラッディ・マーダー』）と分析を進めている。アガサ・クリスティはエルキュール・ポワロをいずれの階層にも属さないベルギー人に設定して、階級問題を巧みに回避している。だが、同時代の探偵の多くは上流階級出身であった。ピーター・ウィムジー卿は公爵の弟であり、マージェリー・アリンガムの探偵アルバート・キャンピオンも「育ちがよく、おっとり」とした性格であった。格式高い貴族の兄がいるのだが、弟の活動が一族を巻き込まないようにする配慮からか、兄との関係は内密であった。そしてキャンピオン自身、ある事件を機にレディ・アマンダ・フィットンと遭遇し、彼女の家族の権利を回復した後、めでたく結ばれている。

ナイオ・マーシュのロデリック・アレンもまた上流階級出身で、母レディ・アレンはアルザス犬の飼育をしている。マーシュの代表作『ランプリィ家の殺人』（一九四一）では、爵位の称号がついた人物が頻出するためか、警官は爵位を覚えるのを放棄したほどであった。侯爵が亡くなると、爵位が継承され一族全員の名前が変わってしまうので話はさらに複雑になっていく。警察、読者も、さらに作者でさえもしかるべき名前を把握できなくなってしまうのだ。
　こうした探偵たちが人々と接する態度にはいつも物議がつきまとっていた。たとえば、ピーター・ウィムジー卿は、「嘘つき、白痴、売春婦、スペイン人」などを人間扱いする必要はないと公言して憚らない。だが、歴史家にして作家であるウィリアム・D・ルーベンシュタイン（一九四六－）によれば、一九二〇年代まで頻繁に登場した邪悪なユダヤ人（アガサ・クリスティの「黄色い顔をした高利貸し」など）は、一九三〇年代前後の推理小説からは姿が一掃されていた。ナチスの反ユダヤ主義が残虐になるにつれて、ユダヤ人は迫害から逃れる難民として同情をこめて描写されるようになっていったからである。
　こうして概観してみると、リベラル社会へと移行していく過渡期にあって、黄金時代は終わるべくして終わったのかもしれない。大戦間の時代は、科学と合理主義が人類の未来を支配するものと信じられていた。英国国家の正義はいささかも揺るがず、悪事を働けば人は当然、絞首台送りとなった。詩人W・H・オーデン（一九〇七－七三）によると、「推理小説の典型的な読者は、私同様、罪の意識に苛まれている人物にほかならない」のであるが、一九四五年、アガサ・クリスティは、推理小説に包摂されている「倫理観」は「おおむね健全」であると評価し、次のように言葉をつないでいく――

　犯罪人が主人公となるなどまずありえず、社会をあげて犯人を追跡していく。読者は心地よい肘掛け椅子に身体を埋めながら、犯人を追い詰める愉しみに没頭できるのである。

　しかし、第二次世界大戦中の原子爆弾、アウシュヴィッツで生じた未曾有の恐怖は、社会秩序、階層に対する信頼そのものを根底から揺り動かした。旧来の価値観、信念はもろとも崩壊し、それにつれて犯罪者に対する考え方も変化していった。一九四八年の犯罪処罰法では、正義実現のための懲戒的処罰に変わり、犯罪者更正、社会復帰教育・訓練を前提とした処罰が理念として打ち出された結果、一九六四年、絞首刑がついに廃止された。こうした変遷にともない、従来の推理小説の安定した世界が打ち棄てられ、スパイ、スリラーといった不確実で不安定きわまる世界が招来されたのであった。

美しく平穏だが、社会変化から徐々に取り残されていったメイヘム・パーヴァの村に夕闇が迫りつつある頃、これまでにない作品が、推理小説では不可能とされた殺人犯の心奥を暴き出そうと挑戦しつつあった。多くの作家たちはメイヘム・パーヴァ同様に、読みやすく売れそうな新ジャンルを開拓しようとしていたのである。

推理小説のライバルとして誕生したスリラー小説は、一九三〇年代末には有望なジャンルとして地位を獲得していた。スリラーにおいては悪者が主人公となり、読者はその心の内を知ることができた。ドロシー・L・セイヤーズによれば、新旧ジャンルには大きな差異があり、以下のように定義できた。

> スリラーと推理小説の相違はどこを強調するかによる。両小説とも事件が起きるのだが、スリラーにおいては、読者が「次には何が起こるのだろうか？」と問いかける一方、推理小説では「いったい何が起こったのだろう？」と問いかけてくる。後者では、作者が暗示さえ与えれば推測が可能となるが、前者においては推測すら不可能である（『サンデータイムズ』紙［一九三四］）。

しかし、第二次世界大戦直前までは、イギリスの保守的作家、読者たちは、旧式の知的でゲームじみた犯罪を嗜好し、アメリカ主導によるスリラー特有の暴力、軽率さ、粗暴さなどは嫌われた。推理小説の高尚さに比べれば、スリラーは「物の数ではない」とセイヤーズは看破し、とにかくスリラーなど「下手な英語、ありきたりの手法、戯言、凡庸さ」のお手本だと酷評してやまない（『サンデータイムズ』紙〔一九三三〕）。実際、スリラー小説の多くは、黄金時代の拙劣な推理小説と同様、独創性が欠けていた。たとえば、イアン・フレミング（一九〇八-六四）はスパイ、ジェイムズ・ボンドを一九五二年に世に送り出したのだが、ボンドの有名な小道具のほとんどがイギリス人作家エドガー・ウォレスの作品からの盗用であった。

こうした保守的傾向が災いしてか、セイヤーズはグレアム・グリーン（一九〇四-九一）の初期作品を正当に評価できなかった。だが、『ディリー・テレグラフ』紙で十年にわたって犯罪小説批評をくりひろげているマーク・リプリーによれば、セイヤーズは当時、潮流の変化を敏感に感じとっていたために、推理小説執筆も批評も止めてしまっていたと指摘する。セイヤーズにつづく黄金時代の作家ロナルド・ノックスもまた、「ゲームはすでに終焉を迎えつつある」と感じていた。

アメリカの小説家レイモンド・チャンドラーは自身も推理小説を書いていたが、イギリスの伝統的推理小説に対しては痛烈な批判を展開している。合わせてチャンドラーも、セイヤーズが自らのジャンルに限界を感じていたと指摘している——

自分が書くような推理小説は、もはや本来の目的も果たせず退屈な形式になりさがってしまったと危惧して、セイヤーズも悩んでいたのではあるまいか。一流文学たらしめる要素に推理小説は欠けているので、二流文学に甘んじている。……ドロシー・セイヤーズは自作の凡庸さにも気づいて、最大の弱点は作品の推理小説たらしめている部分にこそあり、逆に最大の強みは、「論理と推理の問題」という推理小説の本質にかかわる以外の部分なのである（「殺人の簡単な方法」〔一九五〇〕）。

辛辣きわまる推理小説批判として、一九四四年から四五年にかけて『ニューヨーカー』誌に発表されたエドマンド・ウィルソンのエッセイ二篇に「探偵小説なんてなぜ読むのだろう」、「誰がロジャー・アクロイドを殺そうとかまわない」がある。前者において、ウィルソンはアガサ・クリスティの登場人物たちの凡庸さを酷評しつつ、「クリスティは人間的興味をことごとく消し去り、パロディでもって小説を埋めつくそうとした。……人間ではなく、とどのつまり操り人形で埋め合わせしようとしたのである」と手厳しさを緩めようとはしない。本エッセイの発表直後、ウィルソンのもとには審美眼の欠如を批判する手紙が殺到したという。手紙には、ドロシー・L・セイヤーズのような高尚な作家を読むようにとの助言もあったので、ウィルソンは『ナイン・テイラーズ』を読んでみた。だが、その反応たるや嘲笑に近いものであった——

『ナイン・テイラーズ』ほど退屈な作品もないであろう。どんな分野であれ、これほど欠伸《あくび》をさそうものはない。小説の冒頭部はイギリス教会の鐘つきにまつわるもので、百科事典並みの情報がふんだんに盛り込まれている。当該部分は斜め読みし、伝統的イギリスの村人の会話も大部分を読み飛ばした。「ああ、ヒンキンズ、葉ランを持ってきてくれたのね。葉ランを好む理由はそれぞれでも、一年中、葉が青々としていて花壇の隙間に植えるのに適しているの」などと云々する、どうでもいいような会話を誰が読む気になるだろうか。

この傑出したアメリカ人批評家が何に苛《いら》ついているのかは自明である（ウィルソンは『指輪物語』でさえも「児童文学の屑」と評価していることも付け加えておこう）。だが、ウィルソンには我慢ならなかった鐘つき、葉ラン描写こそ、ドロシー・L・セイヤーズの最も奥深い魅力のひとつなのである。日常生活の平凡な事柄を不可思議に、そして可笑《おか》しなものとして描いてみせるのと同時に、ある特定の場所、時間に深く根ざした営みとして提示しているのだから。P・D・ジェイムズはセイヤーズを擁護してやまない――

ウィムジー卿物語では、一九三〇年代の音、雰囲気、言葉、感触までもが、本のページから湧きあがってくるようである。戦争で傷ついた怒りっぽいベローナ・クラブの英雄たち、クリンプソン女史指揮の下、勇ましく働くがそこはかとなく憐憫を誘う未婚女性たち、廃れてしまった村の秩序、階層、村の中心となる牧師館、若者たちの捨て鉢な陽気さ、『広告は殺人する』に現れた華やいだ仲間意識の内奥に潜んでいる失業への恐怖など――こうしたものすべてがセイヤーズの魅力になっているのである。

ウィルソンは文芸批評家らしく、推理小説に代わり次世代に躍り出てくるジャンルを予言している。
グレアム・グリーンを賞賛する人々が言うように、スパイ物語が今日では文学的可能性を具現化しつつある。また心理的恐怖を掻き立てる殺人物語もこれまでの推理小説とは異なる可能性を秘めているのではないのか。

一九五〇年、レイモンド・チャンドラーが発表したエッセイ「殺人の簡単な方法」が、メイヘム・パーヴァに止めを刺したのであった。第二次世界大戦では千六百万人ものアメリカ人が兵役を経験し、社会変化が著しいというのに、推理小説は伝統から一歩も出ようとはしなかった。「自分のことだけにかまけてしまい自分だけの問題を解き、自分だけの問いに応えるしかない、という推理小説には曰く言いがたい閉塞感が横たわっている。よく書けているか否か以外、何も議論しようとはしない。こうした自明なことを、五十万部を売り上げる作家はまったく分かっていないのだ」とチャンドラーは弾劾する。

イギリス人は「必ずしも世界で最も優れた作家ではなかろうが、凡庸な作家としては最もすぐれている」というのが、チャンドラーの何とも皮肉な結論である。

だが、こうしたメイヘム・パーヴァに対する批判はどこか的外れであり、大衆娯楽的文学を軽蔑しようとする俗物主義の現れでしかないように感じられる。メイヘム・パーヴァは安心感と安らぎを与え、楽しませる娯楽であり、メロドラマを滑稽と感じ、メアリ・エリザベス・ブラッドンを非道徳的とみなすミドルクラスの人々には実にふさわしい形式なのである。セイヤーズ自身、スリラー小説を嫌いながらも、古典的な黄金時代の推理小説の限界を明確に認識していた。「推理小説は、文学的偉業の頂点をきわめたことはなかったし、これからも決してきわめられないであろう。怒り、嫉み、復讐などの戦慄すべき結果を描けても、人間の情念の高み、深みを触知できたことはほとんどない」からであると指摘する（『犯罪小説傑作選 第一集』「序文」［一九三一］）。

ジェイン・オースティンが百五十年以上前に言ったことを、セイヤーズは繰り返したかったのであろう――「罪の意識や悲惨さを描くのは、他の作家に任せておこう。そんな不愉快な話題にはさっさと見切りをつけて、重大な罪を犯したわけではない普通の人々に、平穏な生活を取り戻してみたいものだ」（『マンスフィールド・パーク』［一八一四］）。

これぞ感服すべき人生哲学ではなかろうか。

第24章

レイモンド・チャンドラーとアルフレッド・ヒッチコック

「芸術と名のつくものすべてには、報復の要素がある」
（レイモンド・チャンドラー「殺人の簡単な方法」）

一九四一年、推理小説の人気はますます落ち込んでいった。映画『素晴らしき哉、人生！』のもととなった短編小説「最高の贈り物」の作者アメリカ人作家フィリップ・ヴァン・ドーレン・スターン（一九〇〇 - 八四）が推理小説の改革を唱えた。「推理小説というジャンルそのものを解体し、原点回帰すべきだ」と訴え、「作家は死よりも生について、もっと知るべきだ」と主張した。実際、すでにその時、大西洋の反対側では推理小説に代わるジャンルの開拓が始まって久しかった。

イギリスの穏やかな探偵とは正反対に、アメリカの探偵は屈強である。いわゆる「ハードボイルド」探偵は、「パルプ雑誌」と呼ばれる、再生紙でできた安価な冊子に初登場した。「ハードボイルド」探偵は、法の規制が及ばず、競争が激しい開拓時代の西部そのままの価値観を体現していた。「たいていの人にはちょっとした癖がある」とレース・ウィリアムズ（訳注1）と名付けられた私立探偵は、これぞハードボイルドという調子で言う。そして「俺は、いつも弾を込めた拳銃を持って寝るってことさ」と畳みかけてくる。実際ウィリアムズは銃を頻繁に使用するが、それは、彼の言葉を借りるなら、「肉を挽かないことには、ハンバーガーも食えねえ」からだ。ハードボイルド探偵の多くは警官ではなく私立探偵で、独特の言い回しや表現があった。「てめえの女に金よこせって言え」とか、「黙れ、でないとぶっ放すぞ」といったものから、黒人を「黒肉」と呼び、車を「バケツ」と表現するなど、さまざまな隠語がある。ちなみに「シカゴの外套を着たくないなら」とは「棺桶に入りたくなかったら」の意である。

一九二〇年に創刊された雑誌『ブラック・マスク』には、前述のレース・ウィリアムズをはじめ、ハードボイルドのヒーローたちが数多く登場した。雑誌の編集長ジョゼフ・T・ショー（一八七四－一九五二）は作家たちに、余計な描写や凝った言い回しは避け、単純かつ暴力的な小説を書くように厳命した。だが、あくまでも事件の背後には登場人物の動機が潜んでいなくてはならなかった。それゆえ、ハードボイルド探偵は、イギリスの推理小説では考えられないくらい不完全で、間違いを犯すことも日常茶飯事である。

『ブラック・マスク』誌の作家の一人でマルクス主義者でもあるダシール・ハメット（一八九四－一九六一）は、アメリカの有名な探偵事務所ピンカートン・エイジェンシーで八年間、探偵として働いた経験の持ち主である。十代をロンドンで過ごした作家レイモンド・チャンドラーもまた、『ブラック・マスク』誌の作家の一人で、最も有名なハードボイルド探偵、フィリップ・マーロウを生み出した。チャンドラーは、自身の小説における殺人は、「手動式拳銃、猛毒クラーレ、熱帯肉食魚」といった手段には頼らないと説明する。また、「物語の展開上、死体が必要だから殺人が起きるのではなく、人々に殺す理由があるから殺人は起きるのだ」と説いている。

チャンドラーは石油産業に従事していたが、一九三二年、解雇されて作家の道に入った。その経緯を次のように回顧している――

車で太平洋岸を往き来しながらパルプ雑誌を読みはじめた。読んだらさっさと捨ててしまえるほど安価だったからだ。……当時は『ブラック・マスク』誌の全盛期で（それが「全盛期」と言えるなら）、作品は粗雑ではあったが、力強く実直で、そのことが私の心を打った（『レイモンド・チャンドラー選集』［一九六九］）。

そこで自らもこのジャンルに挑戦しようと思い立ち、古典的傑作『大いなる眠り』（一九三九）を五ヶ月で書き上げた。この一万八千語の作品を僅か百八十ドルで売ってしまったが、「将来の不安はあっても、決して過去は振り返らなかった」とチャンドラーは述懐している（『レイモンド・チャンドラー選集』［一九六九］）。

『大いなる眠り』は、探偵フィリップ・マーロウに視点をおいた第一人称で描かれ、ぶっきらぼうで力強く、冷笑的な調子はフィルム・ノワールの世界では馴染み深いものだ。

瀟洒《しょうしゃ》で清潔にして髭をきちんとととのえ、至極真面目であったが、他人が気づくか否かは、どうでもよかった。私としては、身綺麗な私立探偵はかくあるべしという基準に従っただけだ。何しろ四百万ドルの豪邸を訪問するのだ。

次のような例もある――

彼女は眼を丸くした。混乱していた。考えていた。会ってまだ間もなかったが、考えることが煩わしいのだと私には見て取れた。

そして、このような例もある――

「どんな風に感じる？」それは彼女の髪ともぴったり合う、なめらかな美しい声だった。まるで人形の家の呼び鈴のような、澄み切った音がした。だが、すぐに何て馬鹿なことを考えているんだと思った。

『大いなる眠り』は短い小説で、鮮明で迫力ある場面が続くので、読んでいるとあたかも映画を見ているかのような錯覚に陥る。チャンドラー自身、自分のような探偵小説を書きたければ、「映画監督と同じ視点」をもつ必要があると訴えている。初めてハリウッドを訪れたとき、ある優秀な映画監督が、「ミステリー小説から良い映画は作れない」と私に言った。「観客が席について帽子を脱ぐか脱がないうちに、すべての謎は解けてしまうから」というのが理由であった（短編集『事件屋稼業』「序文」〔一九五〇〕）。

チャンドラーは、監督の言葉は誤りであると証明してみせた。チャンドラーの全作品のうち、一編以外はすべて長編映画となり、そのうちの何作かは複数回までも映画化されている。

チャンドラーの簡潔な文体の裏には、生と死の深く複雑な問題が隠されている。イギリスの作品でこれに相当する作品を求めれば、グレアム・グリーンの『ブライトン・ロック』（一九三八）であろうか。ブライトンの暗黒社会を描いた物語の中心となるのは、やはり人間の運命である。

グレアム・グリーンは双極性障害（躁うつ病）に苦しみ、世界を転々とし、彼自身の言葉によれば、「一般市民の家庭生活とは根本的に相容れない」人生を送った。作品の登場人物たちもまた、作者に通じるものがあった。

『ブライトン・ロック』のアンチ・ヒーロー、ピンキーは暴力的なギャングだが、それでも神の存在を信じている。探偵はアイーダという名の赤ら顔の親切な女性である。だが、グリーンが、残虐だが神を信仰するピンキーと、親切だが神を信じないアイーダのどちらを賞賛しているかは明確ではない。

グリーンは雑誌『スペクテーター』誌の映画評論家だったので、その小説は映画の影響を受けていたと指摘するのは、南アフリカの小説家J・M・クッツェー（一九四〇‐）である。グリーンの小説は「解説を加えず物事を外部から観察する傾向、場面から場面の素早い切り替え、重要なこと、些細なことを区別せず等しく強調する点」（『ブライトン・ロック』「序文」〔二〇〇四〕）において映画と酷似していると、クッツェーは論説する。グリーン自身、作品執筆中は心のなかで「映画カメラのレンズを動かし……登場人物の動きを追ってカメラを操作する」と語っている。グリーンは世の中をこうした新しい視点で見ていたのであった。

加えて、メイヘム・パーヴァの推理小説とは異なり、グリーンは善悪を対立する二極として見ることはなかった。そして、こうした錯綜した視点と共通するものがあるのか、ヴィクトリア朝詩人ロバート・ブラウニングの詩の一節を好んで引用したという。

わが興味をそそるのは物事のきわどい境界
正直な盗人、心優しき殺し屋
迷信深い無神論者……

（ロバート・ブラウニング「ブロウグラム主教の弁明」〔一八五五〕）

単純さよりは複雑さこそがグリーンの作品の魅力であり、また神髄でもあった。

アルフレッド・ヒッチコック（一八九九‐一九八〇）はグレアム・グリーンの作品にほとんど関心を示さなかったが、第二次世界大戦以前に制作した映画はグリーンの作品同様、黄金時代に生まれた推理小説の対極をなすものであった。ヒッチコックはロンドン北東部の郊外、レイトンストーンの厳格なカトリック信者の家庭に育ったが、幼少から殺人、報復といった事件に接する機会があった。たとえば、若い金髪女性の遺体が発見され毒殺と判明した事件が近所で起こった。また、後述するトンプソン―バイウォーターズ事件で絞首刑となったイーディス・トンプソンは、ヒッチコックの家族が営む青果店の常連客でもあった。さらにサスペンスとの関連では興味深い逸話が残っている。ヒッチコックがまだ丸々した恥ずかしがり屋の幼少時代（五歳のときであるが）、父親が書付けをもたせて田舎の警察署へ使いに出したことがあった。メモには「アルフレッドを数分間、留置所に入れてほしい」というお仕置きがしるされていた。当時の警察で留置所に入れて錠をおろすというのは「悪戯坊主へのお灸」であったのだが、後年、その時の体験が人生に深い影を落としたとヒッチコックは振り返っている。

　ヒッチコックは新聞の犯罪記事を読むのを好み、一九三九年、ハリウッドへ移住したさい、『重要犯罪英国公判録』全巻を製本し自宅居間に鎮座させた。気をそそられてやまなかった事件は、個人的なつながりもあったトンプソン―バイウォーターズ事件である。イーディス・トンプソンは帽子工場の仕入れ係で、ロンドン北東部のイルフォードに夫とともに暮らしていた。自立できるだけの仕事、収入に恵まれていたのか、少々の火遊びくらいと軽く考え大胆になっていたのかもしれない。二十六歳のとき、商船で水夫をしていた十八歳のフレディ・バイウォーターズと不倫の仲になった。一九二二年のある夜、イーディスと夫が観劇をして家路についていたとき、何者かが飛び出してきて夫を襲撃し、殺害してしまった。取り乱したイーディスはフレディ・バイウォーターズを告発したが、たちまちフレディとの不倫関係が明るみに出てしまい、フレディとともに共犯容疑で告発された。夫を殺害したいという共通動機があったと疑われたのである。

裁判の展開はセンセーショナルに書き立てられ、イーディスは支離滅裂に陥り混乱した証言をしたにもかかわらず、絞首刑はしのびないという世論が巻き起こった。イーディスが殺人の計画を立てた証拠は存在しないうえ、襲撃の間、「止めて！　止めて！」とわめき叫ぶのを耳にしたという証言も出てきた。何よりもイーディスがはなから「姦婦」であると色眼鏡で見られて、バイウォーターズと並び訴追され裁判にかけられた点を世間は疑問視した。

いわゆるヴィクトリア朝的価値観が司法判断を歪めていると世論の大勢は感じていた。イーディスが犯した姦通、不道徳は殺人での有罪を立証する根拠とはならない。あらかじめ襲撃計画を知っていたという証拠がなければ、なぜ共犯で死刑に処せられなくてはならないのであろうか、と世人は訝《いぶか》ったのである。だが、こうした世論の反対をよそに、イーディスは有罪判決を受け、一九二三年、ホロウェイ監獄で絞首刑が執行された。

イーディス・トンプソンの道徳的両面性、性格、とりわけ謎めいた内面に、ヒッチコックはいたく魅了された。それゆえ、映画監督となったとき、緊張状態にある冷淡な女性の行動が主要テーマの一つとなった。殺人そのものも劣らぬ関心事にはちがいなかったが、殺人を直接扱った作品は『殺人！』だけである。本映画は黄金時代の古典的推理小説の流れを汲む作品で、血まみれの手をした女優が、殺人犠牲者のかたわらで茫然として身動きできずにいる。だが物語が展開するにつれ、陪審員たちは女が実のところ無罪であると次第に気づいていくという筋書きである。

しかし、ヒッチコックはこうした徐々に謎が解明されるという形式にはいささか限界があると感じていたため、映画業界で「マクガフィン」と呼ばれる仕掛けの道具として殺人を用いはじめた。「マクガフィン」とはある出来事のきっかけとなる仕掛けで、これを契機として、その場に居あわせた人々が自分自身に関する事柄を告白していく。マクガフィンは「どんな物語にも現れる小道具にすぎないのだが、たとえば泥棒物語であればネックレス、スパイものなら書類であろうか」とヒッチコック自身が説き明かしている。マクガフィンそのものが何であるかは、それほど意味があるわけではない。あるインタビューのなかでヒッチコックは次のように語っている

――

「マクガフィン」は車中の男性二人が交わす会話から取られた、スコットランドの言葉かもしれないね。「網棚の包みには何が入っているのか?」と一人が尋ねると、もう一人が「ああ、あれはマクガフィンだよ」と応える。「マクガフィンって何だね?」と問い返すと、「スコットランドのハイランド地方でライオン捕獲に使用する道具だよ」と応じる。「でも、ハイランド地方にはライオンはいないはずだが……」と言葉に詰まってしまう……

こうして物語が始まるのだが、「お分かりのように、マクガフィンは何物でもないのだ」とヒッチコックは最後に締めくくっている。すなわちヒッチコック作品では、殺人そのものは中心テーマではないのである。アガサ・クリスティ同様、ヒッチコックも殺人行為そのもの、流血そのものを直接には描かなかった。だが、描けなかったという方が適切かもしれない。一九三〇年、「ヘイズ・コード」という映画制作規定法が施行され、スクリーン上の暴力、セックスを検閲して、映画イメージの改善が図られようとしたからである。ヒッチコックは流血を直接見せず、観客に想像させることで、より深いサスペンス効果を生み出したわけである。

ヒッチコックが制作し初めて興行的にも成功した作品『下宿人』(一九二七)はサイレント映画であるが、後年

のヒッチコック作品の萌芽を認めることができる。本映画は「切り裂きジャック」のごとき連続殺人犯に着想を得て書かれた小説（ロウンデズ夫人のベストセラー作品）に基づいているが、テムズ川河畔を覆う深い霧を通してガス燈の灯りが浮かびあがる冒頭シーンは、一八八八年の「切り裂き事件」をこれ以上ないほど想起させる。まず恐怖に怯え絶叫する金髪女性の顔が大写しになり、謎めいた殺人鬼の「今晩、金髪の巻き毛」という言葉が字幕で幾度となく繰り返される。だが、その後、金髪女性はおろか殺人鬼の姿は杳《よう》として画面には現れない。殺人が引き起こす効果と波紋、つまり、目撃者、通行人、ロンドン市民全体に何が起きたのかが強調されていく。遺体第一発見者の婦人がパニックに陥り、周囲の群衆が落ち着かせようとしてわれ先にと質問を浴びせるのである。

冒頭シーンに登場する、さらなるヒッチコック独特の仕掛けは、緊張と弛緩のユーモアである。群衆から顔をコートで隠した男性が婦人の背後から忍び寄り、婦人をびっくりさせる。笑いを誘う場面だが、ヒッチコックは観客を笑わせ気分を一時鎮め、はりつめた緊張を弛緩させることで、次なる衝撃がより深い効果を生じるように工夫を凝らしているのである。

『下宿人』は二枚目俳優アイヴァー・ノヴェロ（一八九三－一九五三）演じる主人公が殺人犯の嫌疑をかけられた状況を描いた物語であるが、真犯人逮捕、犯罪の解決自体は二の次で、ヒッチコックの関心事ではさらさらない。ヒッチコック公認の伝記作家ジョン・ラッセル・テイラー（一九三五－）によれば、ヒッチコック自身、「メッセージは西側同盟諸国に向けたもの」と考えていたとのことである。善と悪、正義と不正が問題なのではなく、最大限に不安、恐怖、ユーモアを観客から引き出すことをヒッチコック映画は意図していたのであった。

ヒッチコックはアガサ・クリスティと同時代に活躍し、作品を生み出したが、黄金時代の推理小説作家とは大きく異なっている。そのことを意識していたかどうかは定かではないが、ヒッチコック作品は一八六〇年代に群生した「センセーション小説」に回帰していく。ジョン・ラッセル・テイラーに従えば、ヒッチコックは観客席を、衝撃や笑い、身震い、叫びを引き起こす装置とみなしていたようだ。こうした点においてこそ、まさにチャールズ・ディケンズ、ウィルキー・コリンズ、メアリ・エリザベス・ブラッドンの正統な後継者といえるわけである。

アガサ・クリスティの諸作品はシェイクスピア、聖書についでよく売れた。だが、結局のところ黄金時代の推理小説は、イギリスの犯罪関連文化に影響力あふれる潮流を生み出したわけではなかった。髪が逆立ち鳥肌立つ恐怖の効果を読者に与えようとした「センセーション小説」こそが、後のホラーのジャンルを生み出したのである。ホラーはより強烈かつ刺激的であるためか、現在にいたるまで人気はいささかも衰えてはいない。一方、緻密に計算しつくされた黄金時代の推理小説のパズルは商業的成功を収めたにもかかわらず、行き詰まってしまったのであった。

あとがき――イギリス風殺人の衰退

一九四六年、イギリスの作家ジョージ・オーウェルは「イギリス風殺人の衰退」と題する有名なエッセイを発表した。当時オーウェルは小説家としてよりは、むしろジャーナリスト、エッセイストとして知られていた。小説『動物農場』は前年に出版されてはいたが、まだ二〇世紀文学の巨匠としての評価を得るまでにはいたらず、最高傑作『一九八四年』（一九四九）が出版されるのはまだ少し先のことであった。人生、作品を通じて、左翼、右翼問わず全体主義との戦いに没頭していたオーウェルは、同時代の政治を間接的に表現する手段として犯罪小説に関心を向けはじめた。「政治に直接的関心をもっていない一般人は、世界で起きているさまざまな争いを、個々の人間の単純な物語に置き換えた作品を読みたいと願っている」と語っている。

アメリカの新しく虚無的なハードボイルド風スリラーの流行に惹きつけられていく同時代人の趣向の変化をオーウェルは嘆いていた。ジェイムズ・ハドリー・チェイス（一九〇六‐八五）が一九三九年に発表し、五十万部もの売り上げを記録したスリラー小説『ミス・ブランディッシュの蘭』（一九三九）にオーウェルは、とりわけ嫌悪感を示している。チェイスはイギリス人であったが、アメリカの雑誌『ブラック・マスク』のスタイルを手本にしていた。第二次世界大戦勃発の一年後、ベストセラーとなった本作品に対して、オーウェルは苦言を呈している——

八度も繰り返される殺人、無数の殺戮と傷害事件、死体発掘とその異臭描写、ミス・ブランディッシュの鞭打ち、女性へ煙草の火を押しつける虐待、衣服を剝ぎ取る蛮行、前代未聞の三流の残酷さなど無数の目を覆うべき行為が延々と続いていく。

この作品を嫌悪したのは何もオーウェルひとりではなかった。ナイフを突きつけられた瞬間にオーガズムにひたるギャング、誘拐されて鞭打たれ、レイプされた後、誘拐犯と恋におちるミス・ブランディッシュの描写に、人々の多くは不快感を覚えずにはいられなかった。

オーウェルは作品に横溢する苦痛への病的な関心、理解し難い残虐性をあげつらい、その頻度たるや、大戦間の「暴力的俗物主義」ですら顔色を失わせるものがあると切り捨てた。「俗物主義は偽善同様、社会から過小評価されている人々の行動を抑制するものだ」とオーウェルは別の評論でも指摘している（『ディケンズ、ダリ、その他』［一九四六］）。

「イギリス風殺人の衰退」を嘆くエッセイは、こうした時代背景のもとで執筆された。オーウェルは、百二十年前のド・クインシーの皮肉を含んだ冷めた鑑識眼にも似た精神でもって、過去の偉大な殺人犯たちを懐かしんでいる。一八五〇年から一九二五年までに起きた犯罪の数々を評価して、オーウェルは「良質な」殺人事件にはミドルクラスが関係し、たえず性的動機が隠されていると結論づけた。

オーウェルには過去の優雅な犯罪が消滅してしまい、それに代わり現代の残虐な犯罪が出現してきたように感じられた。「アメリカ映画に見られるようなダンス・ホールと偽りの価値観が支配する没個性的生活」が逆に主流となりつつあったのである。

オーウェルは一九四四年に起きた「割れ顎の男殺人事件」として知られた事件を、堕落した時代における典型的殺人の一例として挙げている。アメリカ軍の脱走兵と自称「ストリップ芸術家」の十八歳になる女性が付き合いはじめたのだが、軍用トラックを盗み、自転車に乗った女性を轢き殺したあげく、割れ顎のタクシー運転手を僅々《きんきん》八ポンドが欲しいがために殺害してしまう。翌日、奪った金もドッグ・レースで使い果たしたという。無意味でしかなく理不尽であり無差別、暴力性に満ちた本犯罪を、オーウェルは一九四四年という戦時中ゆえこそ起こりえた事件だと考察する。大規模映画館の雰囲気、安物の香水、偽名、盗難車、「人々を残虐に駆り立てていく戦争」など、本事件にまつわるものすべてが時代の象徴となっている。中央刑事裁判所で審議された事件の裁判直後に、「イギリスのギャング行為がもたらす脅威」という見出しが新聞紙上に躍り、あたかも『ブライトン・ロック』の世界が寸部たがわず現実化したような錯覚に、人々は陥ってしまったのであった。

トマス・ド・クインシーは明らかに皮肉をこめて、ラトクリフ街道殺人事件の容疑者ジョン・ウィリアムズの芸術性、勤勉性を賞賛してみせたが、オーウェルは大上段からラグリーの医師ウィリアム・パーマー、イーディス・トンプソン、フレディ・バイウォーターズなどといった「上質な」殺人犯に賛辞を惜しまなかった。なぜなら、彼らは確信をもって殺人を犯したのだから、とオーウェルは擁護する。こうした激情が招く犯罪は、「劇的かつ悲劇的であるために人々の記憶に残り、犠牲者、犯人問わず双方に対する哀れみの情を掻き立てる」と指摘しつつ、「殺人のごとき重大犯罪の背後には強い情念がひそんでいる」との認識を人々が共有していた、あの不平等であっても安定した社会を懐かしんでいる。平穏な郊外住宅で犯罪記事、犯罪小説を読む歓びの喪失は、二〇世紀に生じた人間らしい生活の破壊を象徴的に物語るものとして、オーウェルの目には映っていたのである。

実際オーウェルの危惧は現実味をおびつつあった。無慈悲で非人間的な無差別殺人が、次世代の犯罪小説の主流になっていったからである。

二〇一三年春、とある金曜日、大英図書館で女性犯罪小説家によるシンポジウムが開催され多くの人々が詰めかけた。少女誘拐殺人事件捜査を描いたデンマークの人気テレビシリーズ『殺人』の製作者ピヴ・バーンスが聴衆のお目当てであった。シンポジウムが開催されたのと同じ週、テレビ放送局ITVでは、『殺人』のイギリス版、ドーセットを舞台にした犯罪ドラマ『ブロードチャーチ』を開始した。こうしたドラマは大変な人気を博し、百年以上前のマリア・マーティンの死、マリア・マニングの犯罪が全国津々浦々で人々の話題にのぼったのと同じく、ドラマの犯人は誰なのかをめぐりイギリス中の職場、家庭、学校を問わず共通の話題になったのである。

ヴィクトリア朝の人物、作家たちへの関心もいまだ衰えるところを知らない。シャーロック・ホームズは再びテレビドラマ化され、「切り裂きジャック」も後を追った。ジャック・ウィチャー警部までもが連続テレビドラマの主人公になった。だが初期映画や『ミス・ブランディッシュの蘭』など比べものにならないくらい、今日の暴力描写は凄惨である。二〇一二年に放映された『リッパー・ストリート』第一話では、女性が衣服をはぎ取られ切断された無残きわまる姿が画面に大きく映し出された。本ドラマは、推理小説から派生し第二次世界大戦以降主流となっていったスリラーのジャンルに属している。一方、あの平和で閉鎖的な黄金時代の推理小説も壊滅してしまったわけではない。今日でもエルキュール・ポワロはなおテレビに登場するし、第二次世界大戦直後のイギリスを舞台とした探偵ドラマ『フォイルの戦争』も根強い人気である。

現代小説の暴力性は社会が急速に堕落している証だと主張する向きもあるが、血への渇望は二百年以上前からすでに存在していたことを本書は明らかにした。だが同時に、それは人間の普遍的性質ではないことも明らかであろう。「ジョン・ブルを引っ掻いてみよ」と、ビール好きで赤ら顔の愛国主義者を自称する典型的イギリス人は、一八八七年の『ペルメル・ガゼット』紙で主張している。「引っ掻き傷から流れる血を見て興奮し、殺人の謎を追求するのが好きで、絞首刑に夢中になる太古イギリス人の血が流れているのが判明するであろう」と声高に訴える。たしかに古代ブリトン人が乱暴な人間だったであろうとは十分に考えられようが、イギリス人が必ずしも殺人に強い関心を抱いていたとは限らない。なぜなら何百年もの間、人間は殺人という比較的稀有な出来事を気にかけるだけの余裕などもたなかったからである。飢餓、病気、戦争などの方がはるかに差し迫った脅威であったわけなのだから。

殺人という犯罪に新しく特別な意味が付与され、芸術、文化においても高い地位を占めるようになったのは、まさに一九世紀にさしかかろうとした時期であった。これまで見てきたように、殺人への執着は、死刑のより限定的な適用、識字率の上昇、トマス・ド・クインシーのような作家の出現など、複合的原因が考えられよう。村落に見られる伝統的な監視社会が崩壊し、都市生活が誕生したのも要因のひとつであるし、殺鼠剤のごとき毒物の普及、生命保険の誕生など、近代生活におけるさまざまな変化も関係しているのである。換言すれば、どんな犯罪、暴力にも勝る特別な位置に殺人がおさまったのは、「文明」の発達と深く関わりあっているのである。

一八〇〇年以降、近代社会の発展に応じて、殺人にまつわる娯楽が利潤をもたらすビジネスとなっていく。探偵という人物が近代生活に欠くべからざる一存在となったという点で、ヴィクトリア朝と現代社会はしかと連動しているのだ。陽気でやくざな追い剝ぎが暗躍し、荒唐無稽なゴシック小説が愛読され、市民の自発的な見まわりが行われていたかつてのジョージ朝時代とは異なり、ヴィクトリア朝人こそ現代人と直結している先祖なのである。

本書の執筆中、殺人についてあまりにも軽々しい態度をとっているのではないかとの不安にさいなまれ続けた。

たしかに無邪気に面白がってよいことではなく、劇場的物語の背後には恐怖があり悲劇が宿っているからだ。だがそうした流血、恐怖のさなかに、文学や教育、そして女性の社会的地位など、また司法史までをも本書は概観してきたのである。

実は私たちの罪深い快楽こそ我々自身について多くを教えてくれる。一九三九年、ミステリー作家C・H・B・キッチン（一八九五 - 一九六七）がいみじくも語っているように――

未来の歴史家が現代社会の風習を知ろうとするならば、白書、統計類などは横におき、何よりもまず推理小説を参考資料に仰ぐであろう。

（『伯父の死』）

謝辞

BBCブリストル制作のテレビ番組『殺人』スタッフの諸氏――マイケル・プール、アラステア・ロレンス、ゲリー・ドーソン、レイチェル・ジャーディン、マシュー・トマス、クロエ・ペンマン、ジョー・ヴェリティ、ミシェル・ソルダニ、フレッド・ファーブル、キニータ・エチェヴェリーア、マイケル・ロビンソン、ポール・ネイサン、サイモン・ピンカートン、ジェイムズ・ハリソン、グレン・レイントン、ナターシャ・マーティン、デボラ・ウィリアムズと監修者マーク・ベル――に厚く御礼申し上げる。同じく、BBCブックスのアルバート・デ・ペトリロ、ケイト・フォックス、クレア・スコット、リチャード・コリンズ、サラ・チャトウィンなどの諸氏にも心からの感謝を述べたい。さらには、十年近くお世話になっているフェリシティ・ブライアン出版仲介会社、とりわけフェリシティ、ミシェル・トパムにも深謝申し上げる。そして、本書は愛をこめて、マーク・ハインズに捧げたい。マークはわが家から殺人犯たちがいなくなって安堵しているに違いない。

最後に、たえず暖かく励ましてくださる読者諸氏や私のウェッブサイトを通じて接して下さる歴史愛好家諸氏にも心より謝意を表したい。最後は本書に相応しく、探偵倶楽部の誓いで締めくくらせていただく――「汝自身の創りし虚構の事件だけが、汝の唯一の悩みごとであらんことを。汝が最後に『完』と記すその日まで、長い歳月が流れんことを」

訳者あとがき

本書は *Lucy Worsley, A Very British Murder: The Story of a National Obsession*（London: BBC Books, 2013）の全訳である。

著者はロンドン塔、ケンジントン宮殿、ハンプトンコート宮殿などの主要な王宮を監督管理するヒストリック・ロイヤル・パレスの主席学芸員である。数多くの歴史書、論文を発表するかたわら、テレビ、ラジオなどで歴史教養番組を監修・出演している。二〇一三年九月にＢＢＣ放送から本書と同名の番組が放映された。

「イギリス風殺人事件の愉しみ方」とは何か？　歴史家ルーシー・ワースリーは、ほぼ一八〇〇年から一九四六年に至るまでに生起した殺人事件とそれに付随して現われてきた文化現象を克明に描き出していく。それは前著『暮しのイギリス史――王侯から庶民まで』（ＮＴＴ出版、二〇一三）において実践した手法とまったく同じである。あえて言えば、現場主義とでもいおうか。過去の事件を再現したり、使用されたもの――毒物も含めて――を実験、再生し、実証していく。過去を現代へたえず手繰り寄せ、確認しようとする手法である。

本書の叙述を進めるうえで大きな枠組みとして、一八二七年に書かれたトマス・ド・クインシーのエッセイ「芸術作品として見た殺人」と、一九四六年に発表されたジョージ・オーウェルのエッセイ「イギリス風殺人の衰退」が援用される。前者は殺人事件を「絵画、彫刻などの芸術作品」と見立て、同様の審美的批評を加えようとする。

だが、後者はド・クインシーが提唱した殺人を遊び心でもって愉しむような余裕がすでになくなってきた趨勢を危惧している。実際、オーウェルのエッセイが書かれた背後では、アメリカ軍脱走兵が気まぐれに十代のウェイトレスを殺害した残忍きわまる事件が現実に起きていたのである。

ド・クインシー以前のイギリス社会にあっては、戦争、飢饉、伝染病などが最大の脅威であった。ところが産業革命による工業化、都市化の波はかつての均質的なコミュニティの強固な結びつきを弱体化してしまい、隣人が誰であるか、何ら関心を示さなくなってしまった。これまで助力となってくれていた隣人が未知の人間に変わり、やがて脅威へと変貌していったのである。

一八一一年に起きたラトクリフ街道殺人事件はまさにこうした転換点に立っていると言えよう。この前年にはイギリス全土で殺人の犠牲者はわずか十五名でしかなかった。だから四人もの犠牲者を出した本事件は、「新しい恐怖」が近代生活のなかに闖入《ちんにゅう》してきた瞬間とも指摘できよう。

そしてラトクリフ街道殺人事件がド・クインシーを触発し、エッセイを書かせる契機を与えた。彼はこの事件において、殺人が消費され、愉しまれるべき対象となるのを知悉していたのである。その後に生じる殺人事件に連動して生じた一大産業化（出版、演劇、ツーリズム、蠟人形、音楽、美術など）は、本書において多様な角度から詳述されていく。

ディケンズやスコットといった文豪が現実の殺人事件から霊感を仰ぎ、創作を構築していくスリリングな分析に読者は心躍らされるだろう。クリスティやセイヤーズが君臨する両大戦間に生まれた「探偵小説の黄金時代」になると、例えば一九三四年には全出版物のほぼ八分の一を探偵小説が占めていたという。大恐慌もファシズムの台頭も探偵小説には何ら影を落とさなかった。そこには心地よいが閉塞した世界が繰り返されるばかりであり、ひとつの終焉がまっていたのである――こうした消費文化史、出版文化史としての一側面をもつのも類書にはない本書の魅力であろう。

著者は自身のウェブサイト（http://www.lucyworsley.com/）を運営していて、本書でふれた事柄のいくつかを動画で紹介している。また、イギリス人の殺人事件に対する偏愛ぶりを論じる著者の声をポッドキャスト（historyextra.com/podcasts）で聞くこともできる。

ここで翻訳についてふれておこう。序章から第12章までの前半を中島が、第13章から「あとがき」までの後半を玉井が担当し、中島が訳文全体の語句、文体統一をはかった。注意を払ったつもりだが、不備が残っていれば、それに対する責任は中島が負わなければならない。読者諸賢の忌憚ないご批評を仰ぐことができれば幸いである。

最後に本書の翻訳企画を立ち上げてくださった遠藤千穂さん、ゲラ原稿をチェックして下さった木名瀬由美さん、そして原稿の整理、校正にわたり有益な助言の数々を賜った編集部の永田透さんの並々ならぬご尽力に対して衷心から謝意を表したい。

二〇一五年晩秋

中島俊郎

「訳者補記」

ド・クインシーのエッセイは鈴木聡訳「藝術の一分野として見た殺人」『トマス・ド・クインシー著作集』（国書刊行会、1995）に所収。また抄訳であるが、谷崎潤一郎が「藝術の一種として見たる殺人に就いて」（『犯罪科学』、1931、『澁澤龍彦文学館　第7巻　諧謔』筑摩書房、1991に再録）と題して訳出している。ジョージ・オーウェルのエッセイは、川端康雄訳「イギリス風殺人の衰退」『オーウェル評論集4　ライオンと一角獣』（平凡社ライブラリー、2009）に所収。

の割り出しを競う推理ボードゲーム。

3　サヴォイ・ホテル　ロンドン、ウェストミンスター地区のストランド通りに面する高級ホテル。1889年に建てられたこのホテルは電灯や電動エレベーターが採用された最初のホテルとなった。オスカー・ワイルド、チャーリー・チャップリンはじめ数々の有名人が愛用したことでも知られる。

4　グロヴナー・ハウス　ハイドパークの西側に位置する高級ホテル。第1次世界大戦後、グロヴナー家の豪邸があった土地にマリオット系列最初のホテルとして建設された。

第24章

1　レース・ウィリアムズ　アメリカのハードボイルド派ミステリー作家、キャロル・ジョン・デーリー（1889-1958）が『ブラック・マスク』誌に掲載した短編小説に登場する私立探偵。乱暴で殺人をも躊躇しない暴力性を秘めた人物造形は、全世代の知的な探偵像とは一線を画する。

日常のさまざまなトラブルが扱われ、謎解きよりは登場人物の繰り広げるドラマに焦点が当てられている。

2　**降霊術、心霊術**　死者との交信を試みる降霊術や心霊術は、スウェーデン人の哲学者、神秘主義者、科学者のエマニュエル・スウェーデンボルグ（1688-1772）の霊界に関する著作を嚆矢とする。ヴィクトリア朝中期、伝統的なキリスト教の権威が揺らぎ始めた結果、知識人や作家たちの間で流行した。アーサー・コナン・ドイルも心霊術を信奉した一人。

第19章

1　**W・H・スミス、ブーツ**　現在もイギリス、海外に多くの店舗をもつ二社の歴史は古い。W・H・スミスは1792年ロンドンで新聞販売店として設立され、ブーツは1849年ノッティンガムで薬局として設立された。いずれの会社も19世紀半ば拡大する鉄道網とともに次々に駅店舗を増やしていった。

第20章

1　**「あべこべの規則」**　イギリスの上流階級では20世紀に入ってもなお、あからさまな感情の表出を慎むというヴィクトリア朝からの伝統を引き継いでいた。男女の恋愛においてもさまざまな制約があり、男女は細やかな動作や贈り物といった非言語的方法をとおして互いの感情を確かめ合った。

第21章

1　**サマーヴィル・カレッジ**　1879年、女性が高等教育を受けられるように設立されたカレッジ。

2　**『マッドメン』**　1960年代のニューヨークの広告業界を描いたアメリカのテレビシリーズ。

3　**オオハシ**　中南米に生息する大きな嘴の鳥。

4　**「オオハシにできることを」**　「オオハシ」（“tou-can”）と「できる」（you can）がかけられている。

第22章

1　**中国人が中心的役割を演じてはならない**　ヴィクトリア朝以降、帝国主義の進展にともなって、さまざまな異国趣味的要素が小説世界にも取り入れられるようになった。東洋出身の人物はしばしば謎めいた力で西洋社会の安定を脅かすものとして描かれた。「十戒」のこの項目は、安易にそうした要素を持ち込むべきではないと戒めている。

2　**クルード**　各プレイヤーが殺人事件の登場人物となり、犯人、凶器、殺人現場

2000）が創造した架空の元「CIA 暗殺者」。

第15章

1 『オードリー夫人の秘密』 マイケル・オードリー卿の夫人の二重結婚と前夫の殺人未遂事件の秘密をめぐる物語。夫人は死亡したと思っていた前夫ジョージ・タルボーイとオードリー・コートで再会し、前夫を古井戸に突き落す。マイケルの甥ロバートがその秘密を徐々に突き止めていき、最後は夫人を精神病院に隔離して物語は終わる。

2 ヘレン マイケル卿との結婚以前のオードリー夫人のファースト・ネーム。その後、「ルーシー・グレアム」と偽名を名乗り、マイケル卿と結婚する。

第16章

1 「来た、見られた、勝った」 この一句は、かのジュリアス・シーザーの有名な言葉「来た、見た、勝った」のもじりである。

2 阿片窟 ヴィクトリア朝ロンドンのイーストエンドには中国人が経営する阿片窟が数多くあり、文学作品のなかにも東洋的退廃の象徴として描かれた。ドイルの作品以外ではディケンズ最後の小説『エドウィン・ドルードの謎』の冒頭で阿片窟を描いた場面が特に有名である。（図版9）

9 ギュスタヴ・ドレ(1832-83)「阿片窟」『ロンドン巡礼』(1872)

第17章

1 ミニー・ボナティ殺害事件 売春婦ミニー・ボナティが行きずりで知り合ったジョン・ロビンソンに殺害された事件。犯人がチャリング・クロスに預けたトランクから異臭が漂い、不審に思った事務員が警察に通報したところから事件の全容が明らかにされていった。

2 デニス・ニルセン 同性愛者デニス・ニルセンは自らの異常な性的欲求を満たすため、1978年から数年間にわたりホームレスの男性、学生などを次々と自宅で殺害し、遺体とともに生活をする。1983年、配管工が腐敗しヘドロのような状態で下水管をふさいでいた人肉を発見したことから、一連の事件が明らかになった。1983年11月4日、終身刑。

第18章

1 ミス・プレシャス・ラモツエ 『ミス・ラモツエの事件簿』シリーズの女探偵。ボツワナで「No.1 レディーズ探偵社」を営む34歳の女性。暴力的犯罪ではなく、

第 8 章

1　処刑場そのものを報道した瓦版ブロードサイド　ブロードサイドは事件の概要が一目で理解できるような挿絵を添えた。殺害され埋葬される現場と犯人（コーダー）が逮捕される瞬間がみごとに対比されている。（図版 8）

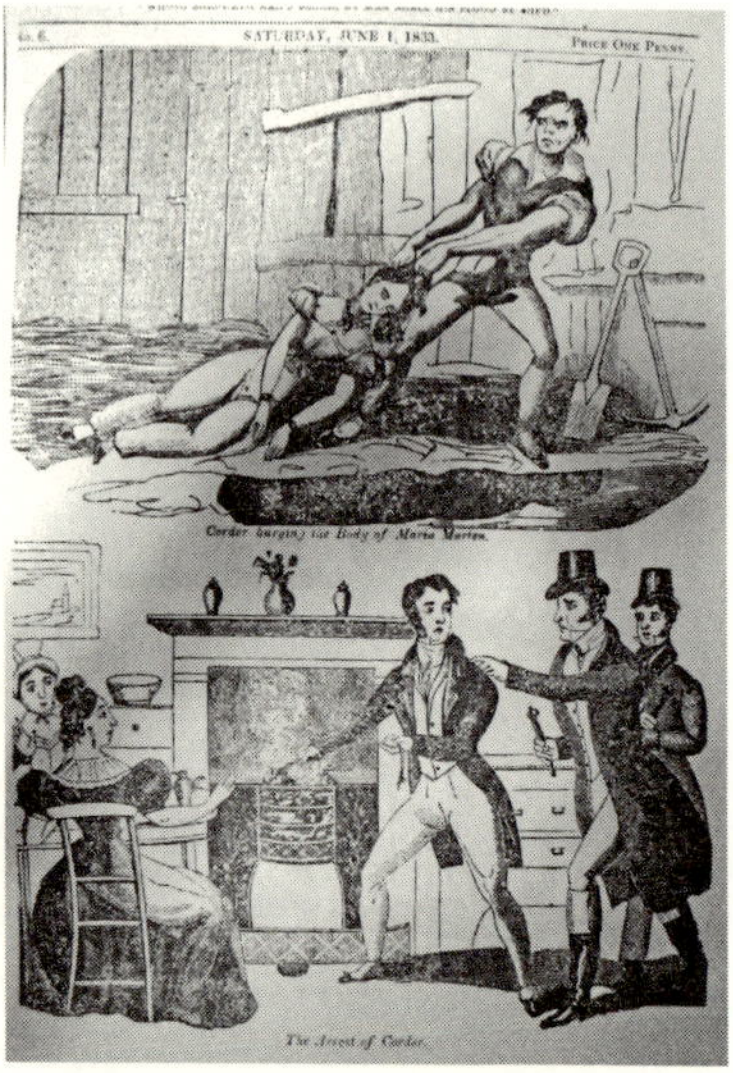

8　コーダーの殺人と逮捕の現場

第 11 章

1　マーシュテスト　1836 年、ジェイムズ・マーシュが考案した砒素検出法。対象となる物質に、亜鉛と薄い硫酸を加え、水素発生装置のなかに入れる。砒素があれば、水素と砒素が化合して水素化砒素が発生する。水素化砒素は熱で分解されるため、ガラス管に通しながら加熱をするとガラス管内に砒素が顕れる。これを砒素鏡というが、この砒素鏡が生じるか否かで、砒素の有無・含有量を求めることができる。

第 12 章

1　水治療法　水を医療手段に用いる物理療法の総称。古来よりある療法で、狭義には冷水浴，温水浴，あるいはその交代浴であるが，技術的なものが加味され冷水摩擦，さらに発泡浴、蒸気浴，熱気浴，薬浴などがある。温泉の応用も水治療法の一部とみなせる。

第 13 章

1　モース警部　イギリスの推理小説家コリン・テクスター（1930-）の作品に登場する警察官。

第 14 章

1　『月長石』　原題は *The Moonstone*。ヴェリンダ家の令嬢レイチェルが伯父から譲り受けたインドの秘宝「月長石」が何者かによって盗まれ、そのありかをめぐって物語は展開していく。謎のインド人、アヘンなど異国趣味的要素もふんだんに盛り込まれたウィルキー・コリンズの傑作。

2　ジェイソン・ボーン　アメリカのスリラー小説家ロバート・ラドラム（1927-

用となるもので、視覚による知識の普及に資すところとなった。（図版6）

2 『ペラム』『ペラム』の主人公は無責任で、人間的にも成熟していない。だが、政治に参加し、自ら人間的形成を遂げていく。こうした作風のため、ブルワ＝リットンの諸作品は明治初期に数多く翻訳され、紹介されたのであった。

3 スウィニー・トッドの物語「ペニーブラッド」の代表作ともいえる『スウィニー・トッド』の物語は強く人々の記憶にとどまり、間歇的に思い出され、映画などさまざまなメディアでよみがえる。（図版7）

4 バークとヘアの死体盗掘事件 エディンバラで1827年から1828年にかけて、犯人のウィリアム・バークとウィリアム・ヘアは自分たちが殺害した者たちも含め、17人の被害者の死体を解剖用にエディンバラ医学校に売った。ロバート・ノックス医師に売却した。バークの愛人ヘレン・マクドゥガルとヘアの妻マーガレット・ヘアも共犯者であった。バークは1828年12月に死刑となり、絞首刑後、被害者と同じく解剖に供された。なお、バークの皮膚は本の装幀に使われ、現在、王立エディンバラ外科学校において保存されている。

Monthly Supplement of
THE PENNY MAGAZINE
OF THE
Society for the Diffusion of Useful Knowledge.
476.] July 31 to August 31, 1839.
THE MONTHLY ALMANAC FOR SEPTEMBER, 1839.
BRITISH BIRDS.
[Continued.]

[1. Pied Fly-Catcher (Muscicapa luctuosa, Temminck). 2. Spotted Fly-Catcher (Muscicapa Grisola, Linnæus).]

How enchanting soever may be the gorgeous plumage of the feathered inhabitants of the forests in the far Orient, however varied and beautiful their forms, we have such an affection, prejudice it may be, for the little warblers of our own dear land, that we would not part with them for all the Birds of Paradise in the world. It is true our British birds can boast of little to attract in their outward embellishments, but they are such sweet songsters that it is impossible ever to tire of them, and indeed their sober freshness; and, in the whole catalogue of aërial songsters it will be impossible to find one which, once admired, ever satiated the ear. The schoolboy stops his walk to listen to the lark and to speculate upon his whereabouts; and the old man, who has heard the same notes swelling in the air hundreds of times, watches them in their risings and fallings with the same pleasure as when his boyhood first learned to distinguish the notes.

There is a light-hearted gaiety in the simple ...

6 『ペニー・マガジン』の図版

7 『スウィニー・トッド』の挿し絵

第7章

1 「泥棒逮捕に関する近代的科学」 このエッセイの著者は、編集長のディケンズではなく、副編集長であったジャーナリスト、ウィリアム・ヘンリー・ウィルス（1810-80）である。

2　三人の殺人者　イーガンが出した冊子にはサーテル（右）とその一味（中央、ハント、左、プロバート）が描かれているが、骨相学の「悪人」という範疇に応じて描写されていることに注目すべきであろう。（図版3）

3　サーテルとその一味

3　サーテル裁判の…一部始終を報じた　出版者キットナックは『詐欺師ジョン・サーテルとその仲間によるウィア氏殺害事件の全貌と真相ととっておきの話』（1823）を出版するために4台の印刷機を昼夜稼動させ、1週間に25万冊を発行した。サーテルの裁判が始まる、キットナックはさらに2台の印刷機を導入し、裁判の続報50万部を8日間で刷りあげた。また1828年にはマリア・マーティン殺しの犯人ウィリアム・コーダーの『処刑前の辞と告白』を116万6000部も売り尽くした。さらに1837年にはハンナ・ブラウンを殺したジェイムズ・グリーンエーカーと愛人サラ・ゲイルの贖罪を掲載した『処刑新聞』数号の発行部数は165万部にも達した。（図版4）

4　キットナック版の挿し絵

4　四万人もの群衆がサーテルの死体を一目でも見ようと駆けつけた　イーガンが発行した「速報」は、処刑場の光景をキャプション付きで正確に描き、悲壮感がともなう臨場感を強く高めている。（図版5）

5　絞首刑直前のサーテル（ピアス・イーガン）

第6章

1　『ペニー・マガジン』　チャールズ・ナイトが中心になって発行した雑誌。有用な知識を供給するために労働者向けに出され、40万部の部数を誇っていた。文学、美術、歴史、その他教養として価値のある話題を扱った「有益な」記事が多く掲載された。毎週、巻頭をあざやかな図版が飾ったが、これは博物館、美術館の代

訳注

第２章

1　物音らしきものが……耳にはいった　ド・クインシーには「芸術作品として見た殺人」の他に、「『マクベス』劇中の門口のノックについて」（1823）というエッセイがあり、シェイクスピア劇に現れた、生と死の世界を分けるノックの効果について考察をめぐらしている――「…さて兇行が行われ、暗黒の所業が完成すると、闇の世界は天空の浮雲模様のごとく過ぎ去り、門口のノックの音が聞こえる。これは反動の始まりであり、人間的なるものが悪魔的なものの上に捲返し、生の鼓動が再び打ちはじめることを耳に知らせるのである。われわれの生きている世界が再び座を占めることは、しばしその世界を中断していたあの畏るべき間、狂言をまず身に沁みて感じさせるのである」。

1　タイバーンの処刑場（ホガース）

2　殺害に使用された二輪車

第３章

1　タイバーンの処刑　刑場のタイバーンはハイドパークの東北、今日のマーブル・アーチの付近にあった。ウィリアム・ホガースの連作『勤勉と怠惰』（1744）の一図は、当時の処刑光景の雰囲気をよく伝えている。（図版１）

第４章

1　サーテル事件の視覚的表象像へと化していった　この二輪車のイメージは、ジャーナリスト、ピアス・イーガンが発行した一連のサーテル事件報道で定着するところとなった。馬車が中央にあしらわれた図版は大衆の記憶に深く刻まれた。（図版２）

図版版権

Alamy: Plate 12 (top); **BBC Bristol**: /Chloe Penman Plate 7 (bottom), Plate 14 (bottom), Plate 15 (all),/Matt Thomas Plate 14 (top); **Bettmann/Corbis**: 237, Plate 5 (bottom); **Bodleian Library, University of Oxford**: 247, Plate 5 (top), Plate 13; **Bonhams**: Plate 7 (top); **Bridgeman Art Library**: Plate 8 (bottom); **British Library**: Plate 9 (top), Plate 11 (bottom right); **City of London Police Museum**: Plate 1 (bottom); **Getty Images**: / Hulton Archive 59, 147, 154, Plate 2 (top); /Time Life Pictures/Mansell 165, Plate 12 (bottom), /Kurt Hutton/Picture Post 8 (top); **Jennifer Carnell**: 183; **The Kobal Collection**: /ITV Global Plate 16 (top), /Bip Plate 16 (bottom); **©IPC+ Syndication**: 249; **Library of Congrass**: Plate 11 (top); **Lucy Worsley**: 12, Plate 10 (top); **Madame Tussauds London**: 121, Plate 4; **Mary Evans Picture Library**: 180, Plate 2 (bottom), Plate 3 (top); **Peter Harris**: Plate 10 (bottom); **Royal Pavilion and Museums, Brighton & Hove**: Plate 3 (bottom); **St Edmundsbury Borough Council**: 95, 100, Plate 6; **Tower Hamlets Local History Library and Archives**: 27, Plate 1 (top); **Toptoto**: 239, / Museum of London/HIP 81; **Trustees of the William Salt Library, Stafford** (reproduced by permission): 131, plate 8 (bottom); **Wellcome Library**: 133; Wikicommons: 143; **Yale Beinecke Rare Book & Manuscript Library**: Plate 11 (bottom left).

Author photo: BBC Bristol/Chloe Penman

第 20 章
アガサ・クリスティ『アガサクリスティ——自伝』（乾信一郎訳、早川書房、1978）（Agatha Christie, *An Autobiography*, 1971）とローラ・トンプソン『アガサ・クリスティ——イギリスのミステリー』（Laura Thompson, *Agatha Christie, An English Mystery*［2007］）と併せて読むことを推奨したい。

第 21 章
『クライム・タイム・マガジン』誌に掲載されたマイク・リプリー「犯罪小説批評家としてのドロシー・L・セイヤーズ　1933–35 年」（Mike Ripley, ‘Dorothy L Sayers as Crime Critic 1933–1935’ in *Crime Time Magazine*）とジェイムズ・ブラバゾン『ドロシー・L・セイヤーズ伝』（James Brabazon, *Dorothy L Sayers, A Biography*［1988］）に、伝記に関しては詳述されている。

第 22 章
本章のなかでもとりわけ倶楽部の推理小説家に関しては、ジュリアン・シモンズ『ブラッディ・マーダー——探偵小説から犯罪小説への歴史』がきわめて重要である。現倶楽部会長サイモン・ブレットとのインタビューは有益かつ愉快であった。『ジュリア・ウォレス殺人事件』（John Gannon, *The Killing of Julia Wallace*, 2012）の作者ジョン・ガノンには、ウィリアム・ハーバート・ウォレスに関するインタビューに応じていただいた。

第 23 章
コリン・ワトソン『暴力的俗物主義——イギリス犯罪小説とその読者』（Colin Watson, *Snobbery With Violence: English Crime Stories and Their Audience*, 1971）とT・J・ビニオン（T. J. Binyon, *Murder Will Out: Detective in Fiction*, 1989）は推理小説を読む新しい視点を提供してくれる。エドマンド・ウィルソンの二つのエッセイ、「探偵小説なんてなぜ読むのだろう」『エドマンド・ウィルソン批評集 2（中村紘一、佐々木流子、若島正訳、みすず書房、2005）（“Why Do People Read Detective Stories”）は 1944 年 10 月 14 日の『ニューヨーカー』誌に掲載され、「誰がロジャー・アクロイドを殺そうとかまわない」（“Who Cares Who Killed Roger Ackroyd?”）は 1945 年 1 月 20 日の同誌に掲載された。

第 24 章
グレアム・グリーン『ブライトン・ロック』ヴィンテージ・クラシックス版のJ・M・クッツェーによる序文（J. M. Coetzee, “Introduction” to Graham Green, *Brighton Rock*, Vintage Classics, 2004）も参照のこと。

Forensics, 2013）はワグナーの研究をさらに深化させた。元ロンドン警視庁指紋鑑別官のケン・バトラーにはインタビューで自らの職業について語っていただき、現在はロンドン大学クィーン・メアリ・カレッジの一部となったロンドン・メディカル・カレッジの学芸員ジョナサン・エヴァンズには黎明期の病理学について講義を賜った。サー・アーサー・コナン・ドイルがいかにシャーロック・ホームズの着想を得たかを語る肉声はBBC のウェブサイト、BBC ラジオ 4 プログラム「偉大な人々」第 30 集第 5 部（BBC Radio 4 programme, "Great Lives"）で試聴できる。犯罪博物館に関してはゴードン・ハニコムの『暗黒博物館の殺人 1875 年–1975 年』（Gordon Honeycombe, *Murder of the Black Museum, 1875-1975*, 2009）を参照されたい。

第 18 章
大英図書館で 2013 年に開催された展覧会「図書館殺人事件――推理小説大全」を企画した学芸員、キャサリン・ジョンソンへのインタビューが本章の執筆にあたって大いに役立った。アレグザンダー・マコール・スミスの引用は 2012 年 11 月 7 日『インデペンデント』紙に掲載された「なぜ我々は女探偵ものを好むのか」（"Why do We Enjoy Reading about Female Detectives?"）と題する記事からとった。加えて、ハイア・シュペイヤー・マコフ『探偵の興隆――ヴィクトリア朝、エドワード朝の探偵』、マイケル・シムズ編『ペンギン版ヴィクトリア朝犯罪小説の女性たち』（Michael Sims［ed.］, *The Penguin Book of Victorian Women in Crime*, 2011）も有用である。ブレンダ・エアーズ編『声なき声――ヴィクトリア朝女流作家による忘れ去られた小説』（Lucy Sussex, 'The Detecticve maid servant', in Brenda Ayres（ed）, *Silent Voices: Forgotter novels by Victorian Women Writers*,［2003］）に収録された論文、ルーシー・サセックス「探偵メイド」には忘れ去られた作家スーザン・ホプリーについての詳述がある。

第Ⅲ部
第 19 章
P・D・ジェイムズ『推理小説論』を参照したのに加え、作者自身にもインタビューさせていただいた。「推理小説の女王」の伝記としては、ジョアン・ドレイトン『ナイオ・マーシュ――犯罪のなかの生涯』（Joanne Drayton, *Ngaio Marsh: Her Life in Crime*, 2008）、ジュリア・ジョーンズ『マージェリー・アリンガムの冒険』（Julia Jones, *The Adventures of Margery Allingham*, 1991, 2009）、ジェイムズ・ブラバゾン『ドロシー・L・セイヤーズ伝』（James Brabazon, *Dorothy L. Sayers: A Biography*, 1988）、ローラ・トンプソン『アガサ・クリスティ――イギリスのミステリー』（Laura Thompson, *Agatha Christie, An English Mystery*, 2007）がある。クライヴ・エムスリー『20 世紀イギリスの犯罪と社会』（Clive Emsley, *Crime and Society in Twentieth Century Britain*, 2011）も参照した。

Rappaport, *Beautiful for Ever: Madame Rachel of Bond Street – Cosmetician, Con-Artist and Blackmailer*, 2010）から大いに裨益を受けた。ウィルキー・コリンズの作品とともに、ペンギン版『アーマデイル』のジョン・サザランドの序文（John Sutherland, "Introduction" to Wilkie Collins, *Armadale*, Penguin edition, 1995）も強く推奨したい。

第 15 章
現インゲートストン・ホールの住人ピーター卿には、「オードリー・コート」の実際の生活を見せていただいた。『オックスフォード英国人名辞典』におけるキャサリン・マリンによる「ブラッドン，エリザベス」の項目は彼女の生涯に関する基礎的な知識を提供してくれる。さらに詳しくは、ロバート・リー・ウルフ『センセーショナルなヴィクトリア人――メアリ・エリザベス・ブラッドンの生涯と小説』（Robert Lee Wolff, *Sensational Victorian: The Life and Fiction of Mary Elizabeth Braddon*, 1979）とジェニファー・カーネル『メアリ・エリザベス・ブラッドンの文学的人生』（Jennifer Carnell, *The Literary Lives of Mary Elizabeth Braddon*, 2000）を参照されたい。ジェニファー自身にも取材に応じていただいた。

第 16 章
ジュディス・フランダーズ『殺人の発明――ヴィクトリア朝の人々はいかに死や推理を愉しみ、現代的殺人事件を創造したか』（2011）には「切り裂きジャック」とハイドについてのきわめて優れた章がある。マーティン・A・ダナヘイとアレグザンダー・チズム『ジキル博士とハイド氏の舞台化――1887 年リチャード・マンスフィールドの台本と舞台物語の進化』（Martin A. Danahay and Alexander Chisholm, *Jekyll and Hyde Dramatized: the 1887 Richard Mansfield Script and the Evolution of the Story on the Stage*, 2005）も同様に必携書である。加えて、俳優マイケル・カークにはリチャード・マンスフィールドがライシーアム劇場でいかに変身をやってのけたかを実演していただいた。『リッパーオロジスト』第 55 号（2004 年 9 月）に掲載されたアラン・シャープの論文「ジキル博士の奇妙な事件と生意気なジャッキー」（Alan Sharp, "The Strange Case of Dr Jekyll and Saucy Jacky," *The Ripperologist*, no. 55［2004］）とスティーヴン・P・ライダーとジョンノ制作のオンライン・サイト（casebook.org）も参照されたい。

第 17 章
E・J・ワグナー『シャーロック・ホームズの科学捜査を読む』（日暮雅通訳、河出書房新社、2009）（E. J. Wagner, *The Science of Sherlock Holmes: From Baskerville Hall to the Valley of Fear, the Real Forensics Behind the Great Detective's Greatest Cases*, 2006）はホームズと科学捜査の関係についての格好の概説書である。また、ジェイムズ・オブライエン『科学的シャーロック・ホームズ――科学と科学捜査にまつわる事件解明』（James O'Brien, *The Scientific Sherlock Holmes: Cracking the Case with Science and

第 12 章

本章は多くの研究がなされている興味深い領域である。主要文献としては、メアリ・S・ハートマン『ヴィクトリア朝の女殺人犯——恐るべき罪に問われた 13 人のフランス人、イギリス人女性たちの真実の歴史』（Mary S. Hartman, *Victorian Murderess: A True History of Thirteen Respectable French and English Women Accused of Unspeakable Crimes*, 1997）、ジュディス・ネルマン『絞首刑——女殺人犯とイギリスの出版』（Judith Knelman, *Twisting in the Wind: The Murderess and the English Press*, 1998）、ヴァージニア・モリス『二重の危険——ヴィクトリア朝小説の女殺人者』（Virginia Morris, *Double Jeopardy: Women Who Kill in Victorian Fiction*, 1990）、エレイン・ショウォールター『女性自身の文学——ブロンテからレッシングまで』（川本静子、鷲見八重子、岡村直美、窪田憲子訳、みすず書房、1993）（Elaine Showalter, *A Literature of Their Own: British Women Novelists from Brontë to Lessing*, 1977）が挙げられる。フローレンス・ブラヴォーに関しては、ジェイムズ・ルディックの興味深い『絞首台の死——ヴィクトリア朝イギリスの愛と、セックスと、殺人』（James Ruddick, *Death at the Priory: Love, Sex and Murder in Victorian England*, 2001）に負うところ大である。

第 13 章

ケイト・サマースケイル『最初の刑事——ウィッチャー警部とロード・ヒル・ハウス殺人事件』（日暮雅通訳、早川書房、2011）（Kate Summerscale, *The Suspicions of Mr. Whicher: or, the Murder at Road Hill House*, 2008）を参照したのに加え、作者自身にも番組インタビューに登場していただいた。ハイア・シュペイヤー・マコフ『探偵の興隆——ヴィクトリア朝、エドワード朝の探偵』は本事件に関する数多くの文献のなかでも秀逸である。マシュー・スウィートにもウィルキー・コリンズについてのインタビューに応じていただいた。ノエライン・カイル『大罪——コンスタンス・エミリー・ケントとロード・ヒル・ハウス殺人事件』（Noeline Kyle, *A Greater Guilt: The Constance Emilie Kent and the Road Murder*, 2009）は事件を別の側面から検証するとともに、サヴィル・ケントの殺人事件にまつわる数多くの有用な文書も掲載している。マイケル・ダイヤモンド『ヴィクトリア朝のセンセーション』（Michael Diamond, *Victorian Sensation*, 2003）も役立つ。ステファニー・ライアンズとその一家は私たちをラングハム・ハウス（かつてのロード・ヒル・ハウス）で歓待して下さり、ジェイムズ・デュークスにはコールストンの聖トマス教会にあるサヴィル・ケントの墓を案内していただいた。

第 14 章

本章では、アンドリュー・ガッソン『ウィルキー・コリンズ——図解入りガイド』（Andrew Gasson, *Wilkie Collins: An Illustrated Guide*, 1998）、ヘレン・ラパポート『永遠の美——レイチェル夫人ボンド・ストリートの美容師、詐欺師、恐喝人』（Helen

楽』は本章でも欠くべからざる文献である。俳優マイケル・カークにはオールド・ヴィック劇場の舞台で筆者にメロドラマの特訓を施していただいた。ヴィクトリア・アルバート博物館学芸員キャシー・ヘイルには操り人形コレクションについて示唆を賜った。同博物館の同コレクションに関してはウェブサイト（vam.ac.uk/page/p/puppets）にも多くの情報が掲載されていて、その中には「マリア・マーティン──赤い納屋殺人」の操り人形劇に関するものが含まれている。

第 10 章
この時代の殺人に関する研究書は、間違いなくマニング夫妻について言及しているが、マイケル・アルパート『ロンドン 1849 年──ヴィクトリア朝の殺人物語』（Michael Alpert, *London 1849: A Victorian Murder Story*, 2004）にはこれ以上ないような詳細な記述がある。

第 II 部
第 11 章
スタフォードのウィリアム・サルト図書館にはパーマーの裁判に関する多くの記録が所蔵されている。サラ・ウィリアムズとタムワース・キャッスル邸博物館のご厚意で、ウィリアム・パーマーのものとされる薬箱を調べる機会にも恵まれた。フィオナ・シェリダン、ニック・トマス『ウィリアム・パーマー博士──メディアによる裁判』（2004 年、スタフォードシャー市主催、ラジェリーのハイ・ハウス旧邸で開催された展覧会カタログ）（Fiona Sheridan and Nick Thomas, *Dr Willam Palmer, Trial by Media* [catalogue of the exhibition at the Ancient High House, Rudgeley, run by Staffordshire Council, 2004].）にも詳細な情報がある。

19 世紀と 20 世紀初期の犯罪について多くの著作があるマンチェスター大学のイアン・バーニーは、『毒と犯罪捜査とヴィクトリア朝の想像力』（Ian Burney, *Poison, Detection and the Victorian Imagination*, 2006）と論文「毒とヴィクトリア朝の想像力」（『ヒストリー・トゥデイ』2008 年 3 月）（"Poison and the Victorian Imagination," *History Today* [March, 2008], pp. 35-41）において研究成果を公開している。他に有益な文献として、ノエル・G・コリー「アルフレッド・スウェイン・テイラー博士、英国学士院会員（1806-80 年）──犯罪毒物学者」（『メディカル・ヒストリー』第 35 巻 [1991]）（Noel G. Coley, "Alfred Swaine Taylor, MD, FRS (1806-1880): Forensic Toxicologist, *Medical History*, vol. 35 [1991], pp. 409-27）、ジェイムズ・C・ホートン『毒の世紀──家庭、仕事、娯楽において、いかにヴィクトリア朝イギリスは毒されていたか』（William C. Whorton, *The Arsenic Century: How Victorian Britain was Poisoned, at Home, Work and Play*, 2011）、クライヴ・エムスリー「ヴィクトリア朝の犯罪」（『ヒストリー・トゥデイ』1998）（Clive Emsley, "Victorian Crime," *History Today* [1998]）がある。

Tree: Execution and the English People, 1770-1868, 1994）を参考にした。リチャード・オールティックから引用は『ヴィクトリア朝の緋色の研究 』（村田靖子訳、国書刊行会、1998）（*Victorian Studies in Scarlet: Murders and Manners in the Age of Victoria*, 1972）による。『オックスフォード英国人名辞典』におけるアンドリュー・ブラウンによる「リットン、エドワード・ジョージ・アール・リットン・ブルワ」の項目、ネイル・R・ストーリー『ヴィクトリア朝の犯罪人』（Neil R. Storey, *The Victorian Criminal*, 2011）、『オックスフォード英国人名辞典』におけるロバート・マイルズによる「アン・ラドクリフ」の項目、そして、マリー・レジェ・セント・ジーン作成「プライス・ワン・ペニー——廉価本のデータベース 1837–1860（Marie Léger-St-Jean, "Price One Penny, A Database of Cheap Literature, 1837-1860"［english.cam.ac.uk/pop］）の優れたオンライン資料も参照されたい。スウィーニー・トッドの解釈はクローンの書に引用されたサリー・パウエルの論文、「闇市と死体のパイ——『ペニー・ブラッド』における死体、都会経済と消費」（Sally Powell, "Black markets and cadaverous pies: the corpse, urban trade and industrial consumption in the penny blood" in A. Maunder and G. Moore (eds.), *Victorian Crime, Madness and Sensation*, 2004）に依拠している。

第7章

サイモン・カロー『チャールズ・ディケンズと世界劇場』（Simon Callow, *Charles Dickens and the Great Theatre of the World*, 2012）を参照したのに加え、作者自身にもインタビューし、サイクスのナンシー殺しの朗読も再現していただいた。クレア・トマリン『チャールズ・ディケンズ伝』（高儀進訳、白水社、2014）（Claire Tomalin, *Charles Dickens, A Life*, 2011）、フィリップ・コリンズ『ディケンズと犯罪』（Philip Collins, *Dickens and Crime*, 1962, 1994）とハイア・シュペイヤー・マコフ『探偵の興隆——ヴィクトリア朝、エドワード朝の探偵』（Haia Shpayer-Makov, *The Ascent of the Detective, Police Sleuths in Victorian and Edwardian England*, 2011）も有用であった。レベッカ・ガワーズは小説『ねじれたハート』（Rebecca Gowers, *The Twisted Heart*, 2009）執筆にあたって、エライザ・グリンウッド事件を調査している。

第8章

ベリー・セント・エドマンズ、モイズ・ホール・ミュージアム学芸員、アレックス・マックファーターは、ウィリアム・コーダーに関して驚くほど博識であった。現在は引退したが、ニューキャッスル大学客員教授で、民俗音楽学科の主任を務めていたヴィック・ガモンにも多大なご教示を賜った。

第9章

ロザリンド・クローン『暴力的なヴィクトリア朝の人々——19世紀ロンドンの大衆娯

第２章
ジュディス・フランダーズとロザリンド・クローンによるロンドン警察の興隆に関する著作に加え、P・D・ジェイムズ、T・A・クリッチリー共著『ラトクリフ街道の殺人』（森広雅子訳、国書刊行会、1991）（P. D. James and T. A. Critchley, *The Maul and the Pear Tree: The Ratcliffe Highway Murders*, 1811, 1971）はこの殺人事件の詳細を描いた必携の書である。

第３章
前章で挙げた参考文献に加え、ワッピングにあるテムズ警察博物館学芸員ボブ・ジェフリーズには数々の貴重なご教示を賜った。サイモン・デル『ヴィクトリア朝の警察』（Simon Patrick Dell, *The Victorian Policeman*, 2004）とオープン・ユニバーシティの「警察アーカイヴズから見た歴史」（History from Police Archives）も有用である。

第４章
本章はジュディス・フランダーズに依拠する所が大きい。また、アルバート・ボロウィッツ『サーテル＝ハント殺人事件——暗黒の摂政時代』（Albert Brorowitz, *The Thurtell-Hunt Murder Case: Dark Mirror to Regency England*, 1987）と『オックスフォード英国人名辞典』（2004）におけるアンガス・フレイザーによる「サーテル，ジョン」の項目にも詳しい記述がある。

第５章
ロンドンのマダム・タッソー蠟人形館学芸員シャーロット・バーフォードには多大なご助言を賜った。また、ポーリーン・チャップマン『イギリスのマダム・タッソー——並外れたキャリア・ウーマン』（Pauline Chapman, *Madame Tussaud in England: Career Woman Extraordinary*, 1992）とパメラ・ピルビーム『マダム・タッソーと蠟人形の歴史』（Pamela Pilbeam, *Madame Tussaud and the History of Waxworks*, 2003）もじつに有益である。初期の蠟人形の歴史に関しては、アンソニー・ハーヴィーとリチャード・モーティマー共編『ウェストミンスター大聖堂の墓碑彫像』（Anthony Harvey and Richard Mortimer, *The Funeral Effigies of Westminster Abbey*, 1994）を参照されたい。

第６章
これまでに掲げた参考文献に加え、特にロザリンド・クローン『暴力的なヴィクトリア朝の人々——19世紀ロンドンの大衆娯楽』とリチャード・オールティック『イギリスの大衆読者——一般読者の社会史 1800年から1900年』（*The English Common Reader: A Social History of the Mass Reading Public 1800-1900*, 1957）とV・A・C・ガーテル『絞首台——処刑とイギリスの大衆 1770年から1868年』（V. A. C. Gatrell, *The Hanging*

参考文献

犯罪全般

番組制作にあたって、『殺人の発明――ヴィクトリア朝の人々はいかに死や推理を愉しみ、現代的殺人事件を創造したか』（Judith Flanders, *The Invention of Murder: How the Victorians Revelled in Death and Detection and Created Modern Crime*, 2011）の作者ジュディス・フランダーズからはたえず貴重なご教示を賜った。この本は本書よりもはるかに詳細で、本書で扱った時代のうち、19世紀末までに関しては、当文献を参照されたい。この参考文献と並んで、ロザリンド・クローン『暴力的なヴィクトリア朝の人々――19世紀ロンドンの大衆娯楽』（Rosalind Crone, *Violent Victorians: Popular Entertainment in Nineteenth-Century London*, 2012）も必携の書である。殺人物の娯楽がもつ意味を解明した彼女の研究書は、ヴィクトリア朝社会の深部へと読者を誘ってくれる。時間軸にそって見ていくと、マシュー・スウィートによる刺激的な書、『ヴィクトリア人の発明』（Matthew Sweet, *Inventing Victorians*, 2001）はヴィクトリア朝の日常生活に対して現代人が抱く固定観念を揺るがす問いかけに満ちている。P・D・ジェイムズ『推理小説論』（P. D. James, *Talking About Detective Fiction*, 2010）はジュリアン・シモンズによるきわめて重要な書である『ブラッディ・マーダー――探偵小説から犯罪小説への歴史』（宇野利泰訳、新潮社、2003）（Julian Symons, *Bloody Murder: From the Detective Story to the Crime Novel*, 1972）を土台として書かれた。私自身はシモンズの解釈には必ずしも同意しかねるが、それでも本書が必須の書であることには変わりない。バリー・フォーショーが編集する犯罪小説レヴュー・サイト、「クライムタイム」（crimetime.co.uk）やD・P・ライルによる「作家のための科学捜査ブログ」（writersforensicsblog.wordpress.com）という両ウェブサイトも犯罪全般の参考文献に加えることができよう。

第I部

第1章

ワーズワス・トラストが管理するダヴ・コテージ「鳩の館」のスタッフには、貴重なコレクションや1985年、ダヴ・コテージで開催された展覧会『トマス・ド・クインシー』展のロバート・ウルフによる図録を参照させていただき感謝している。グレヴェル・リンドップ『阿片常用者の告白――トマス・ド・クインシーの生涯』（Grevel Lindop, *The Opium-Eater, A Life of Thomas De Quincy*, 1981）にも詳細にわたる記述がある。

わ行

ま行

や行

ら行

さ行

索　引

あ行

か行

著者紹介

ルーシー・ワースリー（Lucy Worsley）

ロンドン塔、ケンジントン宮殿、ハンプトン・コート宮殿など、主要な王宮を監督管理するヒストリック・ロイヤル・パレスの主席学芸員、歴史家。数多くの歴史教養番組を監修・主演し、もっとも声望にとむパーソナリティでもある。オックスフォード大学で歴史学を専攻し、サセックス大学より博士号（美術史）を授与される。著書として『暮らしのイギリス史――王侯から庶民まで』（NTT 出版）などがある。

訳者紹介

中島俊郎（なかじま としろう）

甲南大学文学部教授。専門は英文学。著書に『イギリス的風景――教養の旅から感性の旅へ』『オックスフォード古書修行――書物が語るイギリス文化史』（以上、NTT 出版）、訳書に『暮らしのイギリス史――王侯から庶民まで』（NTT 出版）など。

玉井史絵（たまい ふみえ）

同志社大学グローバル・コミュニケーション学部教授。専門は英文学。共書に『ディケンズ文学における暴力とその変奏』（大阪教育図書）、訳書に『暮らしのイギリス史――王侯から庶民まで』（NTT 出版）など。

イギリス風殺人事件の愉しみ方

2015年12月25日　初版第一刷発行

著　者　ルーシー・ワースリー

訳　者　中島俊郎・玉井史絵

発行者　長谷部敏治

発行所　NTT出版株式会社
〒141-8654
東京都品川区上大崎3-1-1　JR東急目黒ビル
TEL 03-5434-1010（営業担当）／03-5434-1001（編集担当）
FAX 03-5434-1008　http://www.nttpub.co.jp/

ブックデザイン　松田行正＋日向麻梨子

印刷・製本　株式会社　暁印刷

ISBN 978-4-7571-4329-6　C0022

NTT出版の本

ルーシー・ワースリー著
中島俊郎・玉井史絵 訳

暮らしのイギリス史

王侯から庶民まで

起きてから寝るまで、生まれてから死ぬまで、
人々はどのような日常を送っていたのか。
王侯貴族から庶民にいたる人々のふだんの暮らしを、中世から現代まで優雅でユーモラスに描いたイギリス生活史。ヴィクトリア女王の下着など貴重図版多数。

A5判上製　376頁　定価（本体 3600円＋税）
ISBN978-4-7571-4292-3 C0022